Graphic Recording

Martina Grigoleit

Graphic Recording

Das 1x1 der Live-Visualisierung

mitp

Bibliografische Information der Deutschen Nationalbibliothek
Die Deutsche Nationalbibliothek verzeichnet diese Publikation in der Deutschen Nationalbibliografie; detaillierte bibliografische Daten sind im Internet über <http://dnb.d-nb.de> abrufbar.

Bei der Herstellung des Werkes haben wir uns zukunftsbewusst für umweltverträgliche und wiederverwertbare Materialien entschieden.
Der Inhalt ist auf elementar chlorfreiem Papier gedruckt.

ISBN 978-3-7475-0266-2
1. Auflage 2021

www.mitp.de
E-Mail: mitp-verlag@sigloch.de
Telefon: +49 7953 / 7189 - 079
Telefax: +49 7953 / 7189 - 082

klimaneutral
natureOffice.com | DE-077-529981
gedruckt

Lektorat: Sabine Schulz
Sprachkorrektorat: Claudia Fluor
Satz: Petra Kleinwegen
Druck: Medienhaus Plump, Rheinbreitbach

dieses Buch widme ich allen Graphik Recordern, die mit mir zusammen schon so oft umgedacht haben

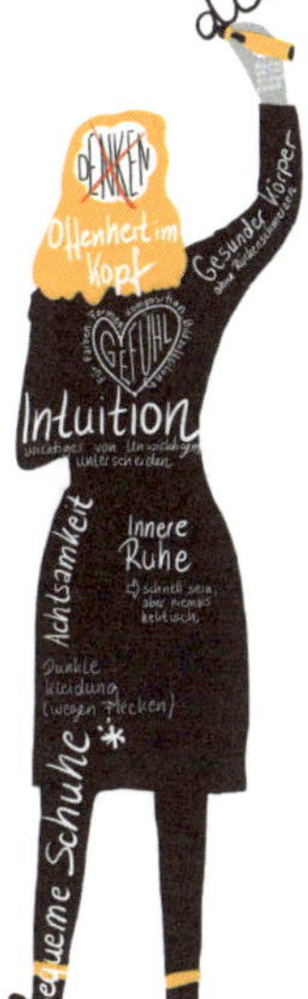

Inhalt

Digitales Graphic Recording für #onlinehostingnow / Kommunikationslotsen im Auftrag für bikablo

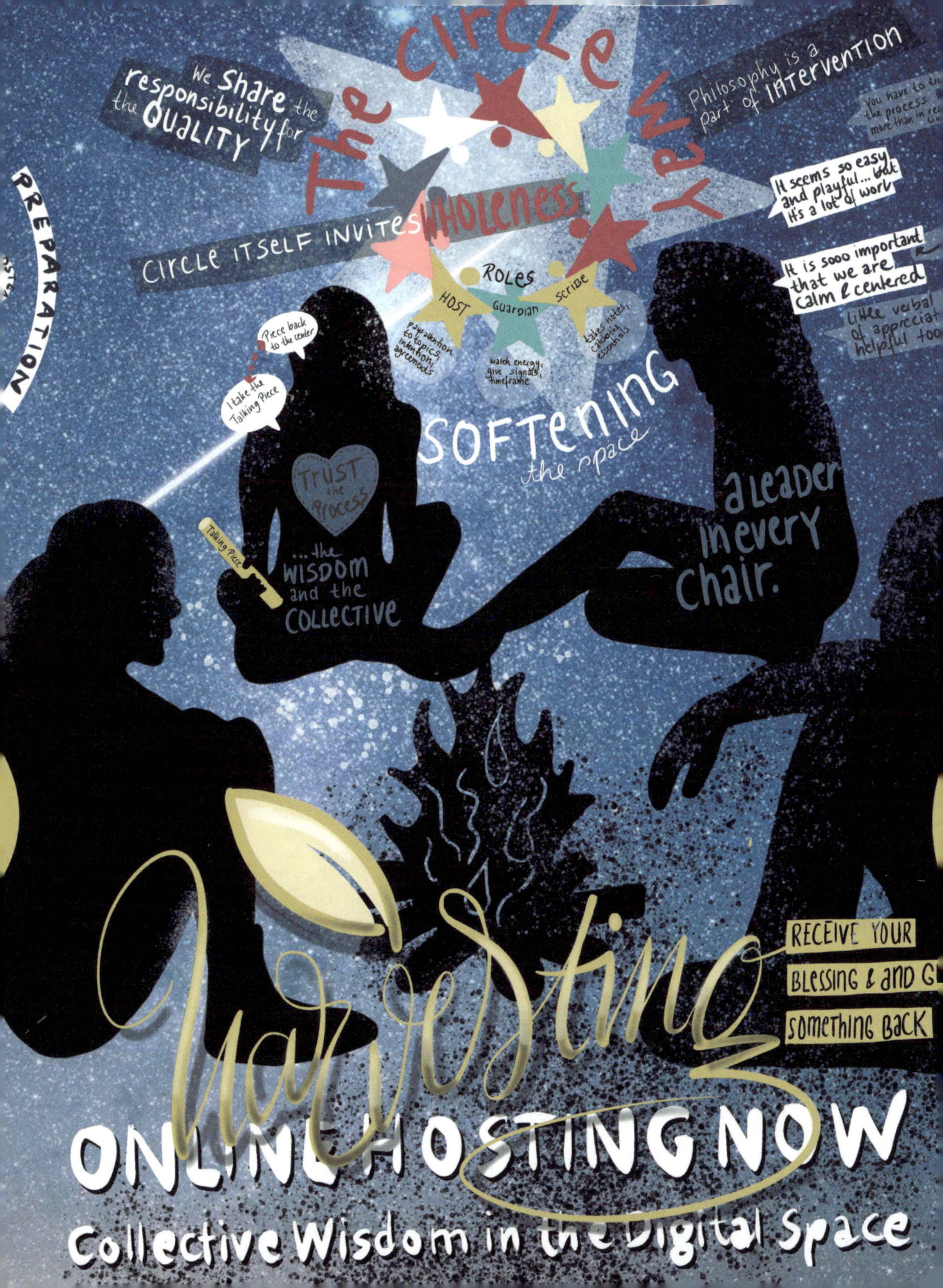

The Circle Way
We Share the responsibility for the QUALITY
Philosophy is a part of INTERVENTION
It seems so easy and playful... but it's a lot of work
It is sooo important that we are calm & centered
PREPARATION
Circle itself invites WHOLENESS
ROLES
HOST
Guardian
Scribe
preparation to topics, intention, agreements
watch energy, give signals, timeframe
takes notes, collects essentials
Piece back to the center
I take the Talking Piece
Talking Piece
TRUST the Process
... the WISDOM and the COLLECTIVE
SOFTENING the space
a Leader in every Chair.
harvesting
RECEIVE YOUR
BLESSING & AND
SOMETHING BACK
ONLINE HOSTING NOW
Collective Wisdom in the Digital Space

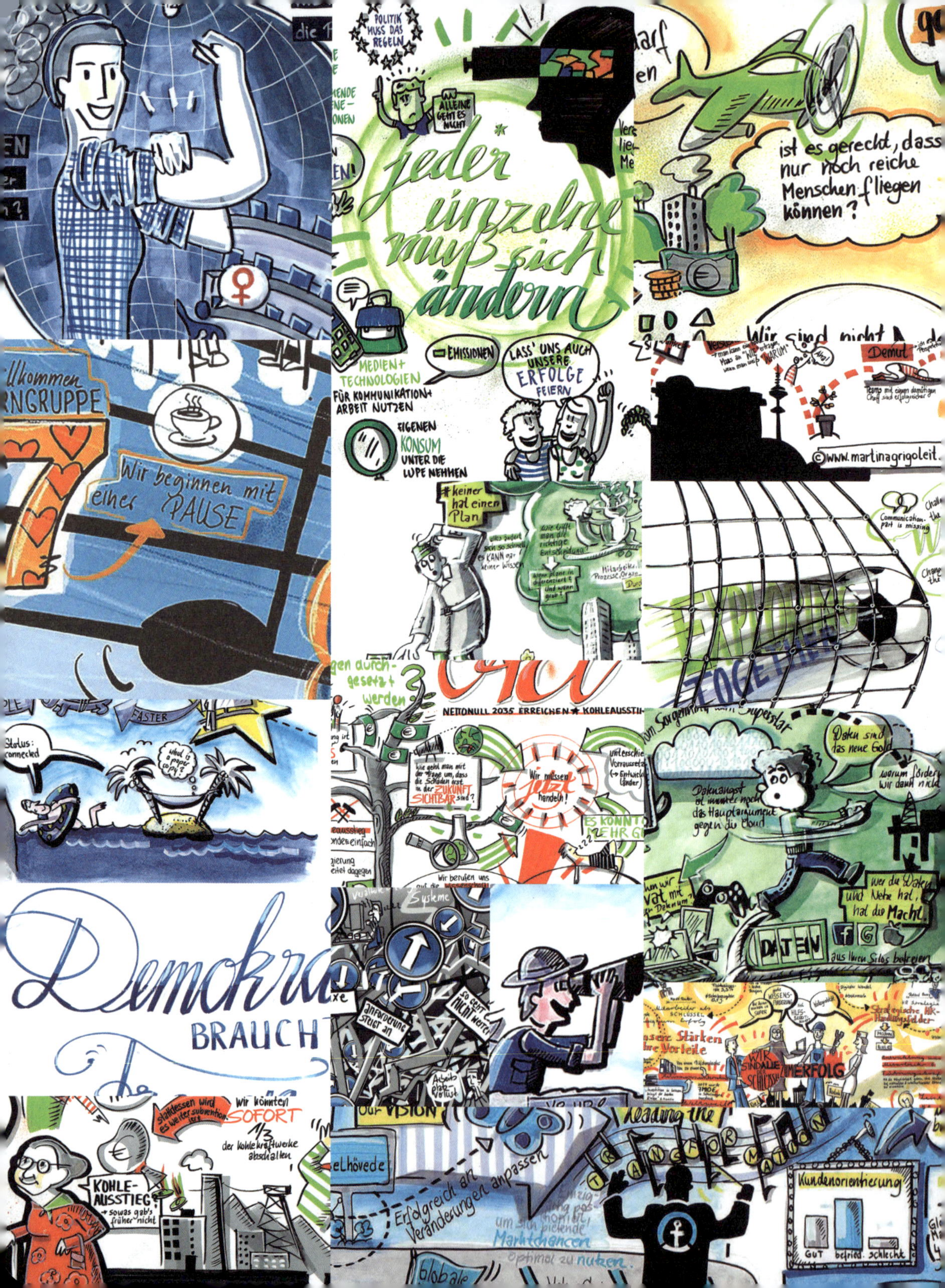

POLITIK MUSS DAS REGELN
ALLEINE GEHT ES NICHT
jeder einzelne muß sich ändern
ist es gerecht, dass nur noch reiche Menschen fliegen können?
Wir beginnen mit einer PAUSE
EMISSIONEN
LASS' UNS AUCH UNSERE ERFOLGE FEIERN
MEDIEN+ TECHNOLOGIEN FÜR KOMMUNIKATION+ ARBEIT NUTZEN
EIGENEN KONSUM UNTER DIE LUPE NEHMEN
Demut
©WWW.martinagrigoleit.
#keiner hat einen Plan
Communication-part is missing
FASTER
Status: connected
what is a paper copy?
Wie geht man mit der Frage um, dass die Schäden erst in der ZUKUNFT SICHTBAR sind?
Wir müssen jetzt handeln!
Datenangst ist immer noch das Hauptargument gegen die Cloud
wer die Daten und Netze hat, hat die Macht.
DATEN
aus ihren Silos befreien
BRAUCH
Systeme
Anforderung steigt an
so geht's nicht weiter
WIR SIND DIE SCHLÜSSEL ZUM ERFOLG
stattdessen wird es weiter subventioniert
wir könnten SOFORT 1/3 der Kohlekraftwerke abschalten
KOHLE-AUSSTIEG?
sowas gab's früher nicht
OUR VISION
Erfolgreich an Veränderungen anpassen
um sich bietende Marktchancen optimal zu nutzen.
Leading the TRANSFORMATION
Kundenorientierung
GUT befried. schlecht

Einleitung

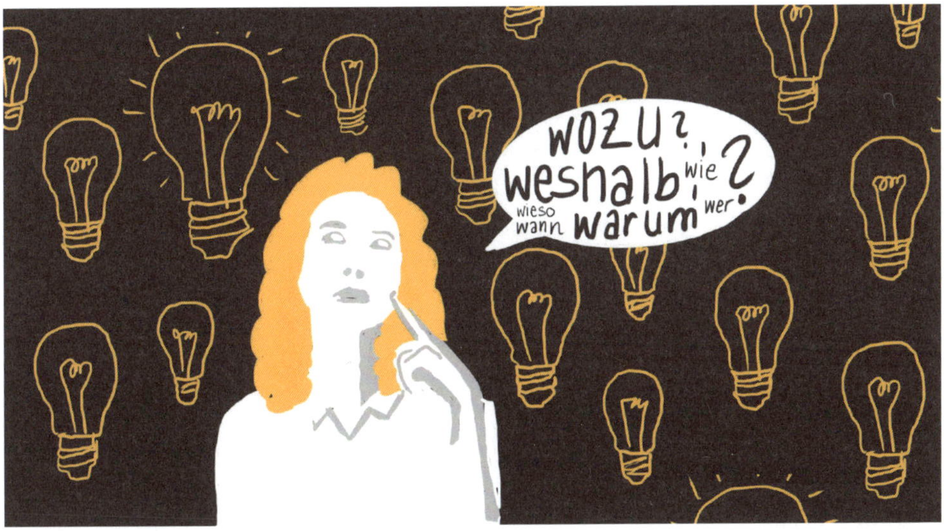

WOZU ein Graphic Recording? Graphic Recorder zeigen auf, was bisher nur in den Köpfen der Menschen war, und machen das gesprochene Wort sichtbar. Inhalte werden mithilfe von so einem Bild besser transportiert und das Verständnis zwischen Gruppen, Organisationen und auch Einzelpersonen wird erhöht. Ergebnisse bleiben besser hängen und erarbeitete Lösungen können so leichter umgesetzt werden.

Graphic Recording, Visual Facilitation und strategische Visualisierungen können dazu beitragen, dass unterschiedliche Abteilungen besser zusammenarbeiten, Workshop-Ergebnisse können dank der Visualisierung besser umgesetzt und komplexe Dinge verständlicher gemacht werden.

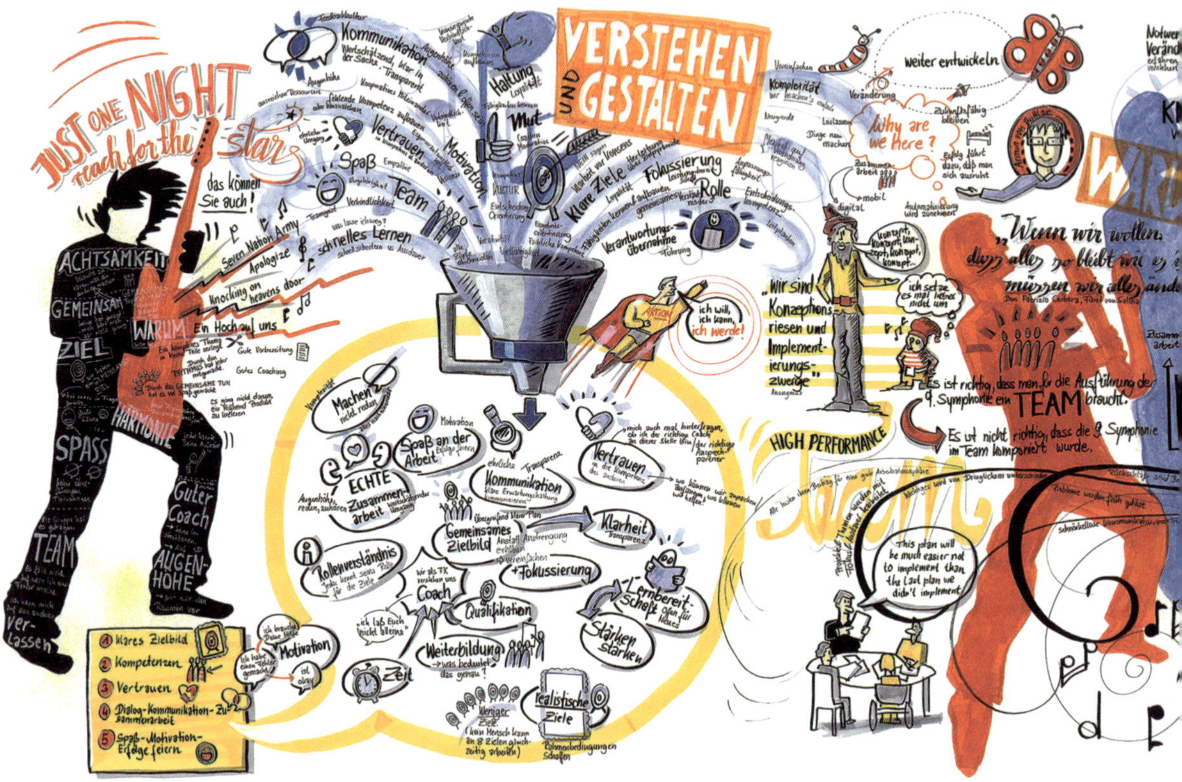

Graphic Recording für Aktion Mensch im Auftrag für bikablo

Ziel des Buchs

WESHALB dieses Buch? Visualisierungen können jeden Prozess unterstützen. Aber nicht jede Methode passt zu jeder Herausforderung. Dieses Buch hilft zu erkennen, wo welche Methode eingesetzt werden kann, damit Visualisierungen dazu beitragen können, ein größeres Verstehen in die Organisationen zu bringen. Dieses Buch bietet außerdem einen Einblick in die mittlerweile recht weite Welt der Live-Visualisierung bei Workshops, Meetings, Events und Veranstaltungen. Eine Welt, die mit der Möglichkeit des Remote Recordings noch viel größer geworden ist.

Praktische Tipps für ein gelungenes Graphic Recording werden aufgezeigt, und mit vielen Beispielen von mir und auch vielen anderen namhaften Visualisierern bildhaft erläutert.

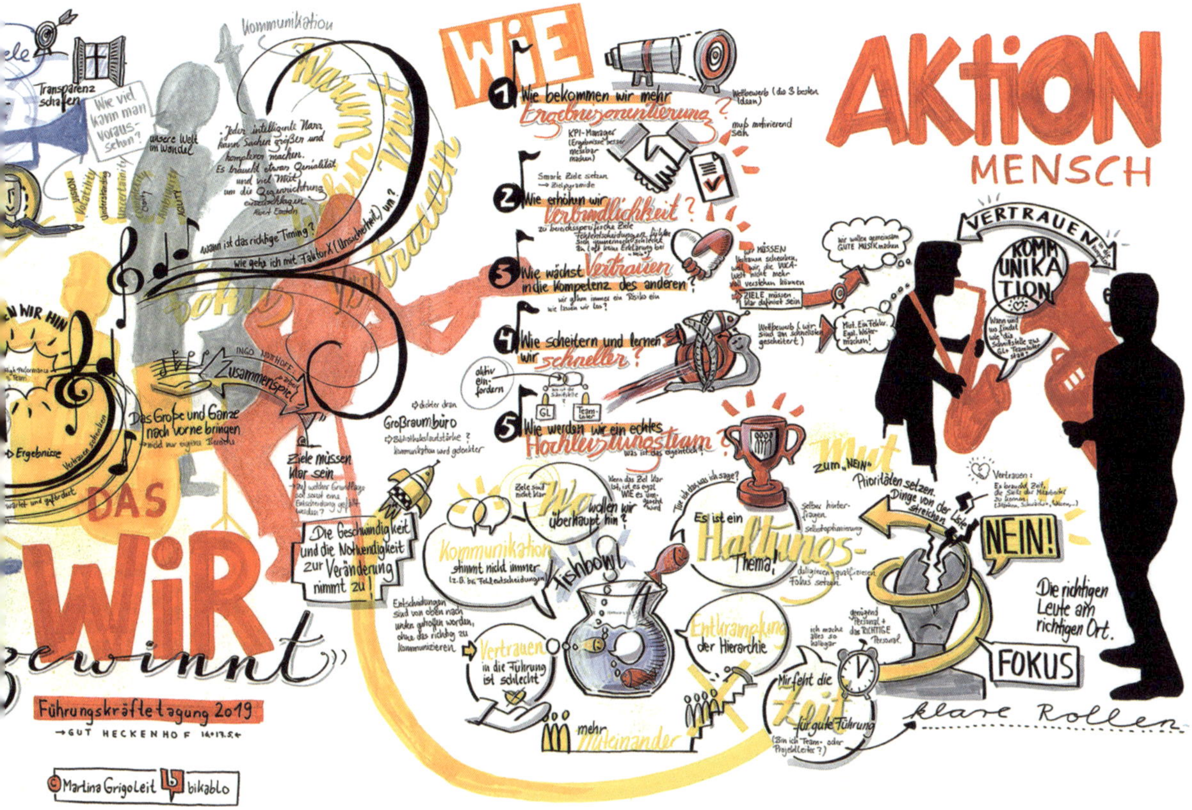

Zielgruppe des Buchs

FÜR WEN ist dieses Buch? Dieses Buch richtet sich an alle Visualisierer, die tiefer in das Thema Graphic Recording einsteigen möchten und sich damit beschäftigen, wie diese Form der Visualisierung sinnvoll in den Prozess eingebunden werden kann.

Dieses Buch möchte aufzeigen, welche Schritte notwendig sind, um selbst ein gutes und erfolgreiches Recording machen zu können. Es gibt daher einen Überblick über die diversen Möglichkeiten.

Mit dem Aufzeigen der unterschiedlichsten Darstellungsformen ist danach jeder in der Lage, der ein Graphic Recording anbietet oder bucht, sich möglichst gut zu entscheiden, was er möchte.

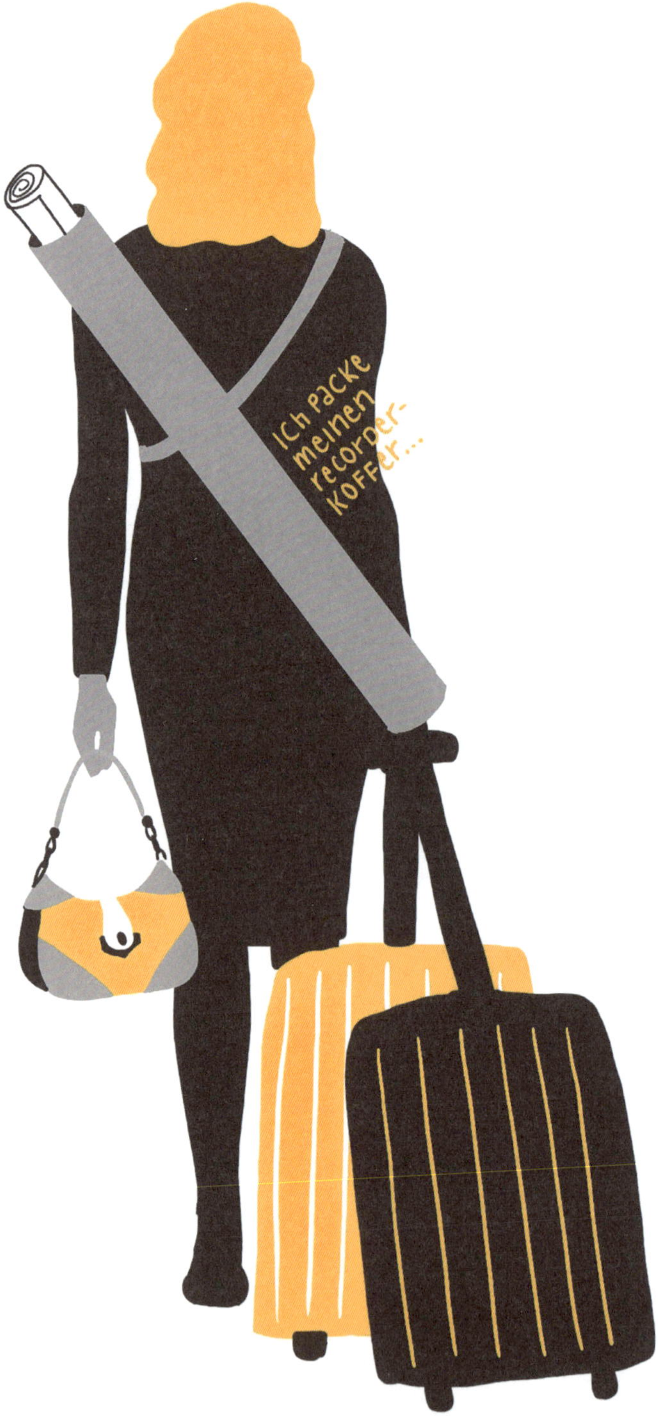
Ich packe
meinen
recorder-
koffer …

Aufbau des Buchs

WAS findest du hier? Das Kofferset für ein erfolgreiches Graphic Recording setzt sich aus vier Gepäckstücken zusammen, woraus sich die vier Teile des Buchs ergeben:

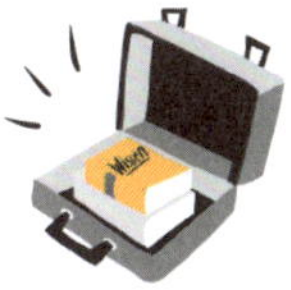

Teil 1 enthält den Wissens-Koffer. Hier befindet sich die Erklärung, was ein Graphic Recording überhaupt ist und es werden wichtige Soft Skills, wie die innere Haltung, Klarheit, Intuition sowie ein innerer Filter, um Kernaussagen erkennen zu können, vorgestellt.

Teil 2 enthält den Werkzeug-Koffer, der aus den Materialien besteht, die, je nach Anforderung, variieren können. Außerdem findest du in diesem Werkzeugkoffer wertvolles Wissen aus der Illustration bzw. aus dem Design wie beispielsweise zu Bildaufteilung, Einsatz von Weißräumen, Farben uvm.

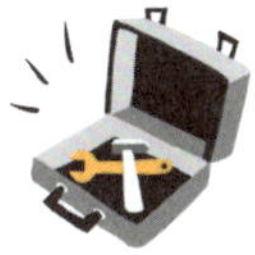

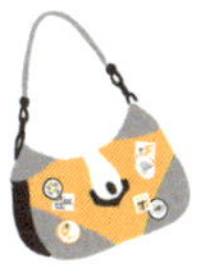

Teil 3 besteht aus einer Handtasche, in der sich eine Übersicht über viele Anwendungsfälle für Konferenzen befindet wie z.B. Moderations- und Konferenzmethoden. Außerdem findest du hier Hinweise auf Fallstricke, sowie Tricks, wie du als Graphic Recorder damit umgehen kannst.

Teil 4 besteht aus einem weiteren Kofferset und setzt sich aus drei weiteren Themen zusammen, um deren Existenz man als Graphic Recorder wissen sollte. Es ist ein Überblick über weitere Visualisierungsformen rund um das Graphic Recording, egal, ob live vor Ort oder als Atelierarbeit.

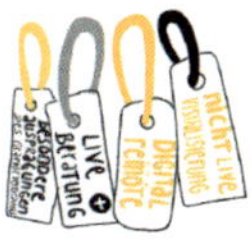

Zu guter Letzt brauchst du noch die Beherrschung der Technik. Je nach Anforderung kannst du auf dem iPad oder auch mit jeder anderen Hardware arbeiten. Wenn du remote arbeitest, sind die Anforderungen nochmals anders.

Im Folgenden werden all diese Reisebegleiter eines Graphic Recorders ausführlich beschrieben und mit Beispielen anschaulich dargestellt.

Viel Freude beim Auspacken.

Über die Autorin

WER steckt hinter diesem Buch und was sind die persönlichen Motive dafür?

Ich bin Diplom-Designerin und Illustratorin und arbeitete seit knapp 15 Jahren als Graphic Recorderin. In dieser Zeit hat sich in diesem Bereich sehr viel getan. Viele junge Talente rücken nach und können nun auch darüber entscheiden, ob dieses Berufsfeld ein schlecht bezahlter Illustrationsjob wird oder ob ein Graphic Recording mehr als nur ein schönes Bild ist und einen wirklichen Mehrwert schaffen kann.

Mein größter Antreiber ist das »Wozu?«. Gerne darf die Antwort auch einfach mal sein »weil es schön aussieht« und muss nicht zwangsläufig immer einen tieferen Sinn erfüllen. Wenn meine Arbeit dazu beitragen kann, dass unterschiedliche Abteilungen nach einem Meeting besser zusammenarbeiten können oder wenn Workshop-Ergebnisse mithilfe der Visualisierung wirklich in den Köpfen hängen bleiben und auch umgesetzt werden, dann schlägt mein »Wozu?«-Herz schneller.

Mein Herzenswunsch ist es, dass dieser schöne Beruf seinen hohen Qualitätsstandard behält. Das war meine Motivation für dieses Buch.

Neben meiner Berufung als Visualisiererin bin ich noch als Yoga- und Meditationslehrerin tätig und habe im Laufe der Jahre immer wieder festgestellt, dass sich diese beiden Wege ergänzen und ich viel von der Yogalehre in den beruflichen Alltag eines Graphic Recorders integrieren kann. Die innere Haltung, um die es beim Yoga so oft geht, spiegelt sich für mich in der Haltung wider, die ich im Rahmen einer visuellen Prozessbegleitung einnehmen möchte.

So richtig kann ich diese beiden Wege mittlerweile nicht mehr voneinander trennen, was auch dieses Buch geprägt hat.

Ich wünsche nun viel Freude beim Lesen, Lernen, Ausprobieren, aber bitte auch um ein Hinterfragen und allenfalls Nicht-Annehmen.

Ideen, Anregungen und auch konstruktive Kritik sind willkommen. Ich freue mich über deine Rückmeldung auf meiner Website: www.martinagrigoleit.de

Martina

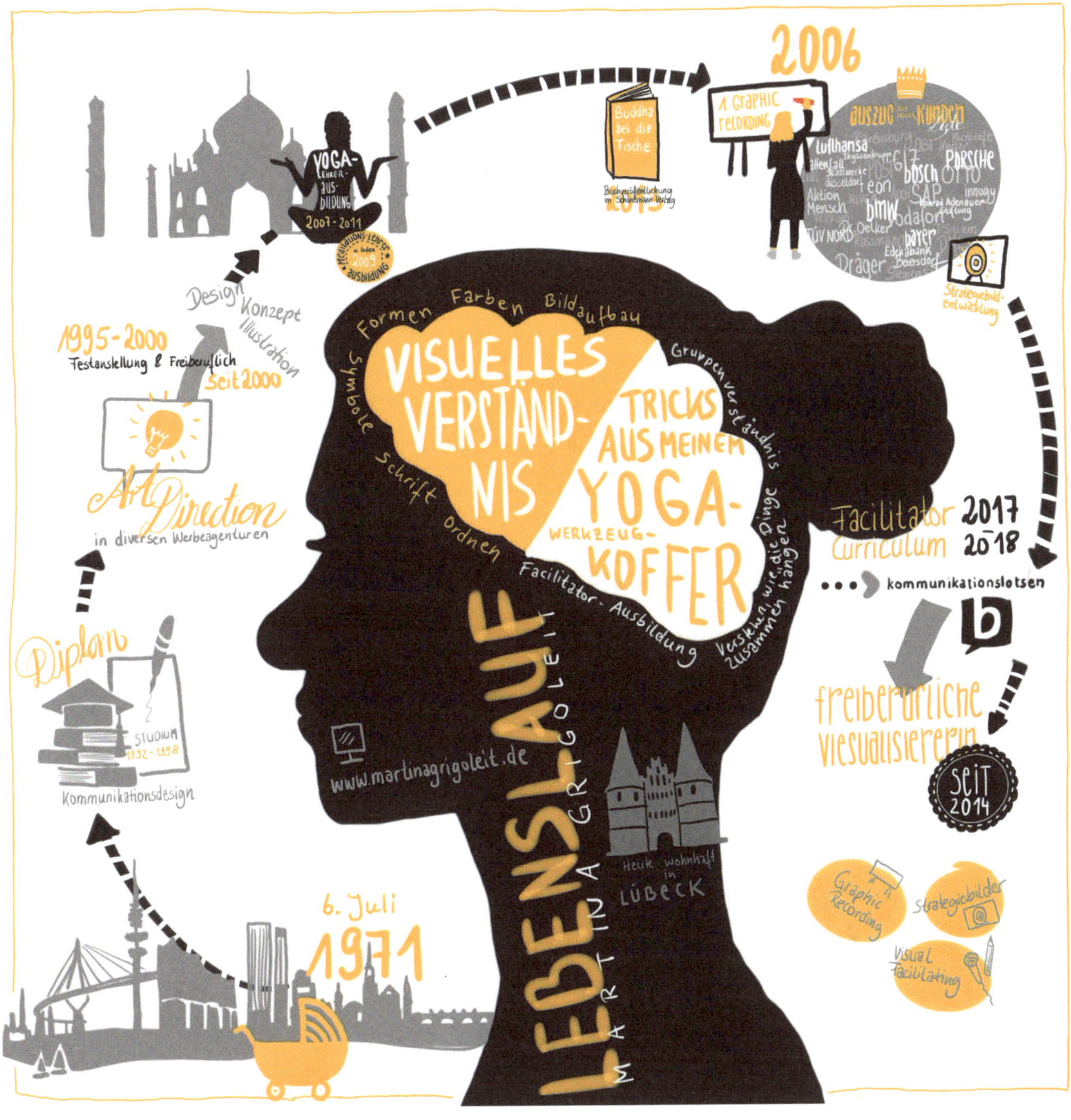
2006
YOGA-LEHRER-AUS-BILDUNG 2007-2011
MEDITATIONS-LEHRER 2009 AUSBILDUNG
Buddha bei die Tische
2015
1. GRAPHIC RECORDING
Lufthansa
bosch
PORSCHE
OTTO
eon
bmw
SAP
vodafone
bayer
TÜV NORD
Dräger
Strategiebild-entwicklung
Design
Konzept
Illustration
1995-2000
Seit 2000
Art Direction
in diversen Werbeagenturen
Formen Farben Bildaufbau
Symbole Schrift ordnen
VISUELLES VERSTÄND-NIS
TRICKS AUS MEINEM YOGA-WERKZEUG-KOFFER
Gruppenverständnis
Verstehen, wie die Dinge zusammen hängen
Facilitator-Ausbildung
Facilitator Curriculum 2017 2018
kommunikationslotsen
freiberufliche Viesualisiererin
SEIT 2014
Diplom
STUDIUM 1992-1998
Kommunikationsdesign
www.martinagrigoleit.de
LEBENSLAUF
MARTINA GRIGOLEIT
Heute wohnhaft in LÜBECK
6. Juli 1971
Graphic Recording
Strategiebilder
Visual Facilitating

Teil 1: Der Wissens-Koffer

In Kapitel 1 des Wissens-Koffers findest du eine Erläuterung, **was Graphic Recording ist und wo es gebraucht wird.**

In Kapitel 2, **Soft Skills**, geht es darum, was man alles für ein erfolgreiches Graphic Recording braucht. Hier wird alles benannt, was nichts mit Illustration oder Design an sich zu tun hat, sondern behandelt eher das Thema »innere Haltung«.

Im digitalen Raum empfinde ich die Herausforderungen sogar noch größer und bin froh um jede Minute Gelassenheit, Stabilität oder Flexibilität, auf die ich zurückgreifen kann, wenn der Supergau passiert und z. B. während eines Remote Graphic Recordings beispielsweise die Technik abstürzt.

Hier schließt sich mein persönlicher Kreis mit dem Wissen aus dem Yoga und der Meditation. Das ist meine ganz individuelle Antwort auf die Frage, wie ich mit herausfordernden Situationen umgehe, was ein Live Graphic Recording oder auch ein gemeinsames Erarbeiten von etwas Neuem in einer oft heterogenen Gruppe immer ist.

In Kapitel 3 **Organisatorische Vorbereitung** geht es um weitere Gepäckstücke, die man mit an Bord haben sollte und die in der Vorbereitung essenziell sind, nämlich die Themen rund um die Preisgestaltung und eine saubere Auftragsklärung.

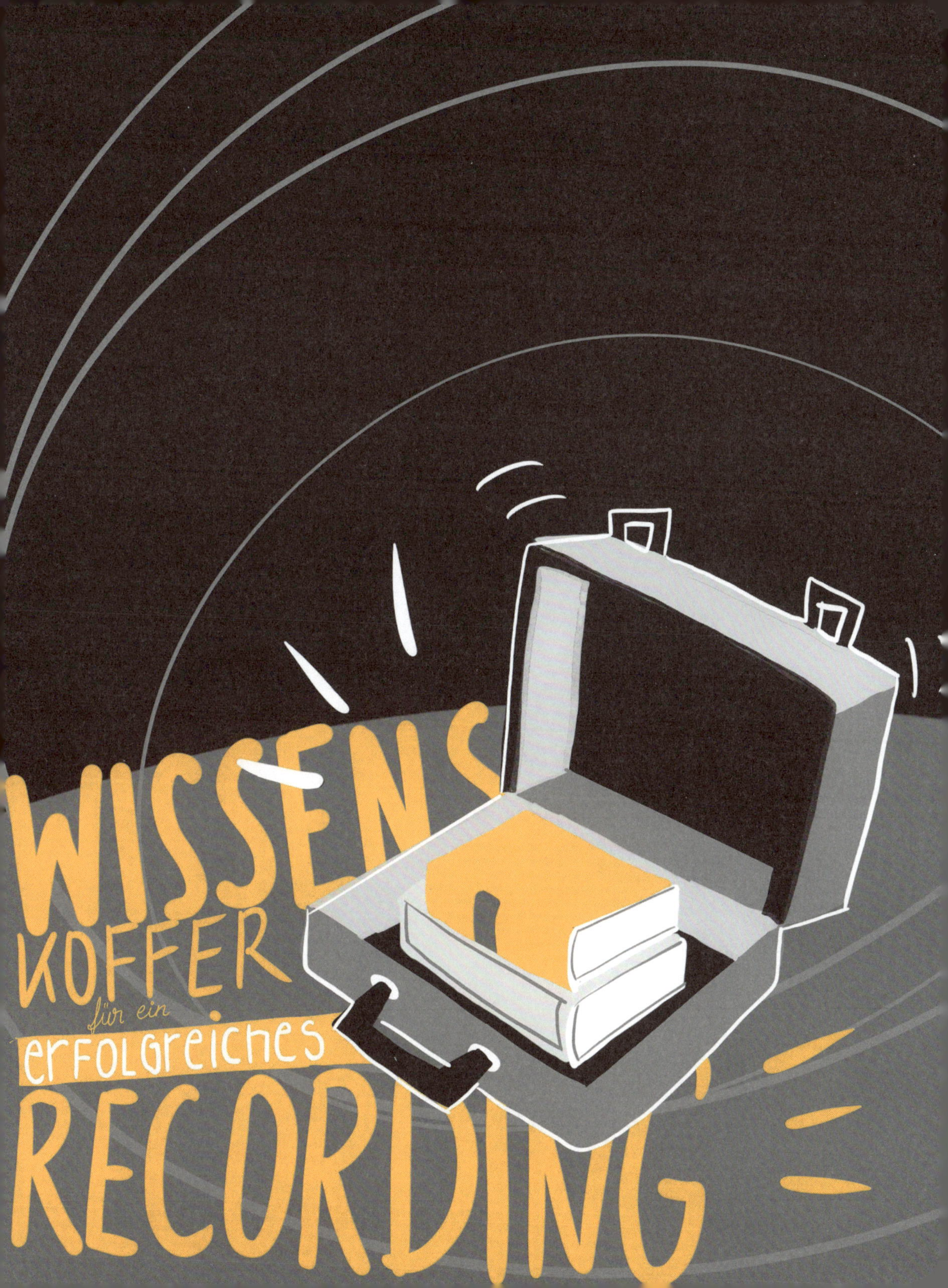
WISSENS
KOFFER
für ein
erfolgreiches
RECORDING

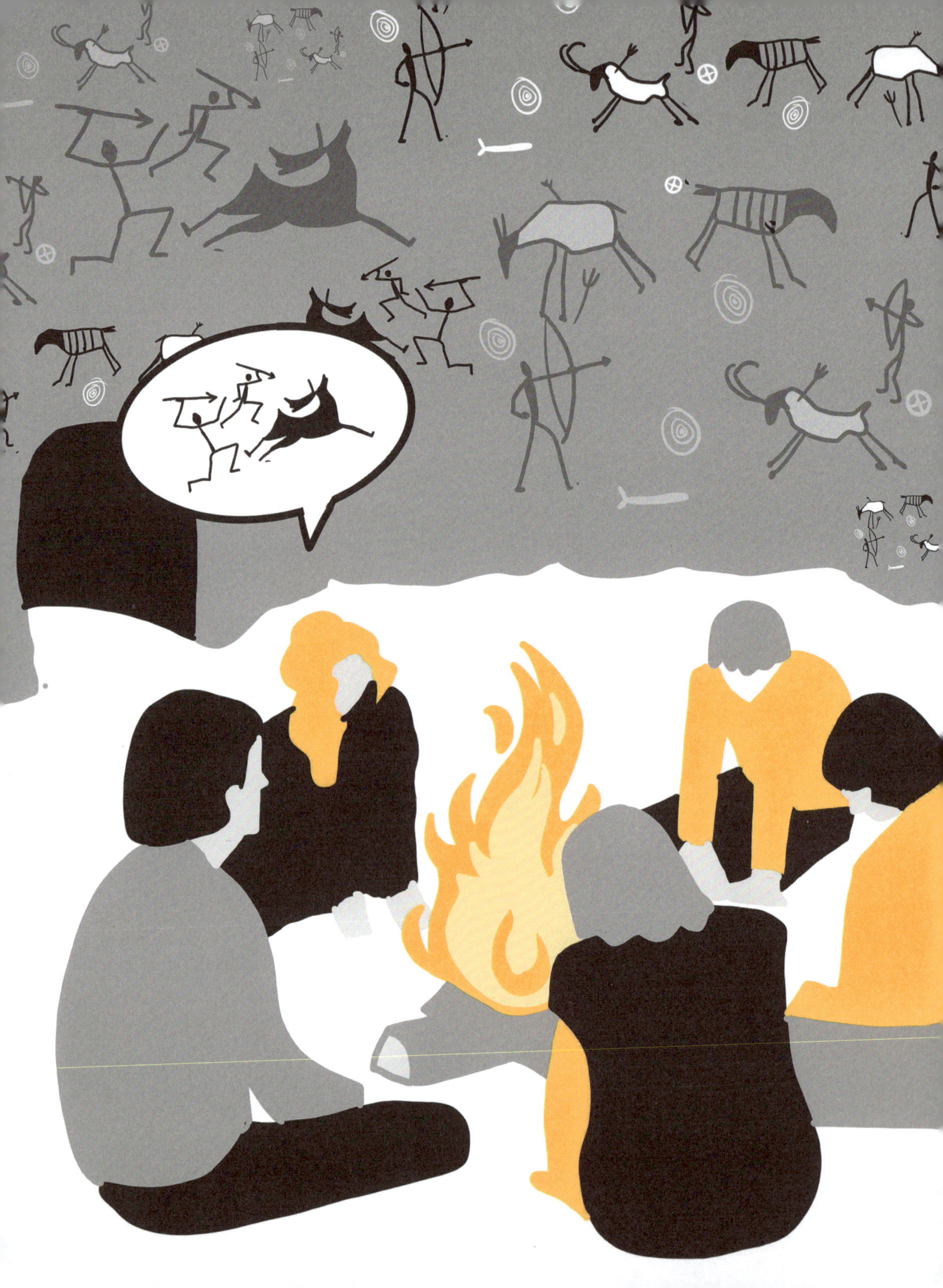

1 Graphic Recording – was ist das und wann wird es gebraucht?

1.1 Die Ursprünge des Graphic Recordings

Das vielleicht älteste Graphic Recording …

Schon vor langer Zeit, am Lagerfeuer, haben sich die Menschen Geschichten erzählt und konnten somit ihr Wissen über Generationen weitergeben.

Ich vermute, dass sie ihr Wissen schon damals in einfachen Symbolen an die Wände gemalt haben. Das erste Graphic Recording war also somit eine Höhlenmalerei. Auch damals ging es wahrscheinlich nicht primär um Schönheit, sondern um Wissenstransfer.

Die Bilder überdauerten Generationen und konnten den durch Geburt, Tod und Heranwachsen verursachten Veränderungsprozessen standhalten sowie den Menschen Orientierung und Struktur geben. Heute bezeichnet man das als Change-Prozess und er dauert nicht mehr mehrere Generationen.

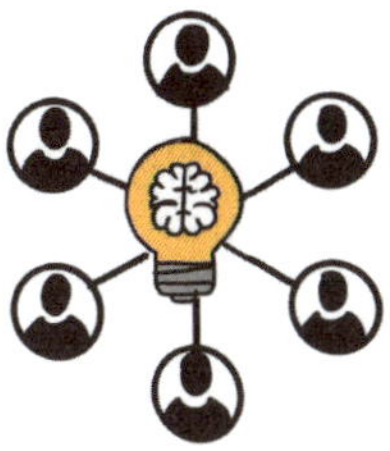

Ein live gezeichnetes Bild kann so ein Lagerfeuer darstellen, um das sich die Mitarbeiter versammeln und den Geschichten lauschen bzw. es anschauen. Oft entsteht an diesem Ort ein reger Austausch über diese Geschichten. Ein intensiver Dialog über den Inhalt kann der erste Schritt sein, um z.B. die neue Firmen-Vision auch umzusetzen.

Ein live entstandenes Graphic Recording ist kein »in Stein gemeißeltes« Bild, sondern immer nur der **Auftakt für ein neues Gespräch**.

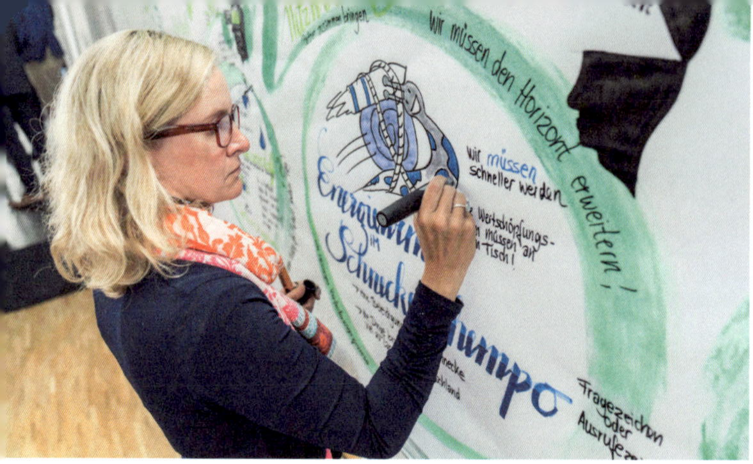

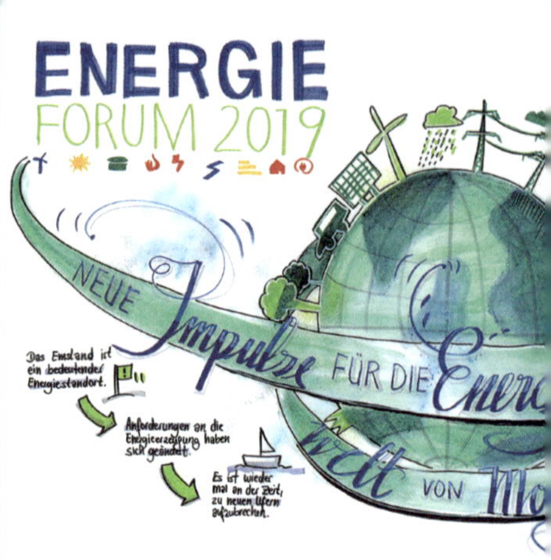

Graphic Recording für den Wirtschaftsverband Emsland im Auftrag für bikablo / Foto: Stefan Schöning Fotodesign

Die wirklichen Anfänge des Graphic Recordings

Vor etwa 50 Jahren haben in Kalifornien Berater und Facilitatoren versucht, Gruppenprozesse in großen Wandbildern sichtbar zu machen, um mithilfe einer solchen Visualisierung diese Prozesse zu unterstützen. Die Idee dahinter war, dass Gruppen effektiver zusammenarbeiten können, wenn sie ihren eigenen Prozess anschaulich verfolgen und überblicken können. Alle können die Zusammenhänge sehen und sich über deren Bedeutung verständigen. Am Ende eines Meetings entsteht eine Art visualisiertes Gruppengedächtnis, das zur Weiterarbeit genutzt werden kann.

Das Zusammenspiel aus Moderation auf der einen und Visualisierung auf der anderen Seite hat hier seinen Ursprung und wurde im Laufe der Zeit immer effektiver.

Die Visualisierung entspringt historisch gesehen also nicht der Illustration oder dem kreativen Bereich. Sie hat ihre Wurzeln im Bereich der Beratung und Facilitation und wurde ursprünglich für Workshops oder Meetings entwickelt. Aus einer Weiterentwicklung aus der Zusammenarbeit von Moderator/Facilitator und Visualisierer ist die Bezeichnung Visual Facilitator entstanden. Eine Person, die sozusagen beide Rollen erfüllt.

Mittlerweile wird das Graphic Recording auch für Vorträge und Konferenzen genutzt, wo ein Facilitator-Hintergrund nicht zwangsläufig notwendig ist. Auf meine eigene Tätigkeit zurückblickend kann ich sagen, dass es mehr Mischformen zwischen diesen Bereichen gibt, als dass eine klare Abgrenzung besteht.

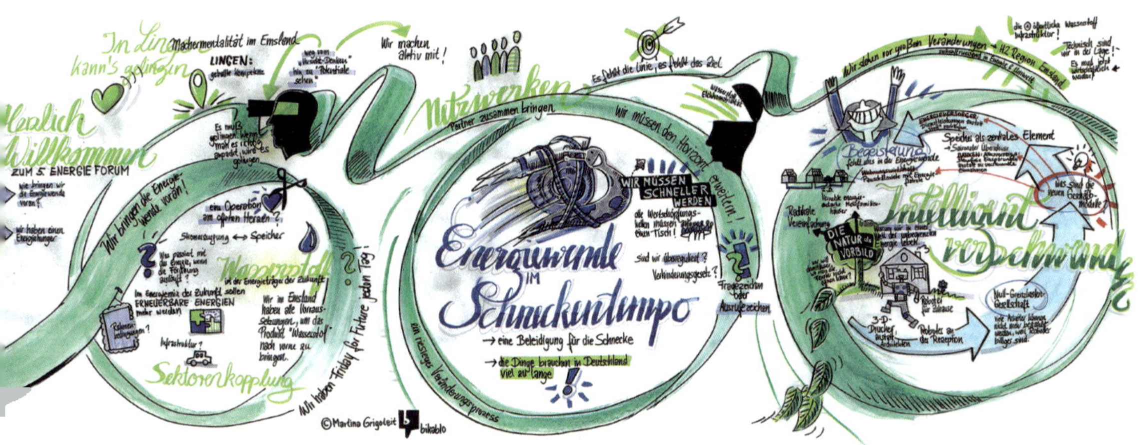

Die Gruppe der sogenannten Kommunikationslotsen brachten unter anderem kurz nach der Jahrtausendwende Methoden für Großgruppenmoderationen wie World Café und Open Space sowie Visualisierungsmethoden wie das Graphic Recording aus den USA in den deutschsprachigen Raum. Diese Methoden helfen vielen Menschen in Unternehmen und in der Gesellschaft, ihre eigene (Arbeits-)Welt selbstständig zu verbessern. Visuelle Prozessbegleitung ist ein Markenzeichen der partizipativen Großgruppenveranstaltungen, die die Kommunikationslotsen begleiten.

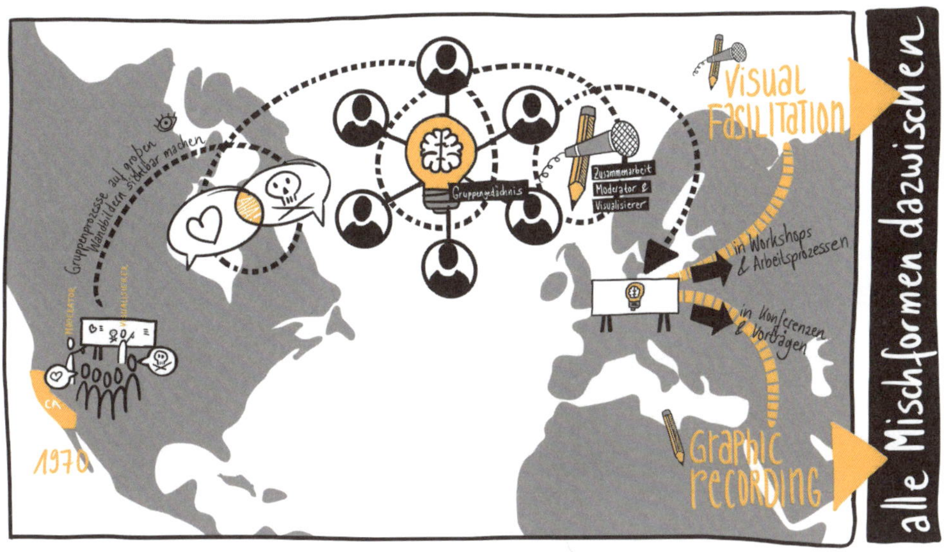

Ein Graphic Recording hat demnach in seiner eigentlichen Bedeutung den Sinn, einen Prozess zu unterstützen und nicht, ein schönes Bild darzustellen.

Das Betätigungsfeld des Graphic Recordings ist größer geworden und je mehr junge Talente nachrücken, desto mehr Verwirrung entsteht, weil jeder eine Live-Visualisierung anders interpretiert. Es werden unterschiedliche Maßstäbe gesetzt. Zusätzlich gibt es Hunderte von Möglichkeiten, wie das Bild am Ende oder während des Tages eingesetzt werden kann. Zu guter Letzt gibt es mittlerweile diverse unterschiedliche Namen für teilweise die gleichen Dinge, und kaum ein Recorder oder Kunde kann da noch wirklich durchblicken.

Man kann zwei ganz grobe Richtungen unterscheiden mit allen Zwischenbereichen und unterschiedlichen Ausprägungen. Die eine Richtung kommt aus der Illustration und hat den Fokus, gut aufbereitete Erinnerungsstücke eines Events sicherzustellen. Die zweite kommt aus dem Bereich der Prozessbegleitung und hat den Fokus, der Gruppe einen Mehrwert zu geben, der weit über das Darstellen von einem schönen Gesamtbild hinausgeht. Beide Bereiche haben ihre Berechtigung, wobei ihre Grenzen oft stark verschwimmen.

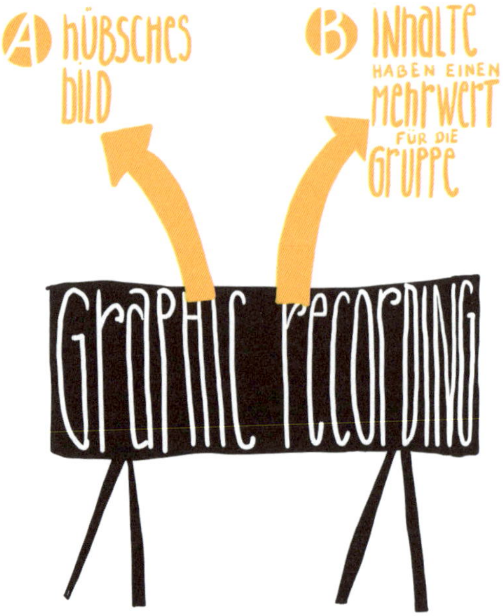

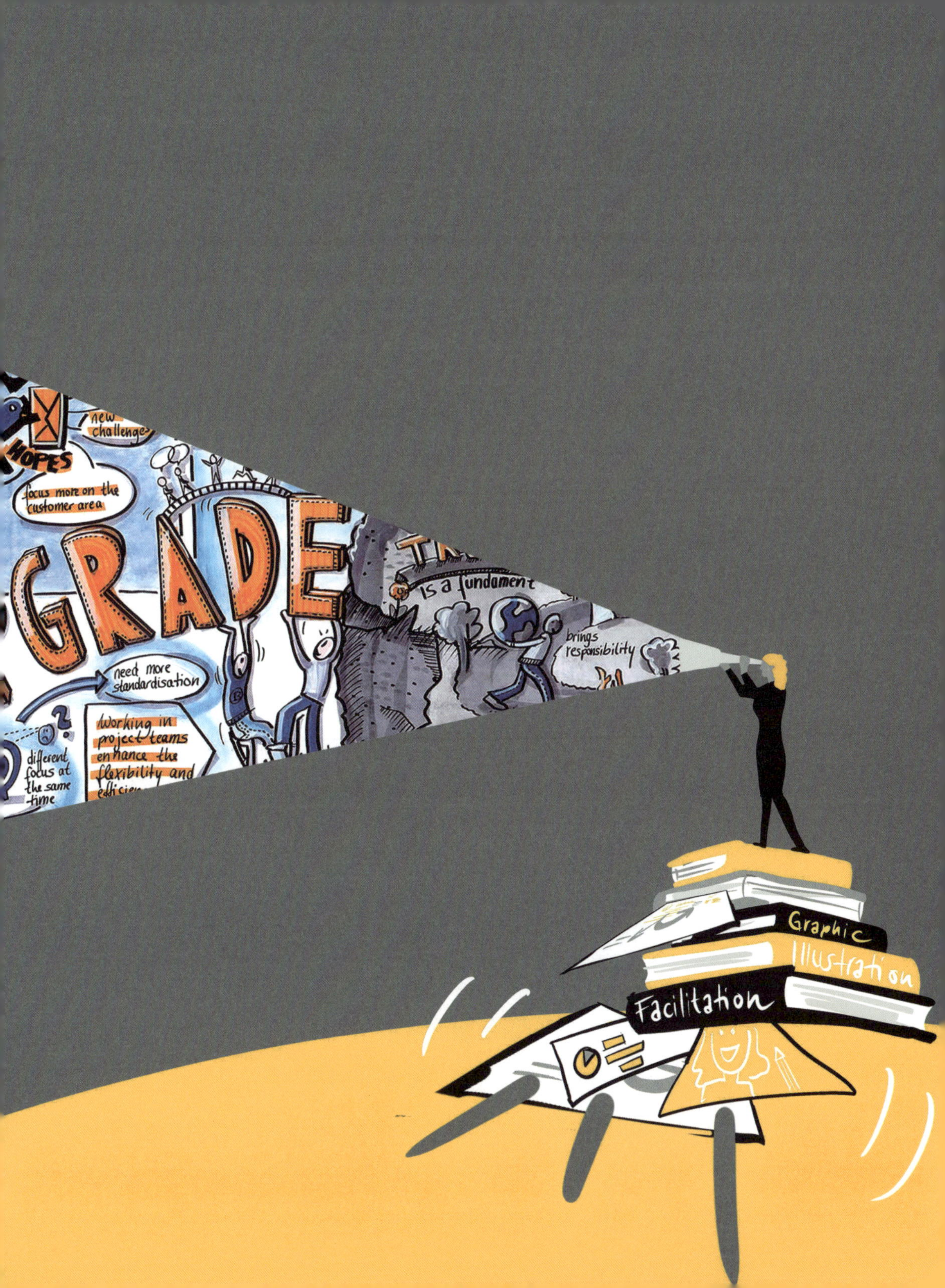
new challenges
HOPES
focus more on the customer area
GRADE
is a fundament
brings responsibility
need more standardisation
Working in project teams enhance the flexibility and
different focus at the same time
Graphic
Illustration
Facilitation

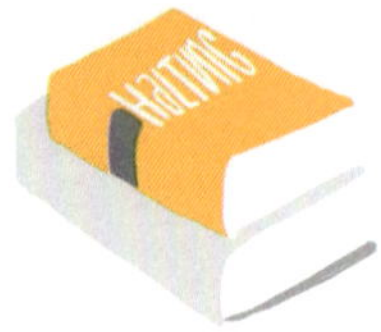

1.2 In welchen Situationen kann ein Graphic Recording hilfreich sein?

Ein Graphic Recording kann überall dort eingesetzt werden, wo Menschen ins Gespräch kommen oder auch als reines visuelles Protokol eines Events . Das hört sich erst mal relativ weit gefasst an. Ist es auch.

- in Workshops, Meetings und Diskussionsrunden (Kapitel 6)
- auf Konferenzen
- im Coaching (Teil 4)
- alle möglichen Online-Formate (Kapitel 8)
- bei Präsentationen und Vorträgen (Teil 3)
- bei Schulungen und Trainingsformaten
- bei jeglichen Veranstaltungsformaten wie z. B. Hochzeiten (Kapitel 7)
- auf Messen und Produktvorstellungen

Gerade bei den letzten Formaten handelt es sich eher um eine rein aufnehmende Tätigkeit für den Graphic Recorder. Hier ist am Ende oft das »hübsche Bild« das wichtigste Ergebnis.

Die oberen Formate sind häufig in irgendeiner Form in einen Change-Prozess eingebettet und fordern den Graphic Recorder nicht nur illustratorisch. Hier kann ein aktives Eingreifen in den Prozess sinnvoll sein und das Wissen um das kleine 1x1 des Facilitations hilfreich. Ein Graphic Recording während eines Meetings oder Workshops bringt den Graphic Recorder häufig in die Situationen, Verständnisfragen zu stellen, also Fragen, die dem Bild dienen und damit einen weiteren Mehrwert für die Gruppe darstellen können. Die Aufgabe eines Graphic Recorders ist es dann, ein Gesamtbild von allen einzelnen Stimmen zu entwerfen, sodass jeder in der Lage ist »den ganzen Elefanten zu sehen«.

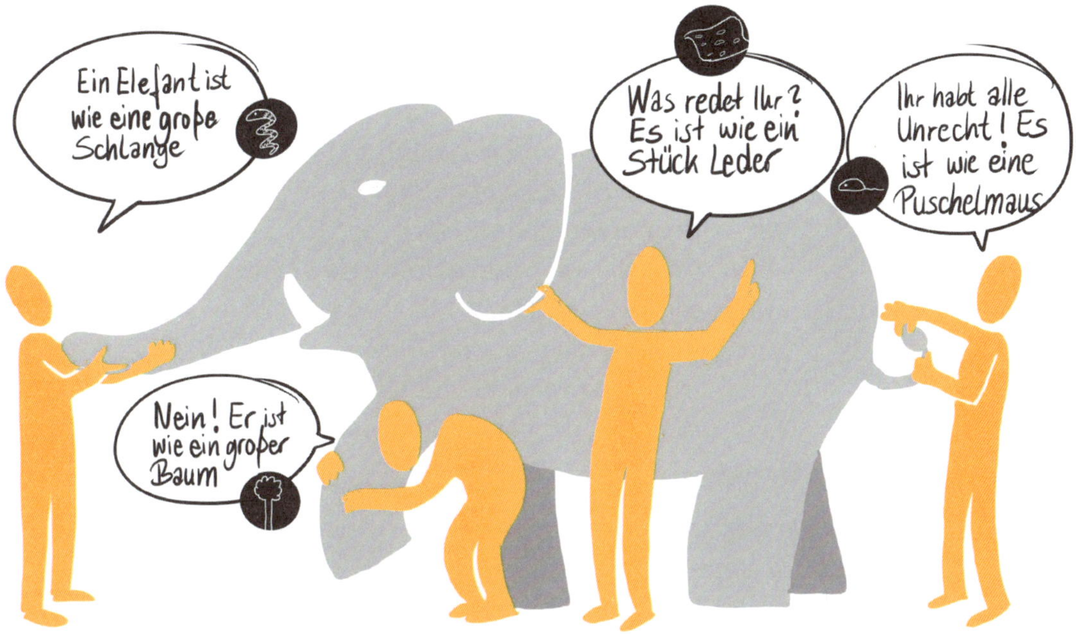

Graphic Recording hilft, den ganzen Elefanten zu sehen

Fünf Männer mit verbundenen Augen untersuchen einen Elefanten, um zu begreifen, worum es sich bei diesem Tier handelt. Jeder untersucht einen anderen Körperteil. Dann vergleichen sie ihre Erfahrungen untereinander.

Ein gutes Graphic Recording sollte die einzelnen Elemente zu einem ganzen Elefanten zusammensetzen, sowohl im Change-Prozess als auch in allen anderen Kontexten.

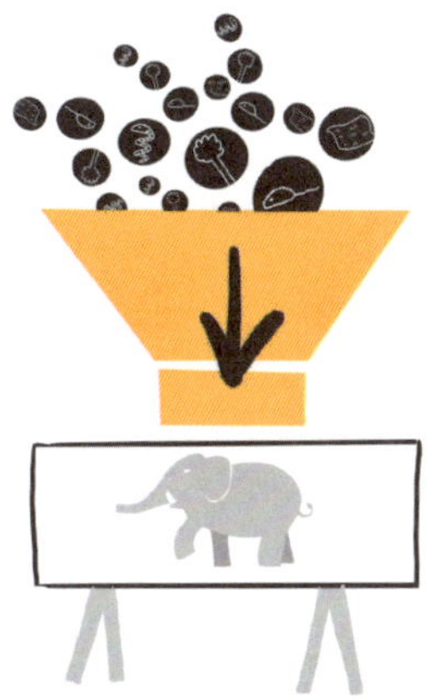

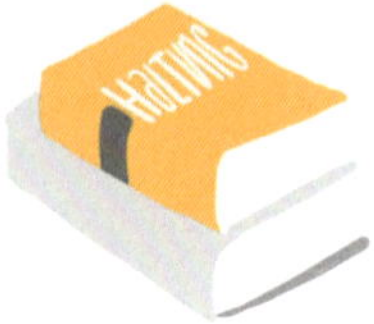

1.3 Graphic Recording im Change-Prozess

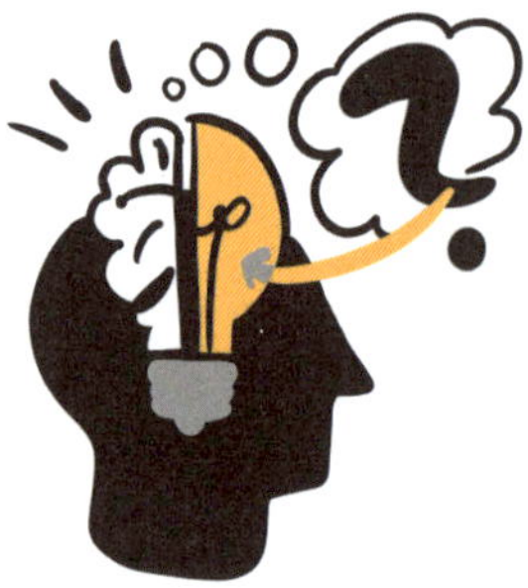

Sehr häufig wird ein Graphic Recording mitten im Change-Prozess angefragt. Das ist der Prozess, in dem Unternehmen erkennen, dass sie so nicht mehr weiterarbeiten können. Andere Arbeitsformen müssen her, ein anderes Miteinander. Meistens gibt es auf viele Fragen noch keine Antworten. Dieser Ablauf steckt voller Emotionen und oft spielt auch die Angst vor dem Arbeitsplatzverlust eine große Rolle.

In genau diesem emotionalen, ungeklärten Chaos werden wir gebucht. Ein »nur« hübsches Bild kann in diesem Prozess keinen wirklichen Mehrwert bieten. Hier sind zusätzliche Skills gefragt als nur zeichnen zu können, auch dann, wenn man »nur« als Graphic Recorder ohne beratende Tätigkeit/Facilitation gebucht ist. Mehr dazu im nächsten Kapitel

Gerade in emotional schwierigen Situationen sieht man oft nur seine Sicht der Dinge. Ein gutes Graphic Recording zeigt alle Stimmungen, Meinungen, Ängste, Unsicherheiten und Fragen auf und führt die Gruppe zu dem Bild des Großen und Ganzen. Dabei ist es egal, ob die Gruppe aus zwei Personen besteht oder aus 5'000.

Wenn es das Ziel des Workshops ist, alle Stimmen in den Raum zu holen, um darauf aufbauend einen gemeinsamen Lösungsansatz zu finden, ist diese Form des Graphic Recordings sinnvoll.

In einem Change-Prozess stehen die Teilnehmer vor vielen ungeklärten Fragen. Häufig wissen sie, dass es so nicht mehr weitergehen kann, aber die notwendige Veränderung ist unklar. Unsere Rolle ist es, ein Gesamtbild von der Situation aufzuzeigen. Denn nur, wenn man weiß, wo man steht, kann man sich von dort aus auch weiterentwickeln. Man kann sich zwar auch fortbewegen, wenn man nicht weiß, wo man steht. Aber ein Ziel zu erreichen, wird dann wesentlich schwieriger und ist im besten Fall ein Zufallsprodukt.

Was kann ich als Graphic Recorder gut?

Ein Graphic Recording im Change-Prozess, bei dem ein aktives Eingreifen gewünscht ist, erfordert also mehr Fähigkeiten außerhalb der Illustration als ein Graphic Recording, bei dem der alleinige Fokus auf dem reinen Festhalten der Inhalte und der Schönheit des Bildes liegt.

Auch in der Benutzung der Technik und den Materialien können die Anforderungen variieren. Gerade im Bereich des Remote Graphic Recordings werden die technischen Möglichkeiten immer größer und nicht jeder Graphic Recorder kann alles gleich gut abbilden.

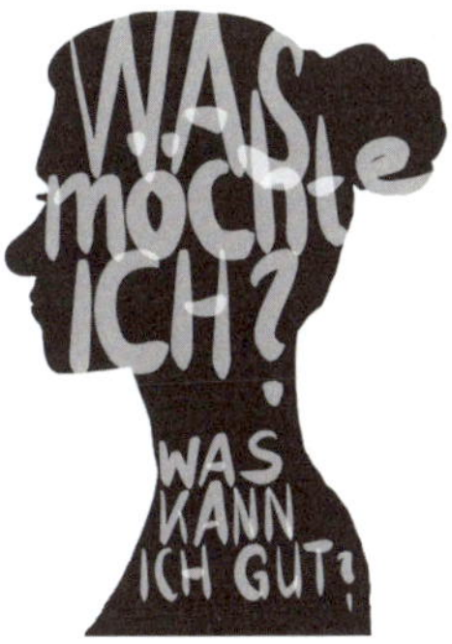

Ich halte es für wichtig, dass jeder, der Graphic Recording anbietet, sich im Klaren darüber ist, wie er arbeiten kann/möchte und wo seine Schwerpunkte liegen. Ich bin mir sicher, dass sich hier in naher Zukunft noch klarere Positionierungen herausfiltern werden.

Auch der Kunde, der ein Graphic Recording anfragt, muss sich im Klaren darüber sein, was er mit diesem Produkt erreichen möchte, um folglich den für seine Zwecke passenden Graphic Recorder buchen zu können.

„You are your most important tool“

Dieser Satz aus einem Remote Graphic Recording sagt genau das aus, was ich meine: fokussiere dich auf das, was du gut kannst.

Remote Graphic Recording für #onlinehostingnow/Kommunikationslotsen/im Auftrag für bikablo

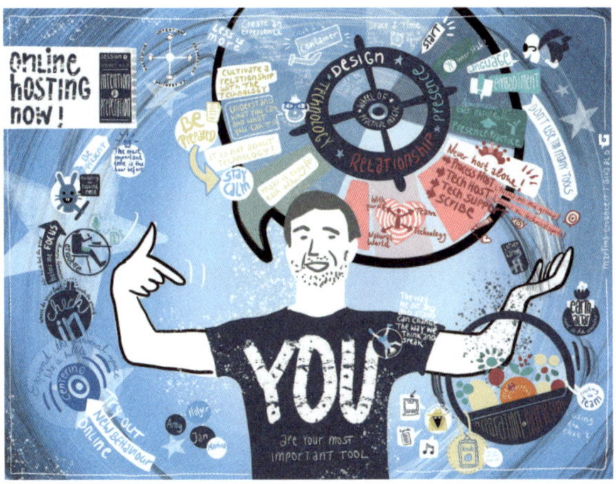

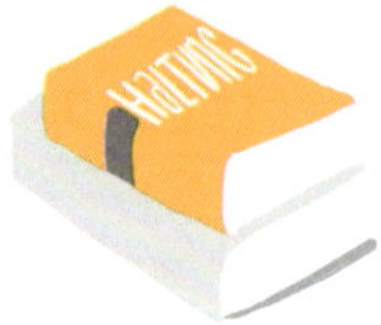

2 Soft Skills

2.1 Klarheit von Anfang an

Fange erst an zu arbeiten, wenn du ganz genau weißt, worum es geht und wie genau du mit deiner Arbeit behilflich sein kannst. Oft arbeitet man in komplett anderen Themenbereichen, von denen man bis dahin noch nie gehört hat. Mit Gesetzestexten oder technischen Erneuerungen im Bergbau beispielsweise.

Es ist für die Arbeit eines Graphic Recorders nicht wichtig, dass du bis ins letzte Detail verstehst, welches Produkt der Kunde genau anbietet. Aber es ist essenziell zu wissen, was er mithilfe deines Bildes erreichen möchte.

In der Arbeit während eines Workshops kann es passieren, dass die Themen mit großen Emotionen behaftet sind. Mitarbeiter könnten wütend über Entscheidungen sein, frustriert und ängstlich. Oft spielen Unsicherheiten im Change-Prozess eine große Rolle. Für die Arbeit eines Graphic Recorders ist es grundlegend zu wissen, welchen Sinn die Veranstaltung hat. Wenn es darum geht, ein gutes Teamgefühl zu stärken, sollte das Recording ein ganz anderes Bild werden, als wenn es darum geht, wirklich neue Lösungen zu erarbeiten. Oft ist es wichtig und sinnvoll, alle Stimmen sichtbar werden zu lassen im Graphic Recording und manchmal nicht. Das sollte man vorher alles absprechen.

Außerdem brauchst du Klarheit über die organisatorischen Dinge, wie (klingt so einfach, ist es aber in der Praxis oft nicht) Ort, Uhrzeiten, Agenda, Inhalte etc.

Wenn es Speaker gibt, frag nach den Kernaussagen. Auch die Agenda ist ausschlaggebend, da diese oft die Blattaufteilung vorgeben kann.

(Checkliste siehe Seite 34)

2.2 Eine gute Vorbereitung

Wenn du über alles, was besprochen werden soll, Klarheit hast und weißt, wo noch Emotionen stecken, wobei du vorsichtig sein solltest und wann du »Tacheles malen« darfst, dann erst bereite dich intensiv inhaltlich vor:

- mach dich mit den Inhalten und Themen vertraut.
- erkundige dich über Schreibweisen von Namen und Fachbegriffen.
- suche Farbwelten heraus, z.B. anhand der Corporate Identity der Firma.
- besprich mit dem Kunden gegebenenfalls dein Key Visual, Strukturen und eventuelle Templates (siehe hierzu Kapitel 3).
- kläre alle Fragen zum Material.

Hinter all dem steckt immer die Frage nach dem »Wozu?«. Entscheide diese Dinge niemals aus dem Grund, »weil es so schön aussieht«.

Zu guter Letzt gehört für mich zu einer guten Planung die Vorbereitung direkt am Morgen der Veranstaltung. Ausgeruht, mit genügend gutem Essen im Bauch (denn oft habe ich für das Essen währenddessen keine Zeit), rechtzeitig, ohne Stress und mit einem vollen Energiespeicher starte ich in den Tag.

Möglichkeiten für einen gelungenen Start in einen herausfordernden Tag:

- 15 Minuten Yoga, um auch den Körper vorzubereiten und flexibel zu halten. Hilft auch gegen Rückenschmerzen bei langem Stehen.
- 15 Minuten Atemtechniken, um das volle Energiepensum erreichen zu können, um bis zum Abend voll konzentriert zu bleiben.
- 20 Minuten Meditation für mehr Gelassenheit und innere Ruhe.

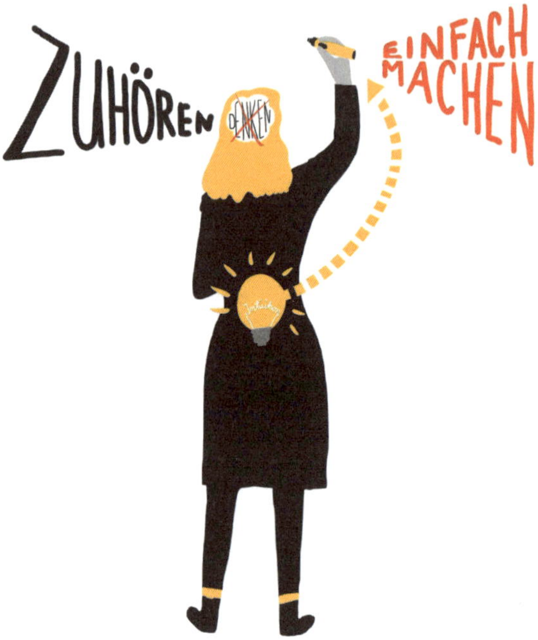

2.3 Haltung

Ein Graphic Recorder hat vor allem die Aufgabe zuzuhören. Und zwar mit beiden Ohren und während der ganzen Zeit. Für mich fühlt es sich während der Arbeitsdauer so an, als hätte ich absolut keine eigene Persönlichkeit. Ich stelle mich für diesen Zeitraum komplett und mit all meinen Sein in den Dienst der Gruppe. Ich habe keine Bedürfnisse mehr (alle menschlichen Bedürfnisse habe ich vorher erledigt), ich habe keine eigenen Vorstellungen von dem, wie es sein sollte und meine Ideen für Lösungsansätze sind zu diesem Zeitpunkt auch nicht mehr vorhanden. Ich diene jetzt nur noch. Zumindest ist das mein angestrebtes Ziel.

Es kommt vor, dass ich das Thema, um das es geht, nicht aushalten kann und ich alles, wofür dieser Auftrag steht, mit meiner persönlichen ethischen oder moralischen Messskala nicht vereinbaren kann. Es kommt durchaus vor, dass ich emotional mit dem zur Diskussion stehenden Thema zu stark persönlich verwickelt bin. Dann lehne ich solche Aufträge ab.

Mein Tipp ist es, sich vorab genau zu überlegen, ob man der richtige Mann oder die richtige Frau für diesen Job ist.

Es ist die Aufgabe eines Graphic Recorders, die Arbeit in der Gruppe einfacher zu gestalten, indem man Inhalte sichtbar macht. Nicht immer hat die Gruppe das gleiche Verständnis von den Dingen. Bilder und geschriebener Text helfen dabei, ein gemeinsames Verständnis zu schaffen. Was der Gruppe in diesem Moment sicherlich nicht hilft, ist deine eigene Meinung zu diesem Thema. Zumal man, wenn man mit Zuhören und Schreiben/Zeichnen beschäftigt ist, gar keine Zeit zum Reden hat.

In einem Workshop ist es eine der wichtigsten Aufgaben, jede Stimme im Raum zu hören und diese dann auch sichtbar werden zu lassen. Nur so kann ein gemeinsames Erkennen und Verstehen entstehen und gefördert werden. Von diesem Standpunkt aus kann sich die Gruppe dann weiterentwickeln und gemeinsam nach neuen Lösungen suchen.

Wohlwollend und positiv auf die Menschen und Situationen zu blicken, auch wenn sie nicht deine Meinung vertreten, ist auf jeden Fall eine sehr nützliche Eigenschaft in diesem Moment. Denn als Grundannahme gilt: Das Wissen ist schon da und vielleicht wird das, was am Ende des Tages rauskommt, hundert Mal besser sein als deine eigenen Gedanken, die du am Morgen noch dazu hattest.

Aus meiner Yogapraxis kenne ich den Satz »Akzeptiere die Menschen und Situationen, wie sie sind«. Dieser Satz hat mir schon sehr viel geholfen. Es bedeutet für mich, dass ich nicht tatenlos hinnehme, wie Menschen oder Situationen sind, es bedeutet, mit welcher inneren Haltung ich agiere. Erst, wenn ich das, was jetzt ist, akzeptieren kann und mich nicht innerlich dagegenstelle, kann ich mit einem ruhigen und klaren Geist meinen Anteil einbringen.

Eine Idee zum Üben:

Den Satz »Akzeptiere die Menschen und Situationen, wie sie sind« einen ganzen Tag lang leben. Immer wieder ... Zumindest versuchen ...

Das solltest du vorab alles klären:

Allgemein

- Worum geht es genau? Allgemein und im Detail.
- Was soll mit dem Graphic Recording erreicht werden?
- Welchen Sinn hat die Veranstaltung?
- Wie kann das Bild dabei unterstützen?

Fakten-Check

- Ort, Uhrzeiten, Agenda, Inhalte, Speaker
- Kernaussagen

Inhaltliche und thematische Vorbereitung

- Richtige Schreibweise von Speakern und Fachausdrücken
- Farbwelten
- Key Visual (siehe hierzu Kapitel 3)
- Struktur, Story oder Template etc.
  (siehe hierzu Kapitel 3)

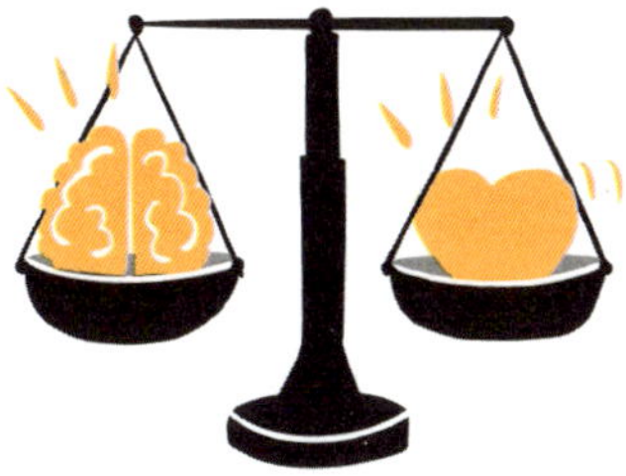

2.4 Nicht denken

Es gibt zwei Arten des Graphic Recordings. Entweder ist man in der Situation, wo man in den Prozess eingebunden und im Austausch mit der Gruppe ist, oder man hat eine rein aufnehmende Tätigkeit. Zweiteres entsteht beispielsweise bei einem Vortrag, den man mitzeichnet, bei dem Zwischenfragen unpassend wären. In diesen Recordings geht der Weg von den Ohren direkt in die Hand, ohne den Umweg über das Gehirn. Alle strategischen Gedanken, wie zum Beispiel das Blatt aufgeteilt wird, sollten vorher entstehen.

Anders ist es zum Beispiel in Workshops oder Meetings, wo Zwischenfragen, Rücksprachen und Abstimmungen Raum und Zeit haben. Dann ist es häufig unerlässlich, dass du dich zwischendurch prozessual und inhaltlich mit dem Kunden oder den Teilnehmern abstimmst und in Resonanz gehst. Dann hast du den Raum, dir zu überlegen, wie du Wortbeiträge filtern möchtest, wie du sie zusammenfasst, strukturierst und sinnvoll platzieren möchtest.

Dort, wo es um das schriftliche Festhalten von Wortbeiträgen in Echtzeit (beispielsweise während eines Vortrags) geht, bleibt dafür keine Zeit. Wenn du anfangen würdest, dir zu überlegen, ob das Symbol jetzt an dieser Stelle richtig ist, hast du bereits den Anschlusssatz verpasst. Egal, ob du vor Ort arbeitest oder remote. Meine persönliche Arbeitsweise ist es dann, nur zuzuhören und nicht zu denken. Ich werde sozusagen leer (das kann man übrigens lernen mithilfe der Meditation) und öffne mich für den »Flow«.

Ich werde oft gefragt, wie ich das mache. Die wahre Antwort ist: Ich weiß es nicht. Viel Vorbereitung, viel Übung und in genau dem stressigen Moment muss dann die Intuition übernehmen.

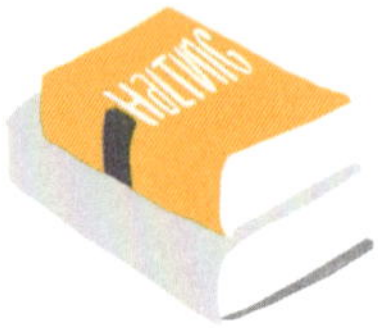

2.5 Intuition

In bestimmten Situationen hast du keine andere Chance, als dich auf deine gute Vorbereitung in Verbindung mit deiner Intuition zu verlassen. Dieses unterbewusste Wissen in das Bewusstsein zu holen und genau in der richtigen Sekunde abrufen zu können, ist oft der Schlüssel für den Erfolg eines Recordings. Denn in letzter Konsequenz ist Graphic Recording, auch mit der besten Vorbereitung, nicht planbar. Viel zu viele unvorhergesehene Änderungen in der Agenda, im Vortrag und besonders in den Äußerungen der Teilnehmer zwingen einen immer wieder dazu, alle Pläne von jetzt auf gleich über Bord zu schmeißen. Den Weg frei zu halten für deine unbewusste Intelligenz, ist essenziell.

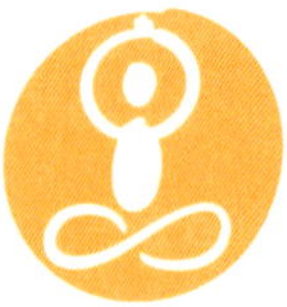

Die Meditation auf das dritte Auge (der Punkt zwischen den Augenbrauen) ist ein wunderbarer Weg, um die eigene Intuition zu stärken. Diese wird mit dem Energiezentrum im Stirnbereich (das Stirn-Chakra) in Verbindung gebracht. Die Konzentration darauf fördert den Kontakt zur inneren Weisheit. Gleichzeitig ist das Stirn-Chakra eng verbunden mit der Visualisierungsfähigkeit. Praktisch, oder?

2.6 Einfach machen

Also einfach machen. Nicht denken. Vom Ohr direkt in die Hand. So einfach ist das. Für Perfektionisten ist dieser Job nichts. Es gibt keine Löschen-Taste. Man kann (kaum) korrigieren. Zumindest dann nicht, wenn man auf Papier arbeitet. Aber auch auf dem iPad, wo im Nachgang eine Korrektur möglich ist, ist ein Graphic Recording meistens für sehr viele Teilnehmer sichtbar und die Zeit für Anpassungen ist während des Recordings nicht vorhanden.

Also muss man es sich einfach machen und »einfach machen«. Also direkt umsetzen. Man macht es damit auch den Teilnehmern verständlicher.
Das zumindest ist der Sinn eines Graphic Recordings. Das Bild soll es den

Teilnehmern ermöglichen, sich an das Gesagte zu erinnern. Die Lösung liegt in der Einfachheit.

Eine extrem gute Vorbereitung und auch eine jahrelange Erfahrung sind Voraussetzung, wenn man das unter Zeitdruck umsetzen können will.

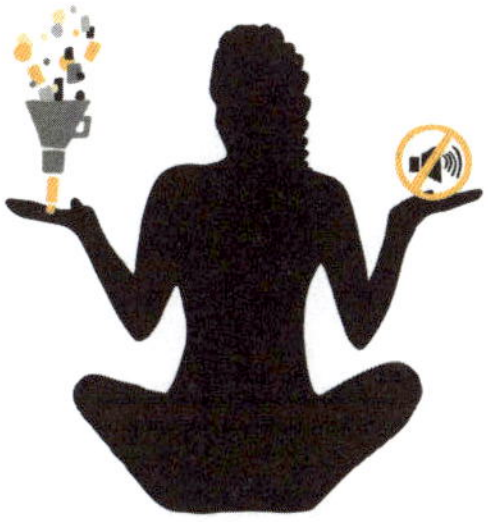

2.7 Innere Ruhe und innerer Filter

Am Anfang meiner Recorder-Karriere habe ich einen riesigen Aufwand betrieben. Ich habe versucht, alles mit auf das Bild zu bekommen, was geht. Ich habe ständig ein neues Papier aufgezogen und meine Stifte nachgefüllt.

Die vielen Jahre der Graphic Recorder Praxis haben mir allerdings gezeigt, dass einmal mehr weniger mehr ist. Je fokussierter die wesentlich wichtigen Dinge auf das Papier kommen und je weniger von dem »Gerede zwischendurch«, desto hilfreicher ist es für die Gruppe.

Je mehr du in dir selber ruhst, desto besser funktioniert dein innerer Filter, der es dir ermöglicht, das Wesentliche von dem Unwesentlichen zu unterscheiden.
Meine Meditationseinheit am Morgen ist deswegen für mich unerlässlich, um innerlich auch dann ruhig zu bleiben, wenn es um mich herum laut und hektisch wird. Wenn Inhalte kurzfristig verändert werden, oder wenn Redner nicht zum Punkt kommen und ich auch nach 30 Minuten noch keinen Plan habe, worum es geht.

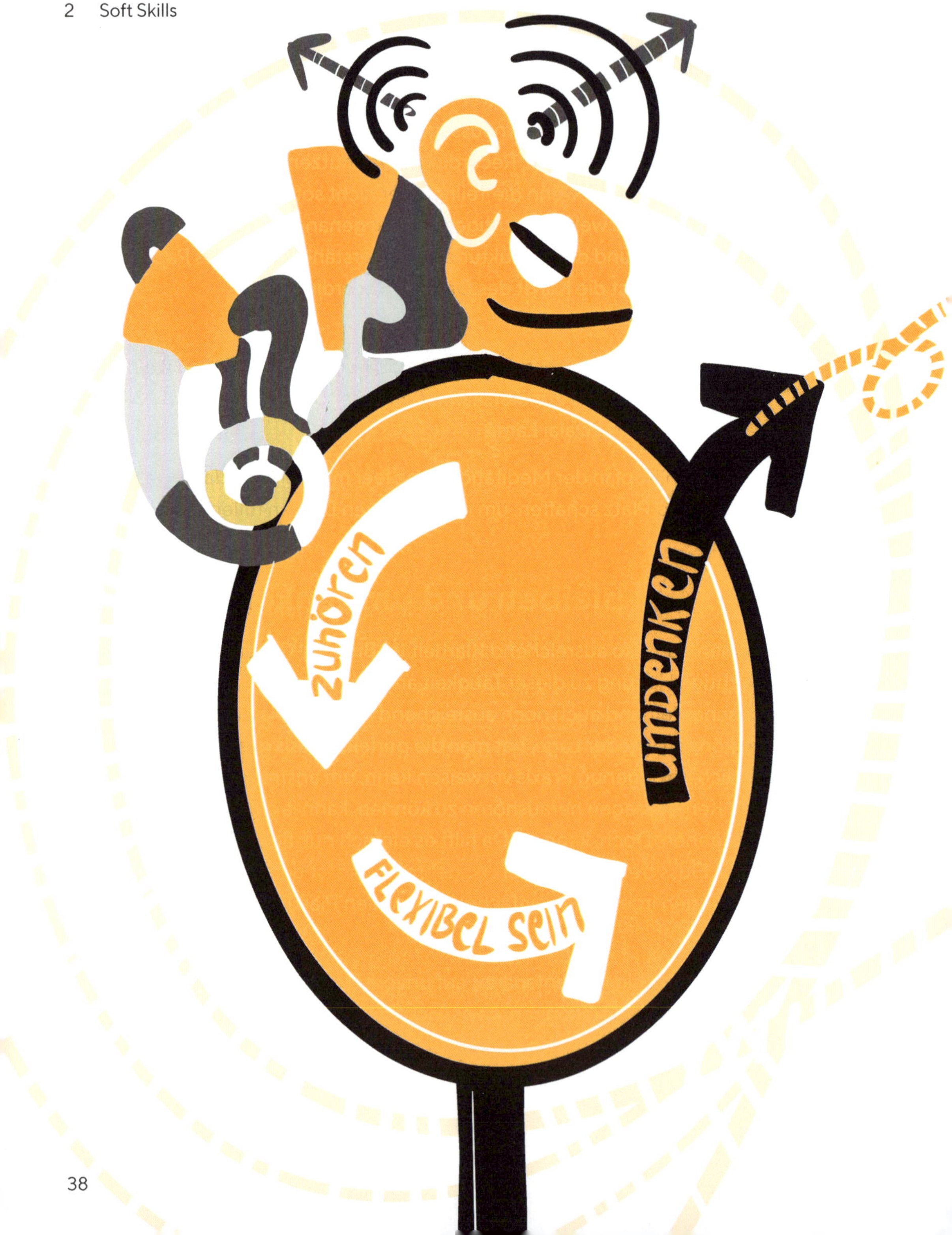
zuhören
umdenken
flexibel sein

2.8 Zuhören können

Zuhören können und damit die Kernaussagen herausfiltern ist also das A und O eines gelungenen Graphic Recordings. Was nützen die schönsten Illustrationen auf dem Bild, wenn die Teilnehmer nicht sofort erkennen können, worum es ging und welche wichtigen Inhalte genannt worden sind? Diese herauszuhören und dann strukturiert und verständlich auf das Papier oder iPad zu bringen, ist die Kunst des Graphic Recordings.

»Wenn du sprichst, wiederholst du nur, was du eh schon weißt. Wenn du aber zuhörst, kannst du unter Umständen etwas Neues lernten.« Dalai Lama

Den Kopf in der Meditation ganz leer machen und damit genügend Platz schaffen, um ihn mit neuen Dingen füllen zu können.

2.9 Flexibel bleiben und umdenken

Nachdem man nun also ausreichend Klarheit im Briefing-Gespräch bekommen, die richtige Haltung zu dieser Tätigkeit an den Tag gelegt, seine Intuition frei geschaufelt und auch noch ausreichend meditiert hat, um gelassen bleiben zu können in jeder Lage, hat man die perfekte Basis geschaffen. Wenn man zusätzlich noch genug Praxis vorweisen kann, um anstrengungslos die wichtigsten Kernaussagen heraushören zu können, kann ja eigentlich nichts mehr schief gehen. Doch, kann es. Da hilft es einfach nur, flexibel zu bleiben. Sich mit dem Fluss treiben zu lassen. Annehmen, was ist und aus den neu entstandenen Dingen irgendwie »einfach« einen neuen Plan B, C oder D machen.

Um ruhig und entspannt auf unvorhergesehene Situationen reagieren zu können, ist es wichtig, deine eigenen Energien am Morgen hochgefahren zu haben. Das kann man z.B. mit Atemtechniken (Pranayamas) und einem guten Frühstück ohne Zeitdruck.

3 Organisatorische Vorbereitung

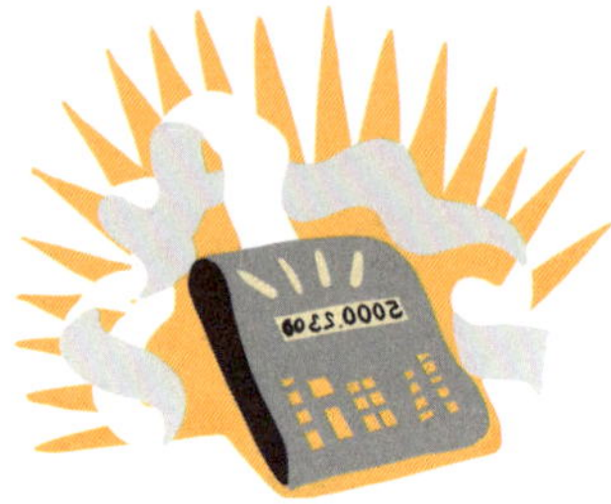

3.1 Preisgestaltung

Graphic Recorder machen mit ihrer Arbeit das, was bis jetzt nur in den Köpfen der Menschen steckte, sichtbar. Bei dieser Arbeit geht es, anders als in vielen anderen Bereichen der Illustration, nicht primär um ein schönes Endergebnis, sondern um den Inhalt.

Dabei geht es darum, das Gesagte zu filtern und meist unmittelbar in eine Illustration umzusetzen, und das darf mehr bepreist werden als eine reine Illustration, weil ein Graphic Recording zusätzlich weitere Skills erfordert.

Die *Illustratoren Organisation e.V. (IO)* hat in ihrem Honorarwerk eine gute Übersicht über die Honorierung eines Graphic Recordings abgebildet. Der durchschnittliche Tagessatz liegt dort bei 1'415 Euro zuzüglich der Kosten für die An- und Abreise sowie Übernachtungskosten. Mitunter wird auch eine Materialpauschale erstattet oder auch gesonderte Nutzungsrechte geltend gemacht.

Wenn eine beratende Tätigkeit, beispielsweise in Form eines Visual Facilitations, dazu kommt, oder der Job vor Ort eine intensive Nach- oder Vorbereitungszeit erfordert, erreicht man sehr schnell den Tagessatz von 2'000 Euro und darüber hinaus.

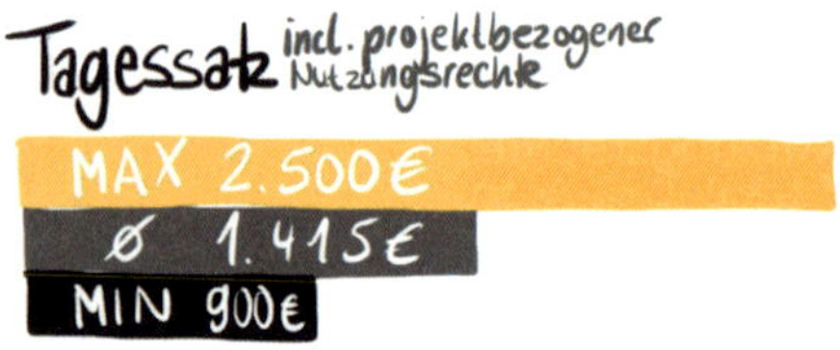

Quelle: Honorarwerk Illustration/IO – Illustratoren Organisation e.V.

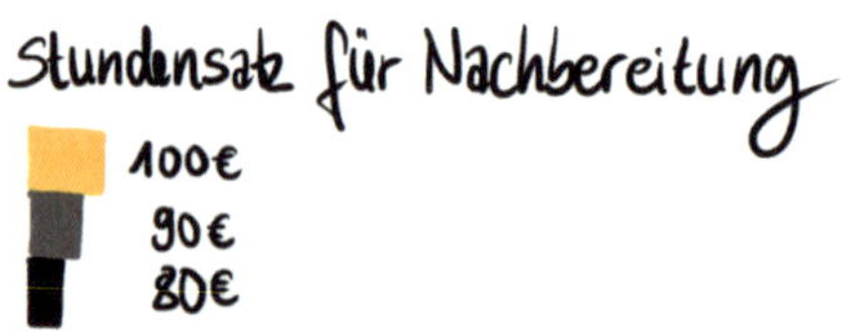

3.2 Graphic Recording in der Künstlersozialkasse

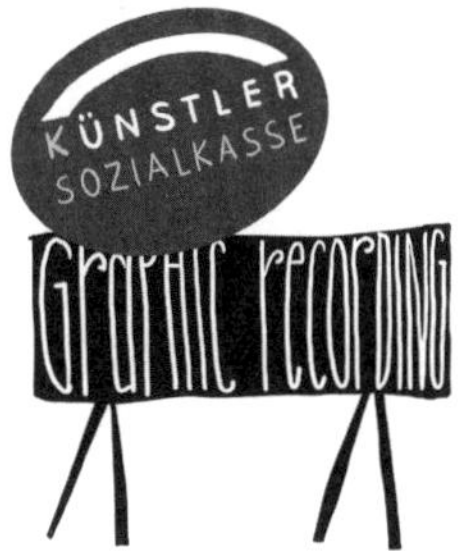

Laut der IO (Illustratoren Organisation e.V.) ist *»das Berufsbild des Graphic Recording unter Beachtung der aktuellen Rechtsprechung zum Kunst- und Publizistikbegriff der bildenden Kunst zuzuordnen. Folglich sind Graphic Recorder nach dem Künstlersozialversicherungsgesetz (KSVG) zu versichern.«* (Quelle: www.io-home.org)

3.3 Copyright

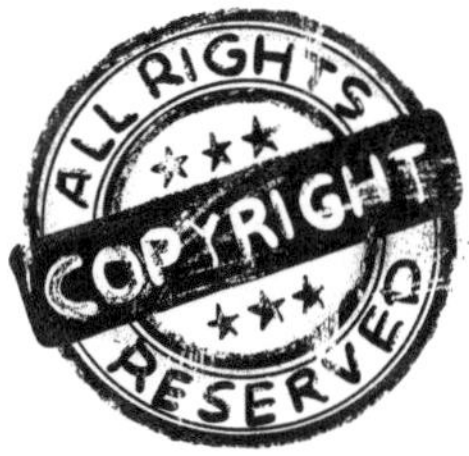

»Der Illustrator verkauft also im Gegensatz zu einem Bäcker oder einem Berater nicht sein Werk oder eine Dienstleistung. Er bleibt als Urheber stets Eigentümer seiner Arbeit und räumt seinem Vertragspartner ein sogenanntes Nutzungsrecht daran ein … Grundlage für die Errechnung des Nutzungshonorars ist das Werkhonorar, das sich aus zeitlichem Aufwand und individuellem Stundensatz zusammensetzt. Die Multiplikation des Werkhonorars mit den entsprechenden Nutzungsfaktoren ergibt dann das Nutzungshonorar. Abhängig davon, wo und in welchem Umfang die Illustration eingesetzt werden soll, sind die Nutzungsfaktoren unterschiedlich hoch. Generell gilt: Je umfangreicher die Illustration genutzt wird, desto höher ist das Nutzungshonorar.« (Quelle: www.io-home.org)

Da die Recordings in der Regel im Rahmen von Veranstaltungen oder Workshops erstellt werden, macht es Sinn, die Nutzungsrechte auch genau dafür zur Verfügung zu stellen. Alles, was darüber hinausgeht, besonders jegliche Form der Außenkommunikation, bedarf gesonderter Absprachen.

All das ist natürlich, wie überall, Verhandlungssache und erfordert manchmal auch Erklärungsbedarf, weil viele Kunden sich mit dem Thema der Nutzungsrechte noch nicht beschäftigt haben.

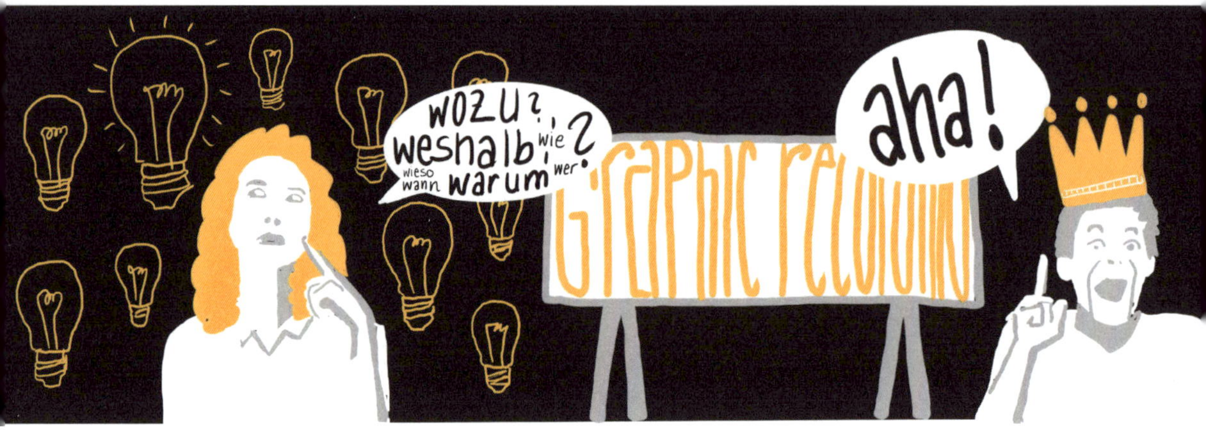

3.4 Auftragsklärung

Die Auftragsklärung sollte alle offenen Fragen regeln. Ich frage immer so lange nach, bis ich bis ins kleinste Detail verstanden habe, worum es geht und was dem Kunden wichtig ist. Die folgende Checkliste kann helfen, die richtigen Fragen zu stellen, damit man wirklich an die relevanten Kernbotschaften kommt.

Eine der wichtigsten Fragen am Anfang ist, was am Ende mit dem Bild gemacht werden soll. Das »Wozu?« steht wieder im Vordergrund. Der Kunde kann durch die Beantwortung dieser Fragen den bestmöglichen Nutzen aus dem Graphic Recording ziehen. Eine gute Beratung ist Gold wert, dazu gehört auch das Aufzeigen der diversen visuellen Möglichkeiten, die den Prozess des Kunden voranbringen können.

Besonders bei Remote-Anfragen sind diese Fragen wichtig, um dem Kunden auch hier das optimale Angebot machen zu können. Im Online-Bereich gibt es so viele verschiedenen Möglichkeiten der Visualisierungsformen, dass die Beantwortung, welches Mittel man nutzt, sich immer aus dem »Wozu?« ergeben sollte.

Auftragsklärung

WOZU wird diese Visualisierung benötigt und wo kann sie hilfreich sein?

WESHALB wird diese Visualisierung benötigt?

WAS ist das Ziel der Visualisierung?

WER ist verantwortlich in diesem Prozess und für wen ist das Bild am Ende gedacht?

WELCHE Kernbotschaften sollen auf jeden Fall vermittelt werden auf diesem Bild und welche Emotionen?

WELCHE Inhalte sollen auf keinen Fall Platz auf dem Bild finden?

WANN soll die Visualisierung umgesetzt werden? Gibt es eine Deadline?

WIRD am Ende mit diesem Bild weitergearbeitet oder dient es »nur« der Erinnerung?

3.5 Eine maßgeschneiderte Empfehlung

Nicht jede visuelle Darstellungsform, Umsetzung und auch nicht jedes Material ist für sämtliche Anforderungen passend. Mal ist ein analoges Graphic Recording im Großformat das Mittel der Wahl, mal eine digitale Aufzeichnung am iPad oder auch vielleicht viele Einzelbilder im Kleinformat. Oder es macht Sinn, während des Prozesses mehr Beratung mit hineinzubringen, bestehend aus Visual Facilitation oder, wenn es komplizierter wird, auch ein Tandem anzubieten aus einem Facilitator und einem Graphic Recorder.

Manchmal wird ein Live-Graphic-Recording angefragt und nach einem intensiven Gespräch stellt sich heraus, dass eigentlich ein Strategiebild mit Korrekturmöglichkeiten viel zielführender ist (das Thema Strategiebild wird im Kapitel 4 erläutert).

Im Remote-Bereich gibt es nicht nur die Wahl, über welches Medium man kommuniziert, sondern auch, mit welchem Medium man zeichnet; iPad, Digitalkamera oder doch eine große Papierfläche? Soll der Visualisierungsvorgang live zu sehen sein oder lenkt es ab? Wann teile ich die Bilder am Bildschirm und wie wird das Bild am Ende gebraucht?

Über gezielte Fragestellungen und eine gemeinsame Erforschung der Absicht des Kunden kann man ein zielführendes und für den Kunden wirklich sinnvolles Angebot anbieten.

Voraussetzung für all das ist es, dass die eigenen Graphic-Recorder-Koffer prall gefüllt sind. Man muss nicht jedes Format selbst abdecken können, aber man muss wissen, wo man sich Hilfe holen kann.

Die folgende Checkliste kann einen Anhaltspunkt geben, welche Fragen zu einer guten maßgeschneiderten Empfehlung führen können.

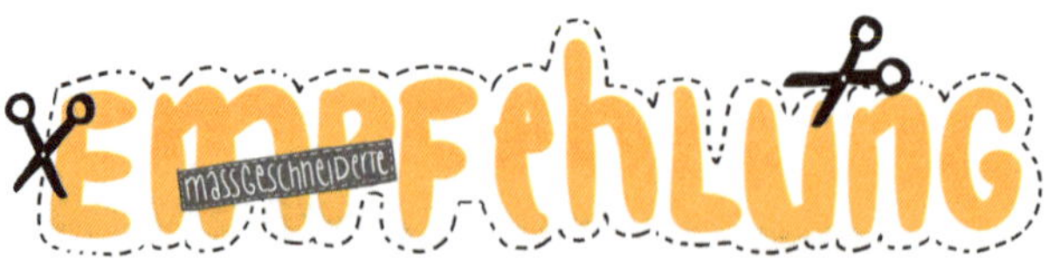

Checkliste

- Zuerst ein grober Überblick: Worum geht es?
- Wie ist die Veranstaltung in den Gesamtprozess eingebettet?
- Wie kann das Recording helfen, das Event, den Workshop oder auch den Gesamtprozess zu unterstützen?
- Ist es eher ein Event zur Stärkung des Teams, dann sollten negative Töne vielleicht nicht mit auf das Bild.
- Sollen alle Stimmen/Meinungen eingefangen werden?
- Digital oder analog?
- Was soll hinterher mit dem Bild geschehen?
- Wird das Bild in digitaler Form gebraucht?
- Soll das Ergebnis auf ein Bild oder mehrere?
- Gibt es CI-Farben, an denen sich das Bild orientieren sollte?
- Wird eine Graphic Wall benötigt? (Eventuell Zeit zum Aufbau einplanen.)
- Gibt es schon Stichworte für die Reden, die gehalten werden?
- Wenn es Veranstaltungen/Workshops zur gleichen Zeit gibt, müssen Lösungen gefunden werden (siehe dazu Teil 3).
- Zusendung der Agenda, Präsentationen und Örtlichkeiten.
- Bei remote: technische Details klären.

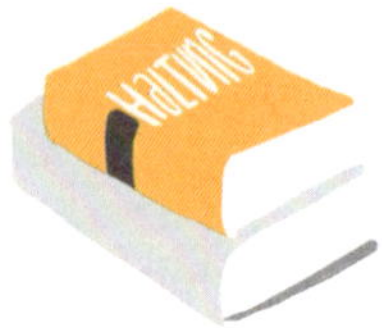

3.6 Wann fängt man an und wann ist endlich Schluss

Der genaue Startzeitpunkt beim Live-Zeichnen hängt von dem Format ab. Angenommen, man zeichnet einen Vortrag mit, dann muss man erst mal verstehen, um was es genau geht. Im Idealfall konnte man sich vorher schon die Hauptaussagen geben lassen und hat auch die PPP vor sich ausgedruckt liegen. Wenn man das alles hat, kann man relativ zügig anfangen mitzuschreiben bzw. mitzuzeichnen. Wenn man vorher gar keine Inhalte kennt, muss man zuerst zuhören und den roten Faden verstehen. Das kann mitunter gefühlt sehr lange dauern. 20 Minuten warten, nur zuhören und Stichpunkte aufschreiben ist keine Seltenheit bei einer einstündigen Rede. Manchmal sogar noch länger, wenn es ein schlechter Speaker ohne Struktur ist. In dieser Phase, die für mich noch irgendwie zur Vorarbeit gehört, mache ich mir viele Gedanken, wie ich all das zu Papier bringen soll. Die Intuition übernimmt ab dem Zeitpunkt, an dem ich an die Wand (oder iPad) trete.

Wenn man nun einen groben Überblick über das hat, was der Speaker in seinem **Vortrag** sagen möchte, kann man mit den Hauptaussagen anfangen. Erinnere dich: weniger ist mehr. Man muss das Papier nicht vollzeichnen oder -schreiben mit Informationen, die sich am Ende sowieso keiner merken kann. Konzentriere dich auf das Wesentliche und konstruiere daraus eine logische Story, die der Betrachter verstehen kann, und wo der Blick geführt wird.

Ähnlich läuft es auch bei einem **Workshop**. Erst einmal sollte man nur zuhören, um rauszubekommen, um was es geht, was die Hauptaussagen sind und wie viele Themen sich hier auftun.

Angenommen, es bilden sich in einem Workshop zwei Parteien, die einen sind für ein Projekt, die anderen dagegen. Daraus kann man nun eine Blattaufteilung machen, die diese beiden konträren Meinungen verdeutlicht. Auch ein Farbkonzept ließe sich daraus gut ableiten. Behalte bis zum Schluss die Flexibilität im Bild bei, so dass sich auch noch eine dritte, vierte oder fünfte

Meinung darstellen lässt. Trotzdem muss das Bild aber auch fertig aussehen, wenn die Diskussion beendet ist. Das ist und bleibt ein Spagat.

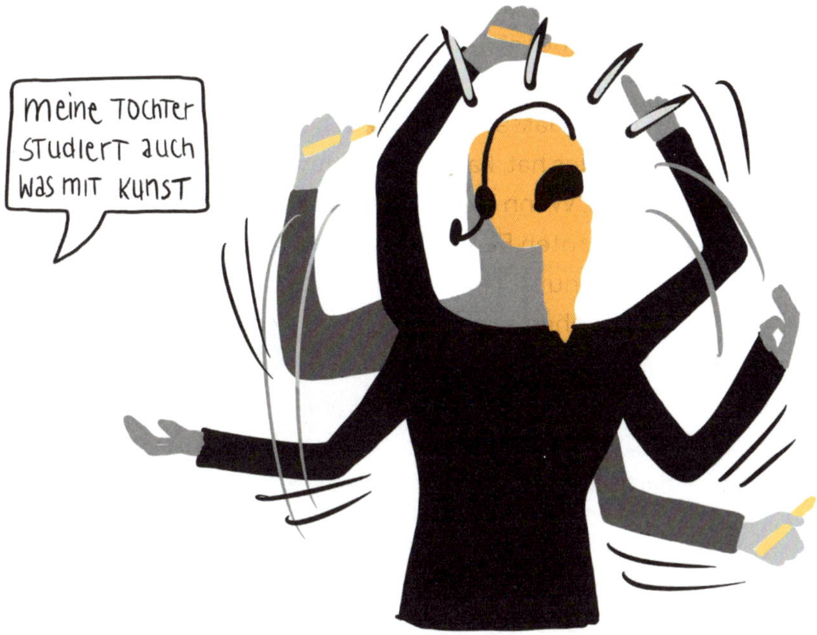

Flexibel bleiben ist sowieso das Wichtigste bei so einem Live-Auftritt. Für diesen Job muss man gleichzeitig Dolmetscher, Zeichner, Berater und Improvisationskünstler sein und dann manchmal noch über Themen kommunizieren, die mit dem Gezeichneten nichts zu tun haben.

Fertig sollte man in der Regel dann sein, wenn das Format beendet ist. Wenn man auf einer Konferenz mit drei Speakern und drei Workshops ist, hat man zwischendurch keine Zeit für eine Nachbereitung der einzelnen Workshops/ Vorträge. Wenn man nur für einen einzigen Vortrag gebucht wurde und danach die Veranstaltung auch zu Ende ist, hat man natürlich noch Zeit, das Bild in Ruhe zu perfektionieren, also z.B. noch Farbe und Schatten zu setzen. Aber man sollte stets dazu in der Lage sein, das Bild abzuschließen, wenn das letzte Wort gesprochen wurde.

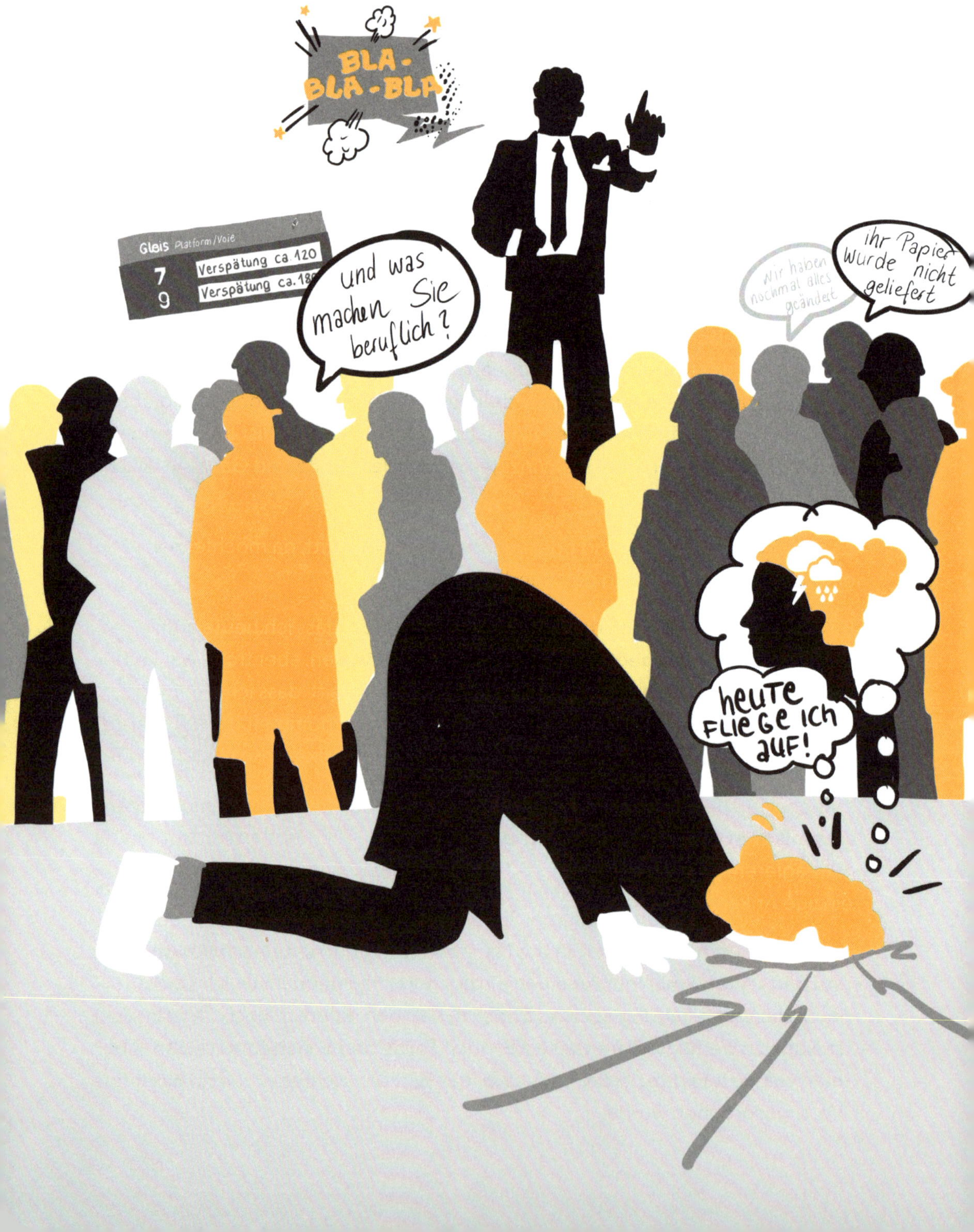
BLA-BLA-BLA
Gleis Platform/Voie
7 Verspätung ca. 120
9 Verspätung ca. 18
und was machen Sie beruflich?
Wir haben nochmal alles geändert
ihr Papier wurde nicht geliefert
heute fliege ich auf!

3.7 Trotz der allerbesten Vorbereitung: Fuck-ups

Ja, die folgenden Dinge können passieren bei einem Live-Auftritt:

Kein Papier angekommen, keine Wand zum Anbringen des Papiers da. Die Bahn hat zwei Stunden Verspätung, man hat verschlafen, kein Wort verstanden vom Vortrag, schlechte Akustik, kein Blick auf die PPP möglich, Menschengedränge am Bild, Graphic Wall kippt um, das fertige Recording reißt durch, zum falschen Ort gefahren, auf den falschen Job vorbereitet, alle Stifte geklaut, Agenda wurde spontan abgeändert, gut gemeinte Fragen zum falschen Zeitpunkt, kein Ansprechpartner vor Ort, bei Remote-Jobs geht plötzlich das WLAN nicht mehr, das Mikro ist defekt, der iPad Stift ist alle, mein Fokus beim Zeichnen geht ins Winzige, anstatt das Große und Ganze im Blick zu behalten ... Chaos!

Es gibt Situationen während oder vor einem Live-Auftritt, da möchte man einfach nur seinen Kopf in den Sand stecken.

Es gibt diese Tage, wo ich das Gefühl nicht loswerde, dass ich heute auffliegen werde. Ich bin eigentlich super vorbereitet gewesen, aber trotzdem läuft alles schief. Dann denke ich, dass heute jemand begreift, dass ich eigentlich gar nichts kann und mich in diesen Beruf nur reingeschummelt habe. Tage, an denen ich »Website« oder »Sustainability« trotz freundlicher Korrekturhinweise fünfmal falsch schreibe.

Unser Job ist es, von Anfang bis Ende zu improvisieren und ständig spontan zu reagieren. Wenn wirklich alles schiefläuft, ist eine gute Vorbereitung der einzige Anker, an dem man sich festhalten kann.

Ansonsten: Atmen, meditieren (vorher natürlich), Stifte richten, improvisieren und weitermachen: Wenn kein Papier da ist, nimm eine Tischdecke. Wenn die Stifte geklaut sind, plündere den Moderatoren-Koffer. Wenn Menschen zu dicht am Papier stehen, bau eine kleine Stuhlmauer. Wenn man kein Wort vom Vortrag versteht, lächle und schreibe die Überschriften der PPP ab.

Teil 2: Der Werkzeug-Koffer

Es gibt noch ein paar weitere Tricks für ein gelungenes Graphic Recording. Die meisten haben ihren Ursprung in der Gestaltung und zeigen die Werkzeuge aus diesem Bereich auf, wie den Umgang mit dem **Material, dem Aufbau, der Struktur und weiteren Elementen**. Im folgenden Kapitel erfährst du alles, was du brauchst, damit dein Graphic Recording nicht nur dem Prozess und der Gruppe dient, sondern auch noch gut aussieht.

Du erfährst, wie wichtig ein Key Visual ist und wie du am besten eine visuelle Story kreierst. Wichtig ist es, sich ein bildliches Vokabular anzulegen, um die Inhalte auch schnell bebildern zu können, sowie ein stimmiges Gesamtbild zu erschaffen. Diese Struktur führt dazu, das Graphic Recording im Nachgang einfach und verständlich zu machen. Viele dieser Dinge solltest du dir vorher überlegen und gegebenenfalls auch mit dem Kunden absprechen.

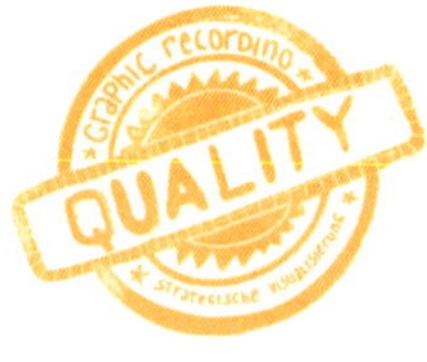

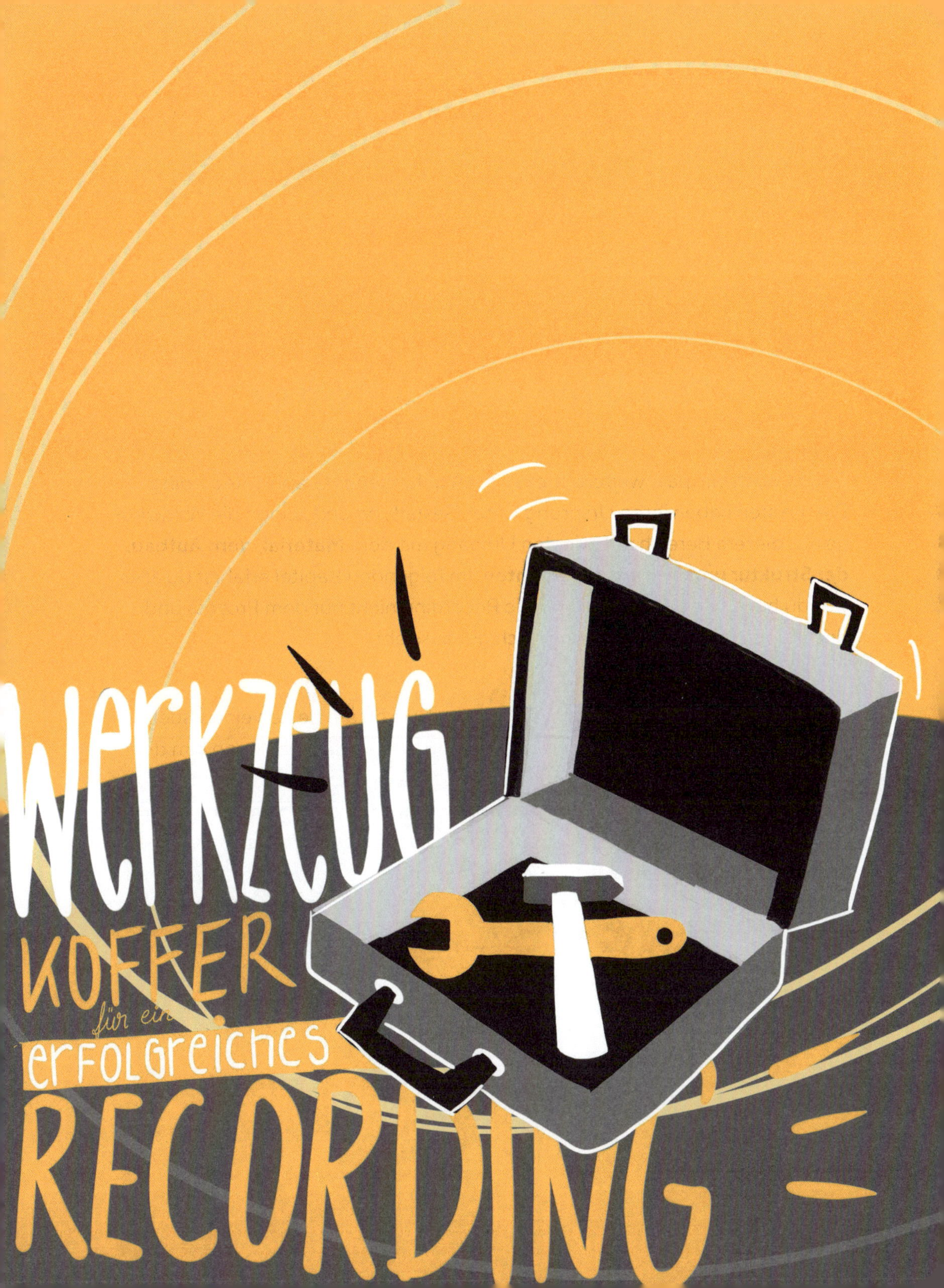
Werkzeug
Koffer
für ein
erfolgreiches
Recording

4 Umsetzung: Material, Aufbau, Layout, Struktur und weitere Elemente

4.1 Materialtipps

Hier sind dem kreativen Geist keine Grenzen gesetzt. Für mich ist die Wahl des Materials immer mit der »Wozu?«-Frage gekoppelt. Inhalt steht immer über Schönheit. Er kann zum Beispiel Pro und Contra vorgeben, dann könnte es Sinn machen, ein weißes und ein schwarzes Papier zu benutzen. Die folgenden Beispiele sind ein kleiner Ausschnitt aus einer Vielzahl von Möglichkeiten.

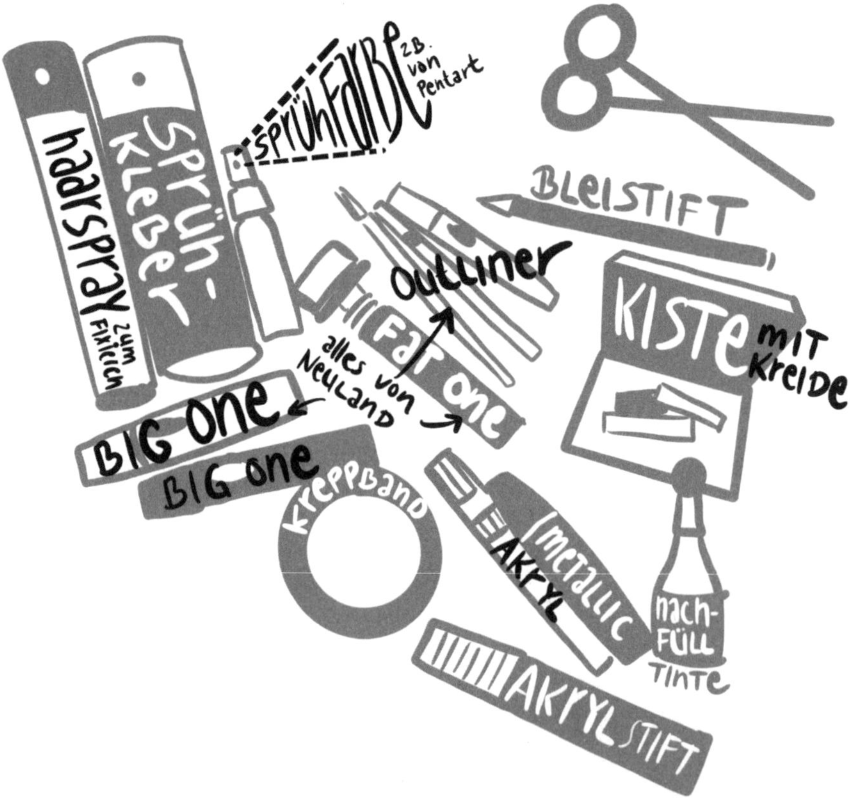

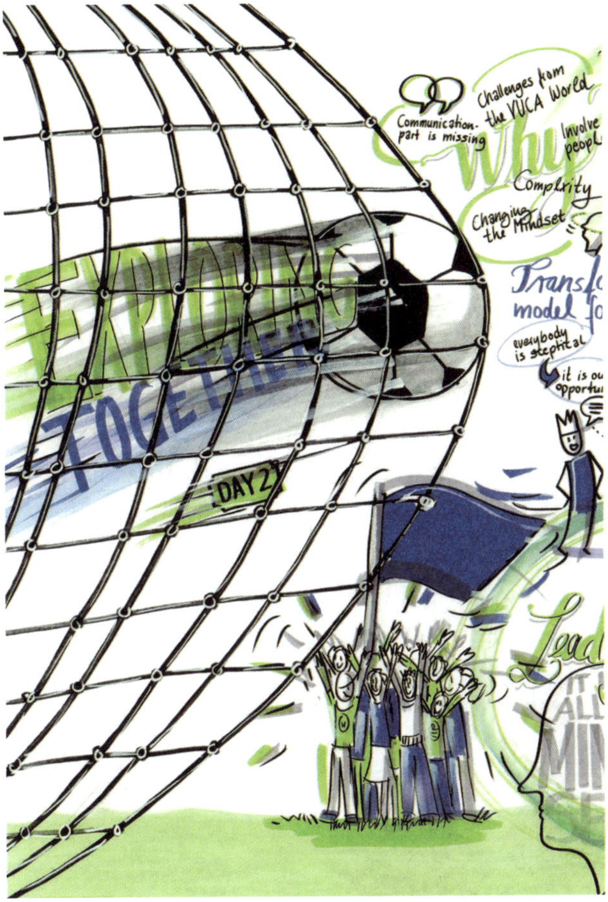

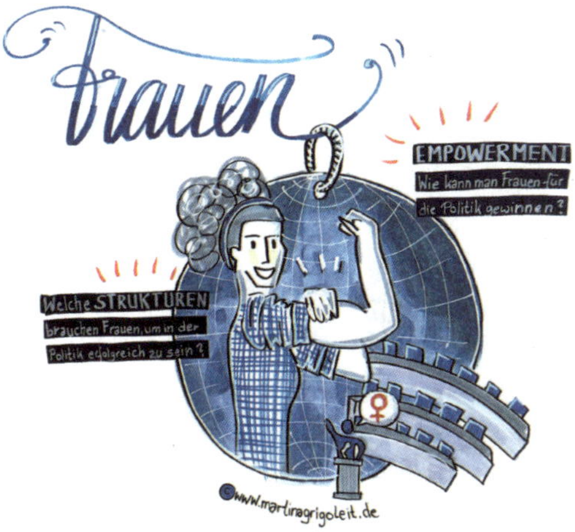

Der schwarze Outliner verschmiert nicht, wenn man mit anderen Farben darüber malt.

Einen **weißen Acrylstift** benutze ich gerne für eine Innenlinie, Lichtreflexe oder für die Negativschrift.

Einen **BigOne in Grau** in zwei Tönen benutze ich als Schatten im und/oder unter einem Objekt.

Pastellkreide eignet sich für große Flächen oder Verläufe (wie unten auf der Weltkugel zu sehen). Diese verwische ich nach dem Auftrag mit einem **weichen Tuch** (z.B. einer Serviette).

Am Ende fixiere ich die Pastellkreide mit **Haarspray**. Danach kann man auch wieder darüber zeichnen.

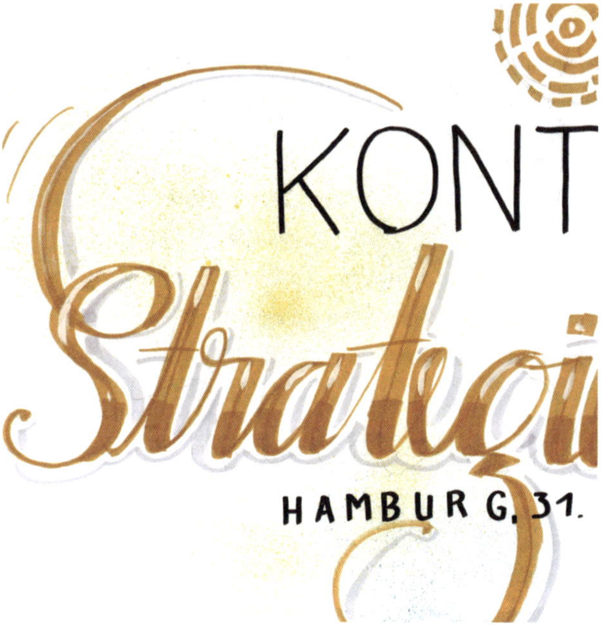

Sprühfarbe
ist eine Spielerei, die ich sehr liebe. Sie gibt dem Bild einen leichten Graffiti-Look.

Ich benutze selten mehr als **zwei Grundfarben**. Aber pro Farbe gerne eine Abstufung in hell und dunkel. Das funktioniert bei den farbigen BigOnes auch super, indem man die Farbe zweimal aufträgt.

Größere deckende Flächen oder dicke Striche kann man gut mit einem **FatOne** machen, den man mit jeder beliebigen Farbe füllen kann.

Ich arbeite auch gerne mit Ebenen. Dann schreibe ich beispielsweise in einer helleren Farbe große Schlagworte, um dann in Schwarz wieder darüber zu schreiben.

Zum Fixieren von großen andersfarbigen Papier-Flächen benutze ich **Sprühkleber** (draußen, vor der Tür natürlich).

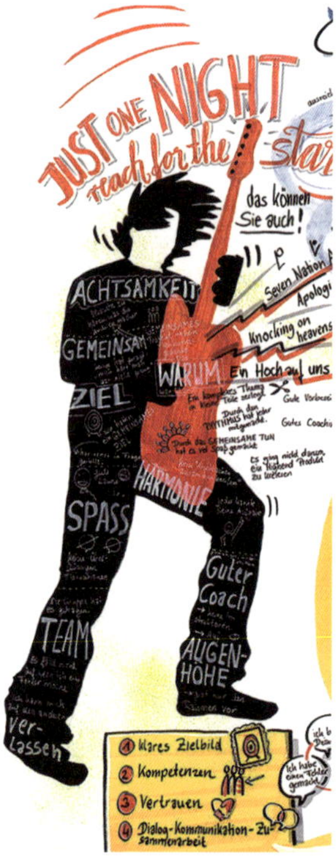

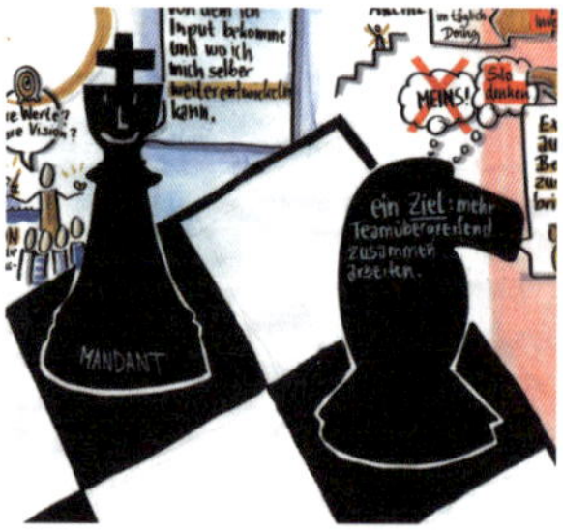

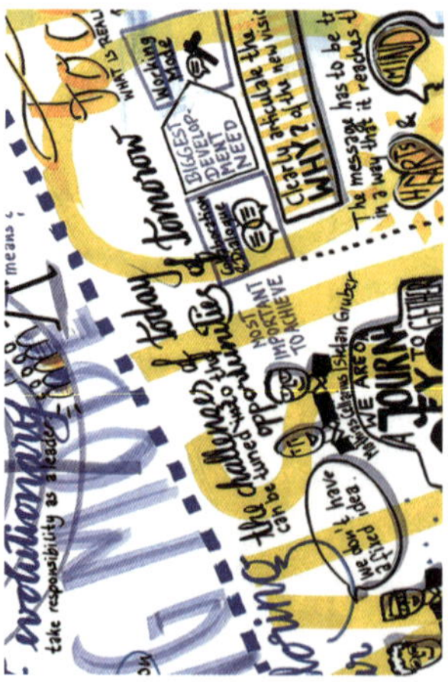

Darf's auch mal was anderes sein?

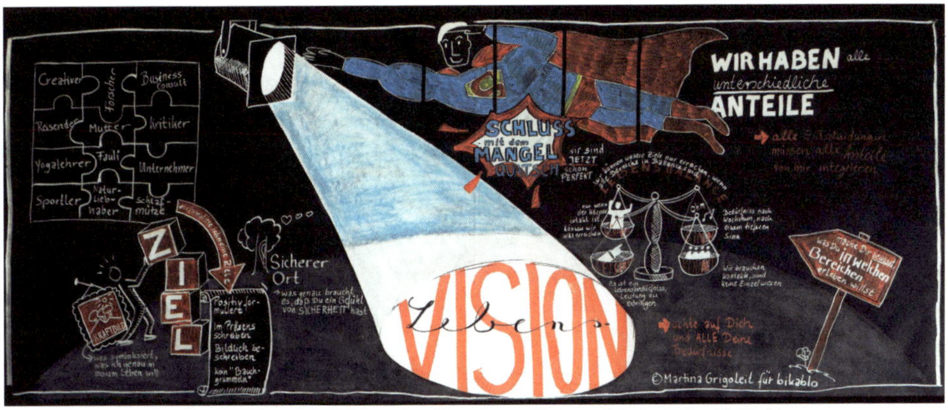

Graphic Recording für den Kunden Maxpert im Rahmen eines Futurecamps für Jugendliche im Auftrag für bikablo.

Es kann auch mal geklebt werden: zum Beispiel weißes Papier auf schwarzem Papier. Geschrieben und gezeichnet habe ich mit Acryl- und Metallicstiften.

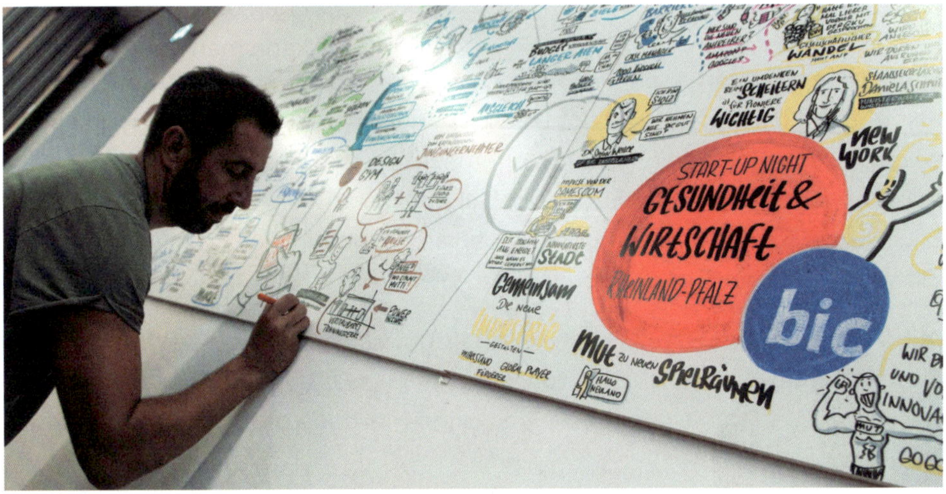

Michael Geiß-Hein/www.mistermaikel.de

Michael zeichnet mit den Neuland-Markern (wasserbasierend und/oder permanent) auf KAPA Line (Leichtschaumplatten). Fixiert ist das Ganze mit doppelseitigem Klebeband.

4.2 Key Visual

Das Key Visual ergibt sich aus dem Briefing und kann alles Mögliche sein. Es könnte ein Schiff, ein Leuchtturm, eine Weltkugel, ein Baum, ein Spotlight oder eine komplette Landschaft sein. Auch hier sind der Kreativität keine Grenzen gesetzt. Oftmals empfiehlt es sich, dieses Hauptbild vorher mit dem Kunden abzusprechen, gerade dann, wenn es ein Graphic Recording für einen ganzen Tag mit nur einem Bild gibt. Wenn es pro Vortrag ein eigenes Bild gibt, und man teilweise die Vorträge noch gar nicht kennt, ist das natürlich nicht möglich.

Diese visuelle Hauptaussage kann gerne bis zu einem Drittel der Fläche ausmachen und gibt auch damit oft den Aufbau des gesamten Layouts vor.

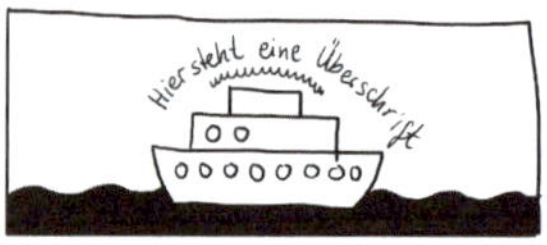

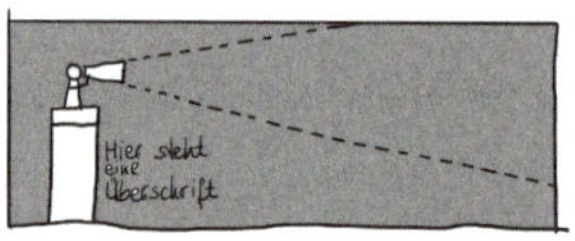

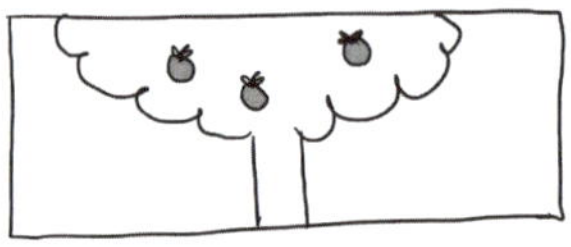

Sehr gut funktioniert auch die Methode, bei der man sich einer **Bildmetapher** bedient. Die bekannteste ist wohl die Eisbergmethode. Diese wird dann eingesetzt, wenn viel von dem sichtbar gemacht werden soll, was bis jetzt nicht sichtbar war. Ein Flugsymbol, z.B. ein Heißluftballon, versinnbildlicht, dass der Blick auf das Große und Ganze von oben aus gerichtet sein oder werden soll. Ein Weg mit einem Ziel am Horizont hat wiederum eine ganz andere Aussage.

Auch hier gilt wieder: Welches Key Visual zum Einsatz kommt, hat mit der Beantwortung des »Wozu?« zu tun. Frag zuerst, was mit dem Bild erreicht werden soll und wähle danach die passende Methode der visuellen Darstellung aus.

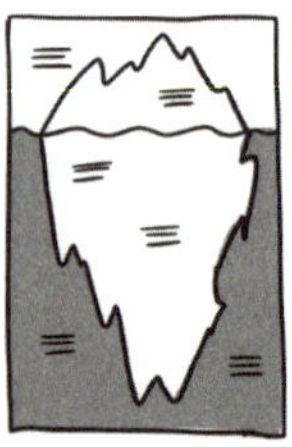
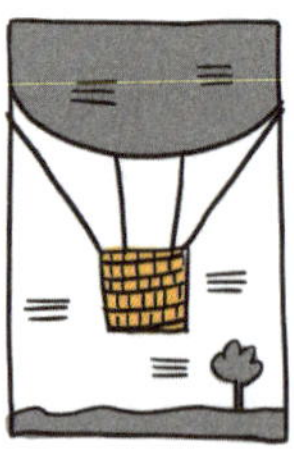
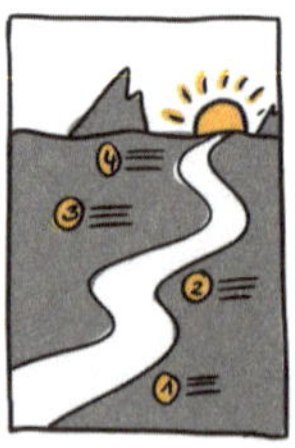

TIPP Sieh dir deine Notizen des Briefings an und überlege, ob es ein Key Visual gibt, das inhaltlich passt.

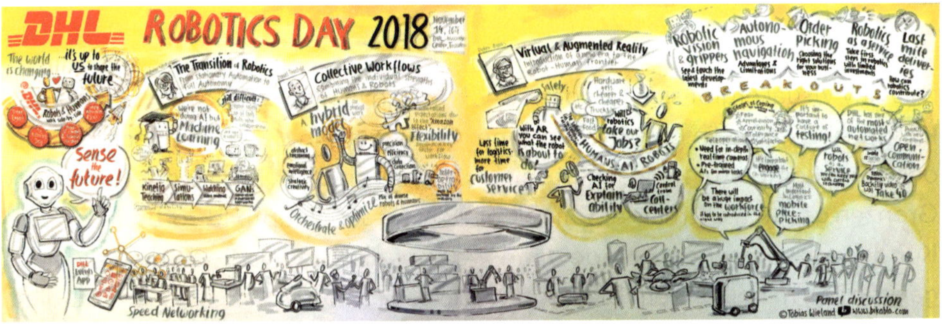

Graphic Recording von Tobias Wieland für den Kunden DHL im Auftrag für bikablo.

Als Key Visual dient hier der weiße Roboter und die Szenerie der Veranstaltung am unteren Bildrand. Die einzelnen Elemente gliedern sich sauber getrennt, teilweise mit eigenen Überschriften, durch das ganze Bild.

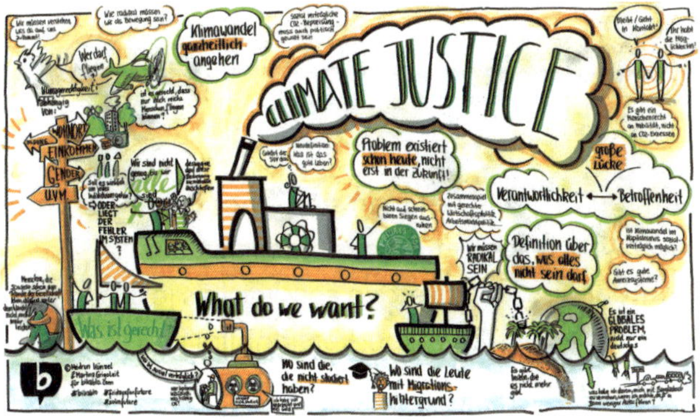

Teamwork für »Fridays for Future« mit Heidrun Künzel im Auftrag für bikablo.

In diesem Bild haben wir das Key Visual des Schiffes gewählt, welches ein gutes Drittel des Gesamtbildes einnimmt. Das Schiff entstammt dem Vortragsinhalt, wo die Methaper »Wir sitzen alle im selben Boot« verwendet wurde.

Dies ist eine digitale Mitschrift/Sketchnoting während eines Design-Thinking-Workshops für das Hanselab in Lübeck.

Die Raketenschnecke zeichnet sich prominent in der Mitte als Key Visual ab.

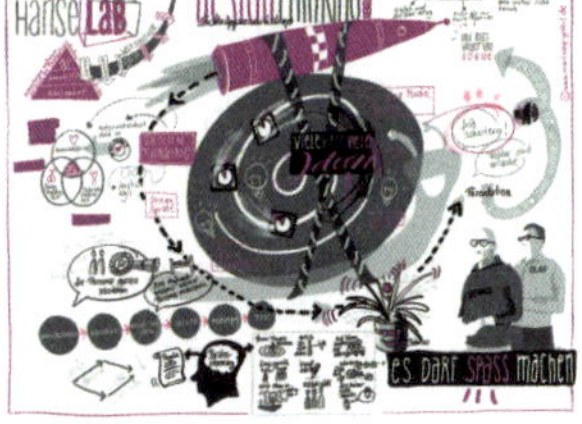

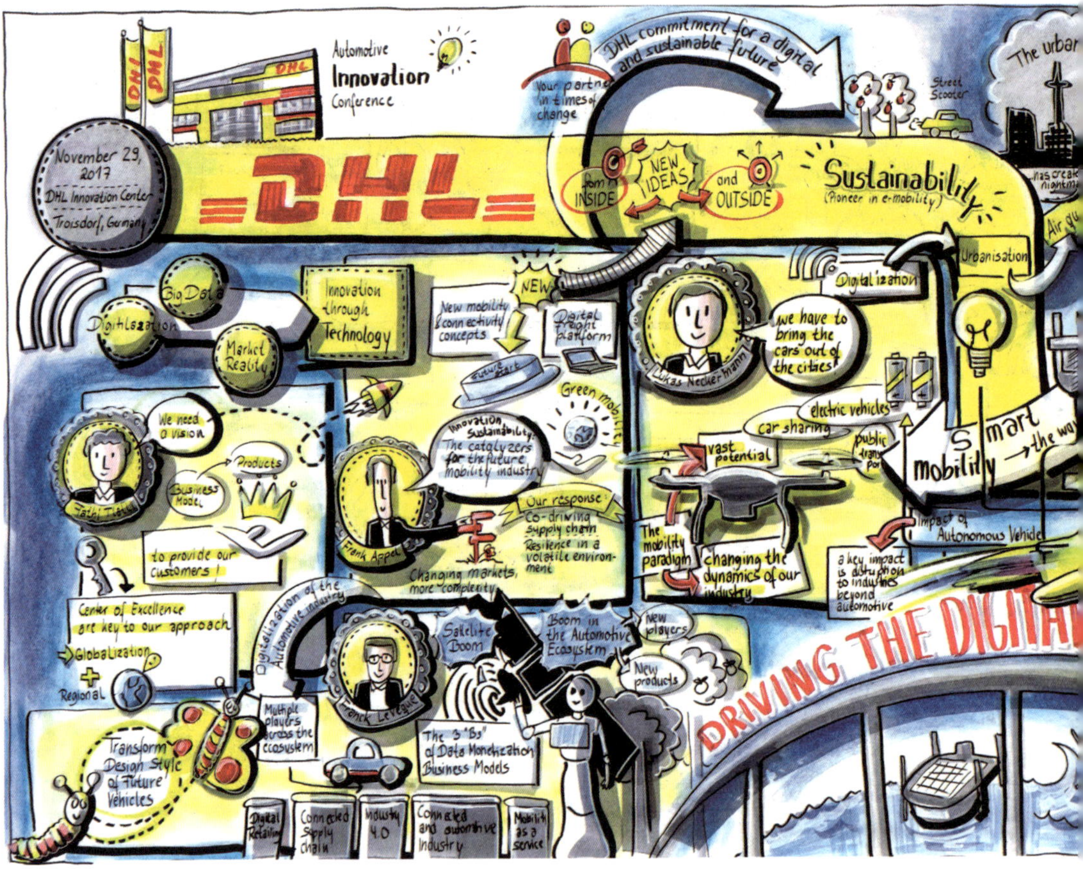

Graphic Recording für DHL für die »Auto-Mobility Conference 2017« im Innovation Center im Auftrag für bikablo.

4.3 Die visuelle Story

Erarbeite dir vor jedem Graphic Recording ein Konzept, wie du eine Struktur schaffen kannst, die der Aussage der Konferenz, des Vortrags oder des Workshops entspricht. Kreiere eine eigene individuell angepasste visuelle Story, die einen Anfang und ein Ende hat. Eine Story, die den Betrachter durch die Inhalte führt, ohne ihn zu verwirren. Wie jede gute Story sollte diese einen Anfang und ein Ende haben, sowie einen Höhepunkt (das Key Visual).

Um den Tag/Vortrag/Workshop/Konferenz zu verstehen, sollte der Blick geführt werden und dieser Lead sollte sich aus der Story ergeben.

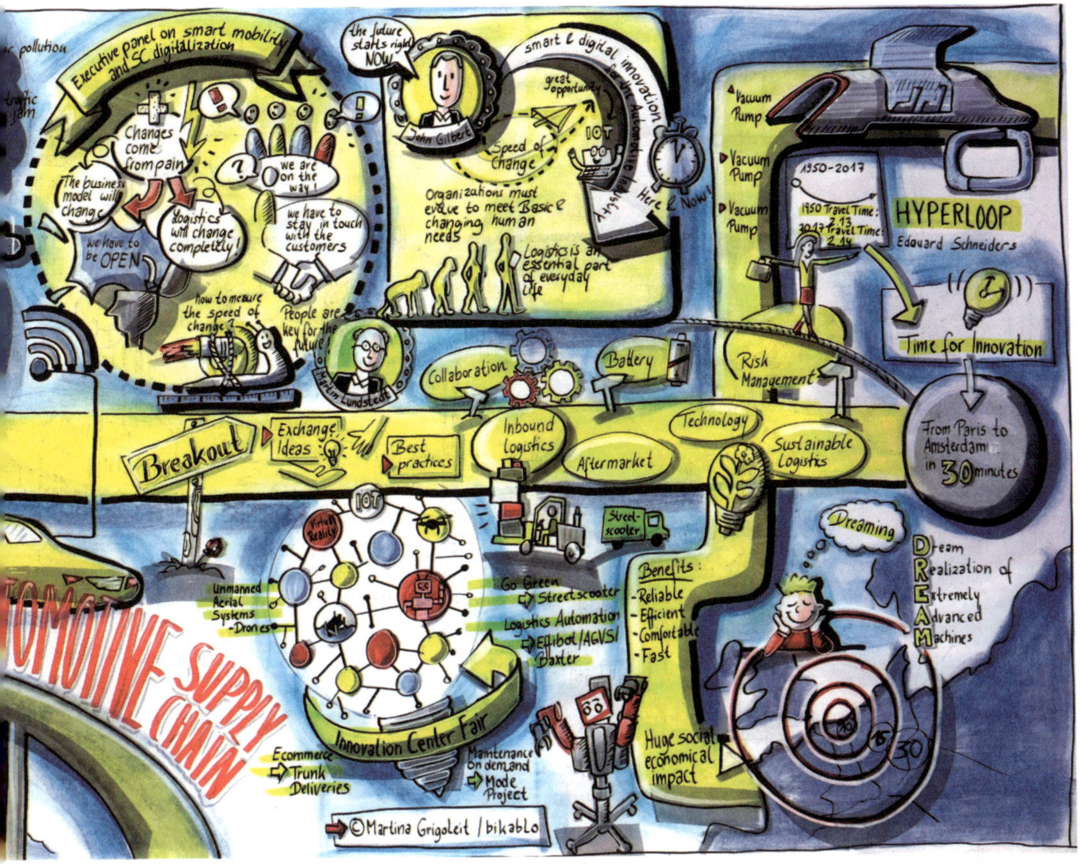

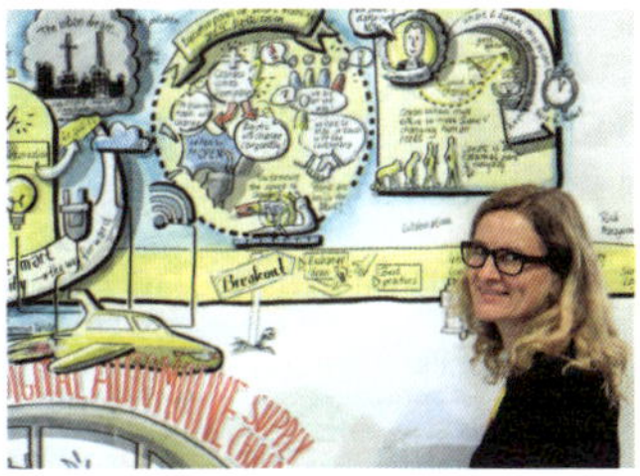

In diesem Bild wird der Blick von oben links bis zur rechten Seite geführt. Die fette gelbe Linie symbolisiert die Fahrt durch einen Hyperloop-Tunnel. Um diesen Tunnel herum gliedert sich der Tag mit all seinen Rednern, Workshops und Highlights aus den Marktständen.

4.4 Ein logischer Layout-Aufbau

Wie auf der vorherigen Seite bereits erwähnt, kann das Key Visual das Layout vorgeben. Wenn es inhaltlich Sinn macht, eine Landschaft als Key Visual zu wählen, weil man zum Beispiel einen Start- und Endpunkt braucht, und sich auf dem Weg diverse Dinge ereignen können, kann man daraus das Layout und damit den Aufbau der Fläche ableiten. Das könnte beispielsweise dann Sinn machen, wenn ein Kunde ein Ziel in fünf Jahren festgelegt hat und, vom heutigen Standpunkt aus gesehen, diverse Prozesse zu bewerkstelligen sind.

Das Layout und der Aufbau der Fläche sollten immer einen Bezug zu dem Thema haben und sich aus diesem ergeben. Wie immer gilt bei einem Graphic Recording: Inhalt vor Schönheit. Hier ein paar Beispiele:

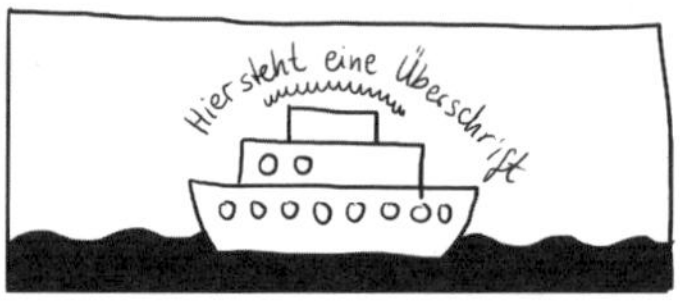

Ein großes Schiff als Key Visual eignet sich bei Teammeetings, bei dem die Hauptaussage »Wir sitzen alle im selben Boot« ist.

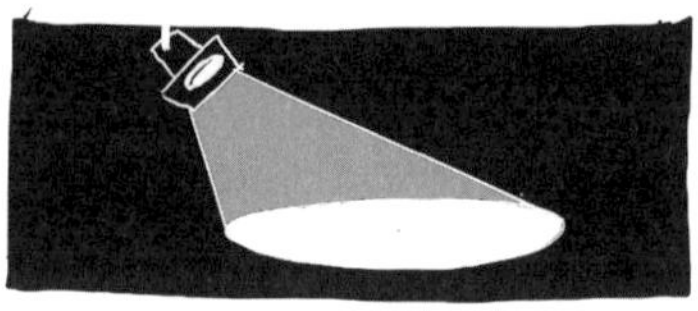

Ein Spotlight eignet sich beim Thema, bei dem man in einem Workshop Licht ins Dunkel bringen möchte oder bei dem man den Fokus auf ein paar wenige Dinge setzen möchte.

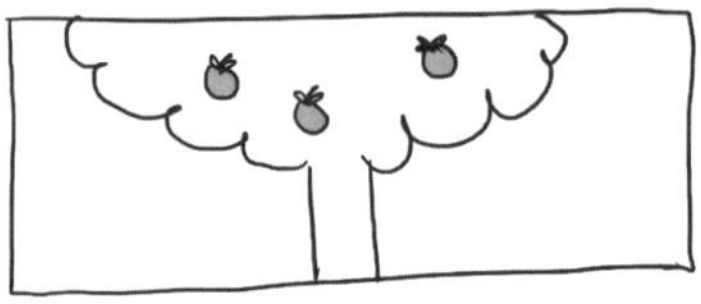

»Die Früchte vom Baum pflücken«: Dieses Bild-Symbol kann man nutzen, wenn der Workshop die Ernte der vergangenen Wochen festhalten soll.

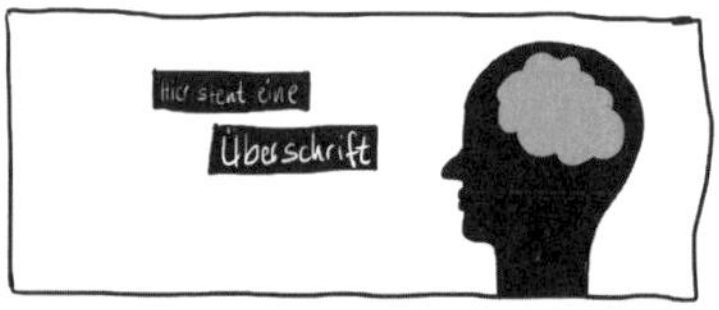

Sichtbar machen, was bisher nur in den Köpfen der Menschen war.

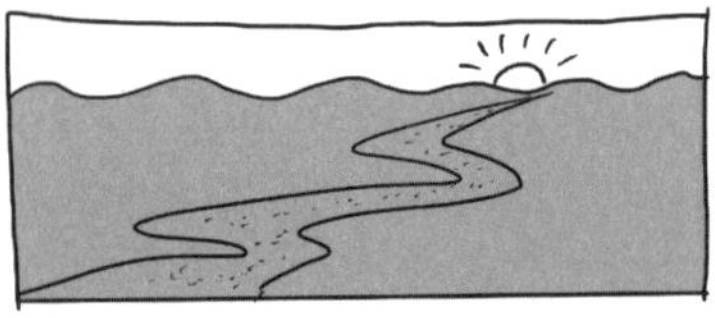

Ein Bild mit einem Startpunkt und einem Weg, der zum Ziel führt eignet sich z.B. gut für eine gestaltete Agenda.

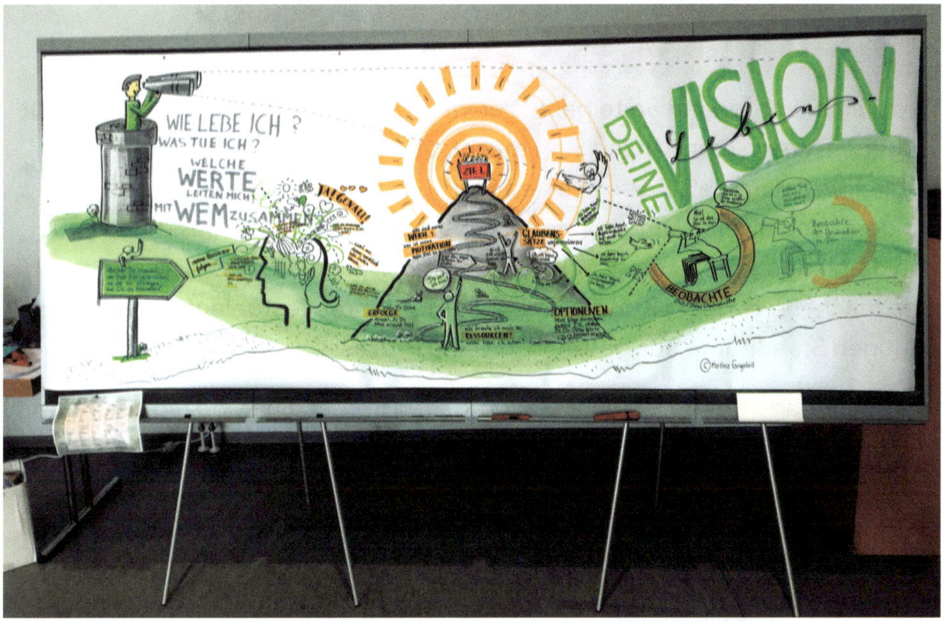

Graphic Recording für den Kunden Maxpert im Rahmen eines Futurecamps für Jugendliche im Auftrag für bikablo.

In dem Beispiel der Visionssuche des Futurecamps für Jugendliche ist der Bildaufbau gleichzeitig die visuelle Story. Die Blickführung wird hier von links nach rechts geführt. Schnell erkennt der Betrachter, dass es um eine Vision geht, die es zu entwickeln gilt. Dazwischen gibt es einen Berg zu besteigen, der ein höheres Ziel hat. Die einzelnen Inhalte ranken sich um diese Story.

Als Key Visual dient der Berg in der Mitte sowie der gesamte grüne Weg, der zur Vision führt.

Eine weitere Möglichkeit für die Aufteilung der Fläche ist, das Blatt gemäß der Agenda zu gliedern. Mehrere Workshop-Runden an einem Tag kann man beispielsweise ganz anders im Layout aufteilen als zwei Vorträge. Oder die Veranstaltung ist aufgeteilt in einen Rück- und einen Ausblick. Hier ein paar Beispiele:

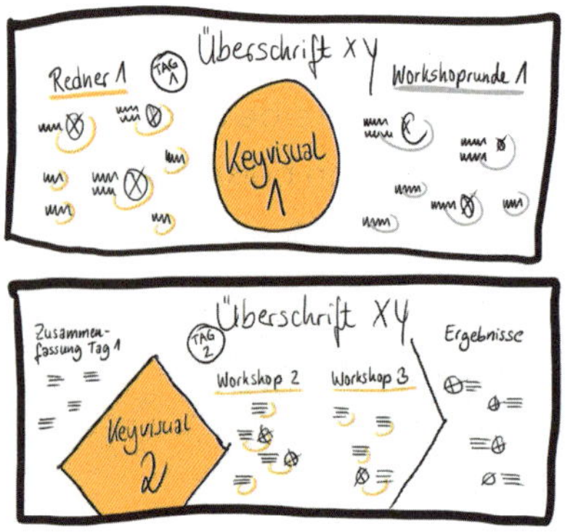

Die Agenda besteht an Tag 1 aus einem Redner und einer Workshop-Runde und an Tag 2 aus einer kurzen Zusammenfassung, zwei Workshops und den Ergebnissen der beiden Tage.

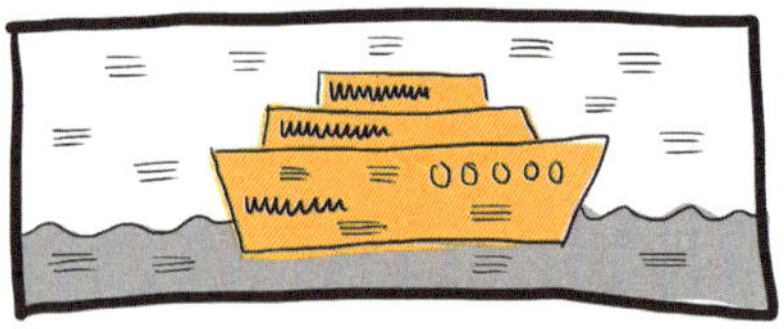

Ein Beispiel für einen dreigeteilten Tag. Wenn die Ergebnisse den drei Überthemen nicht immer klar zuordenbar sind.

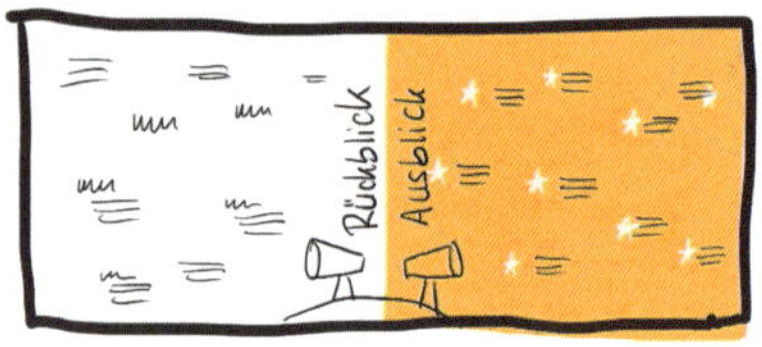

Agendapunkt:
Rück- und Ausblick.

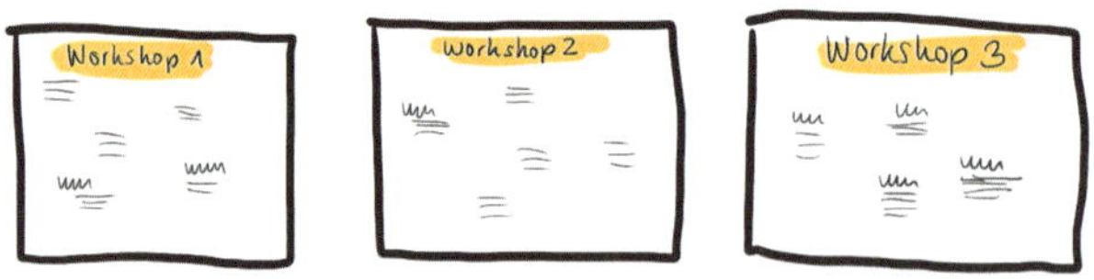

Drei in sich getrennt voneinander stehende Workshops.

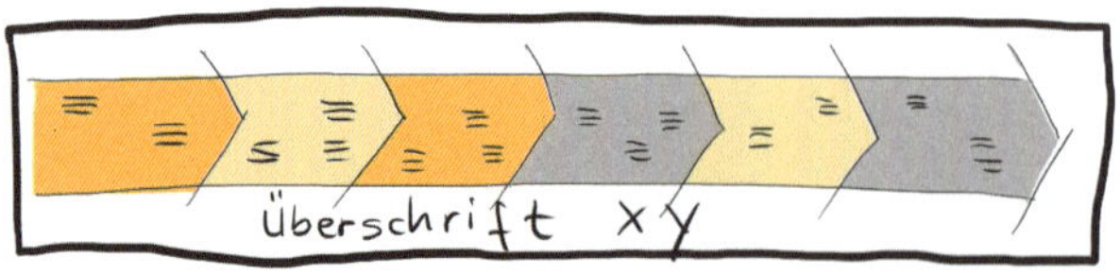

Die Agenda zeigt sechs Einheiten auf, die klar aufeinander aufbauen.

4.5 Struktur schaffen

In Ebenen denken:

Vom groben Überblick bis ins kleinste Detail

Versuche, in verschiedenen Ebenen zuzuhören. Es gibt immer wirklich wichtige Aussagen, sowie Textbausteine, die sich wie Lückenfüller anhören, die aber jede gute Rede braucht. Da man nicht so schnell zeichnen kann, wie der Speaker redet, konzentriere dich auf die Hauptaussagen und schreibe diese groß und z.B. in Schwarz. Alles, was etwas weniger wichtig ist, kann beispielsweise in Grau geschrieben werden und/oder mit einem dünneren Stift.

TIPP

Gehe dabei am besten in der Priorisierung folgendermaßen vor:

Ebene 1: Headline und Key Visual
Ebene 2: Subheadlines
Ebene 3: Wichtige Inhalte innerhalb der Unterteilungen
Ebene 4: »Mitläuferinhalte« (also alles Weitere)
Ebene 5: Details/Mikroebene

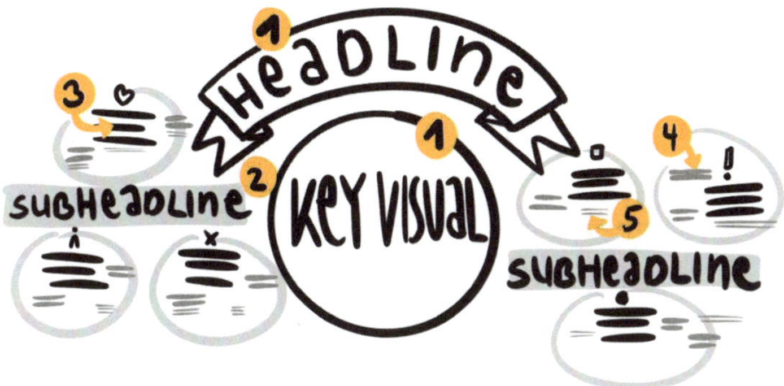

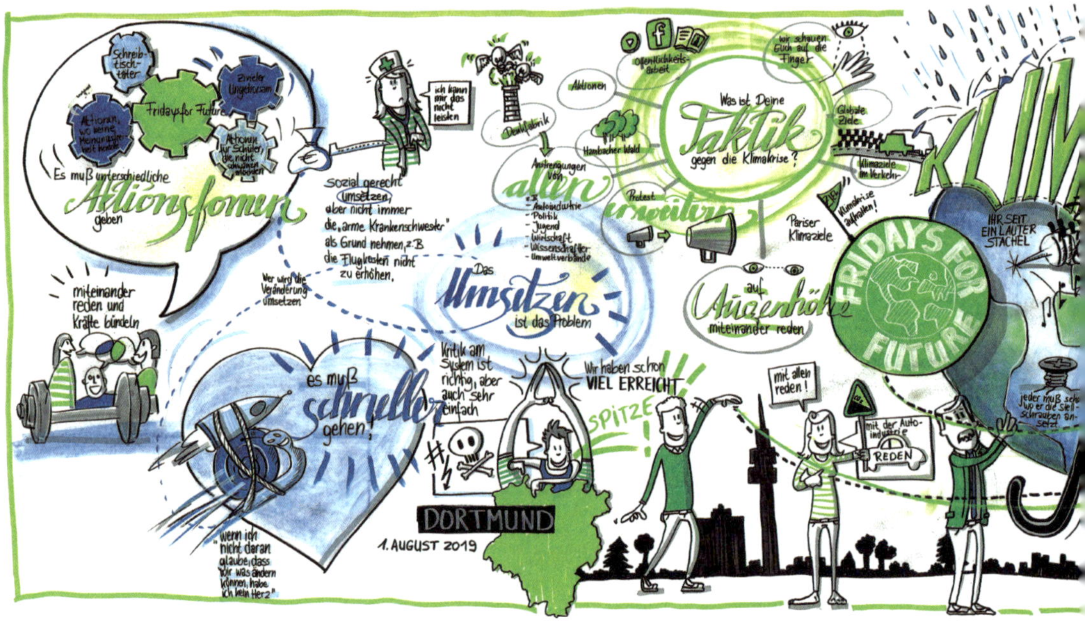
Fridays for Future
Es muß unterschiedliche Aktionsformen geben
ich kann mir das nicht leisten
sozial gerecht umsetzen, aber nicht immer die „arme Krankenschwester" als Grund nehmen, z.B die Flugkosten nicht zu erhöhen.
Aktionen
Hambacher Wald
Was ist Deine Taktik gegen die Klimakrise?
Globale Ziele
Klimaziele im Verkehr
Pariser Klimaziele
Protest
Wir schauen Euch auf die Finger
miteinander reden und Kräfte bündeln
Das Umsetzen ist das Problem
auf Augenhöhe miteinander reden
FRIDAYS FOR FUTURE
es muß schneller gehen!
Kritik am System ist richtig, aber auch sehr einfach
Wir haben schon VIEL ERREICHT
SPITZE
mit allen reden!
REDEN
DORTMUND
1. AUGUST 2019
„wenn ich nicht daran glaube, dass wir was ändern können, habe ich kein Herz"
IHR SEIT EIN LAUTER STACHEL

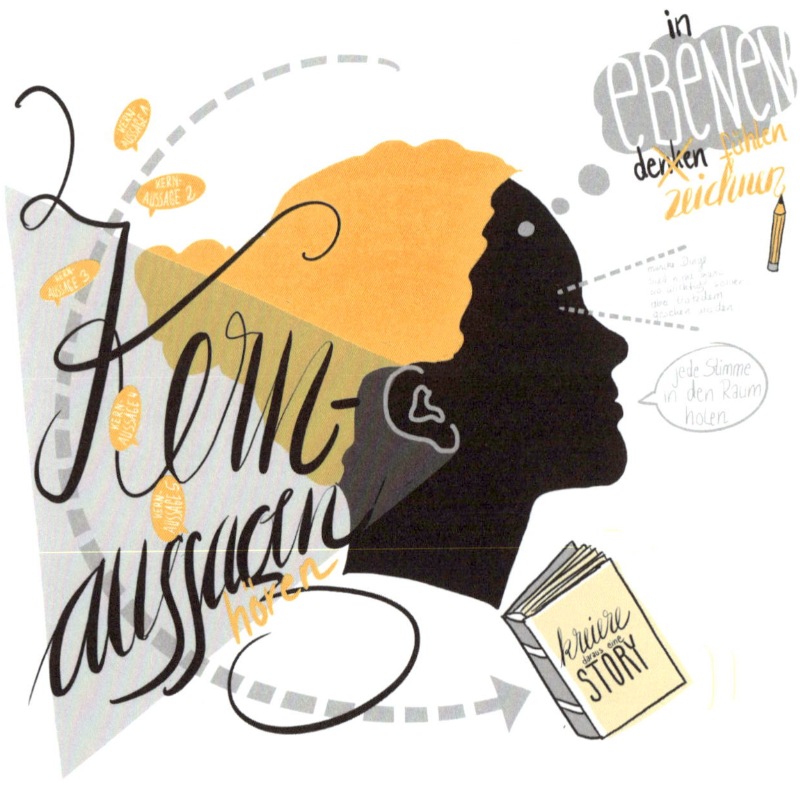
in Ebenen
denken fühlen zeichnen
Kern-Aussage 1
Kern-Aussage 2
Kern-Aussage 3
Kern-Aussage 4
Kern-Aussage 5
Kernaussagen hören
jede Stimme in den Raum holen
kreiere daraus eine STORY

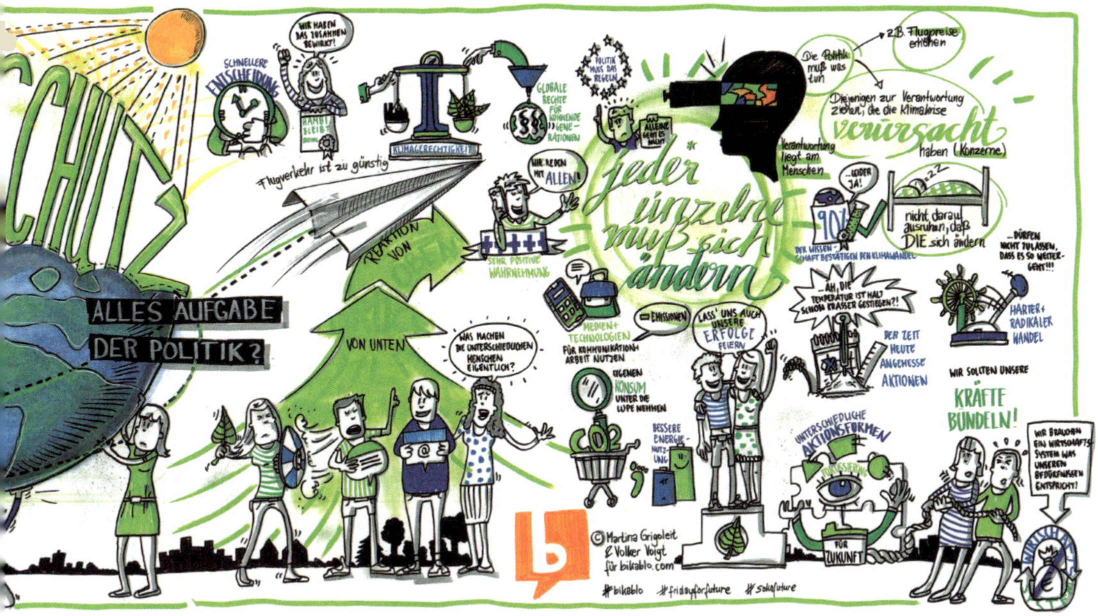

Graphic Recording zusammen mit Volker Voigt für eine Konferenz für »Fridays for Future« im Auftrag für bikablo.

Ein großes Key Visual mit der Headline bestimmt die Mitte des Bildes (Ebene 1). Um die Mitte verteilen sich die Hauptaussagen eines Vortrags inklusive einer Podiumsdiskussion (Ebene 2 und 3). Darum herum sind die inhaltlich passenden weiteren Aussagen angesiedelt (Ebene 4 und 5).

TIPP

Struktur schaffen durch ein Gestaltungskonzept

Noch mehr Struktur kannst du in dein Graphic Recording mit einem Gestaltungskonzept bringen, was sich so zusammensetzen könnte:

1. Kernaussagen heraushören
2. Eventuell Reihenfolge der Kernaussagen festlegen
3. Eine gestalterische Story kreieren, z.B. aus den Kernaussagen
4. Auch weniger wichtige Dinge aufnehmen
5. In die Ebenen zeichnerisch integrieren

Körbchenmethode

Eine Möglichkeit, Informationen visuell zu sammeln, ist die Körbchenmethode. Hier sammelst du die Inhalte wie Beeren im Wald und füllst damit dein Körbchen bzw. das Papier.

Diese Methode ist eine relativ einfache Möglichkeit, Struktur und Übersichtlichkeit herzustellen und macht dann Sinn, wenn man keine Zeit haben wird, um auch nur im Ansatz über die Struktur nachzudenken. Beispielsweise beim Visual Facilitation, wenn man zusätzlich in der Rolle des Moderators ist. Oder wenn diverse Antworten in sehr kurzer Zeit auf dich einprasseln und die Alternative Spiegelstriche wären. Oder wenn das Thema überhaupt keine strukturelle Einordnung zulässt. Dies kann passieren, wenn man den Vortrag nicht versteht und man kein Briefing bekommen hat. Das ist zwar erst mal ein Albtraum und sollte eigentlich nicht passieren, kommt aber in der Realität tatsächlich vor. Diese Methode ermöglicht es zumindest, mehr als ein weißes Papier zu hinterlassen.

Wenn du vorher weißt, wie der Vortrag oder Workshop aufgeteilt ist, zeichne dir gegebenenfalls ein Raster vor, das den Ablauf unterteilt. Die Körbchenmethode kann, muss aber nicht in ein Raster eingebunden sein.

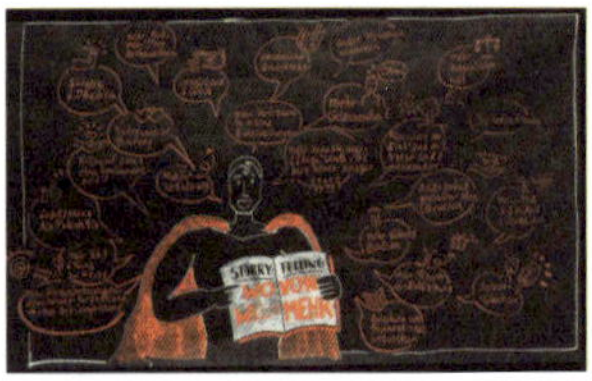

Körbchenmethode ohne Raster während eines Storytelling-Workshops. Der Held in der Mitte als Key Visual war vorbereitet und die Sprechblasen mit den Inhalten sind in 15 Minuten entstanden.

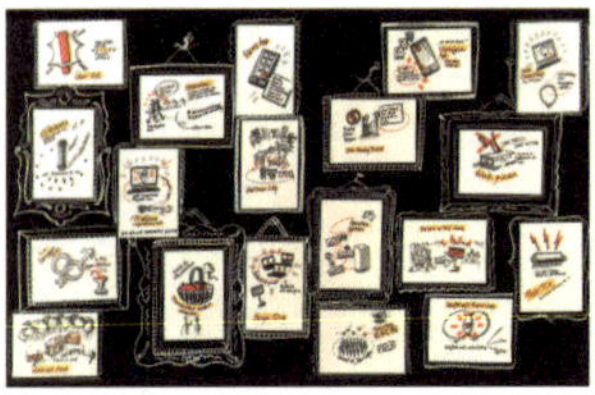

Körbchenmethode mit einzeln gezeichneten Hauptaussagen, die in einem anderen Raum stattgefunden haben. Das wäre eine Möglichkeit, um diese Workshop-Ergebnisse nachträglich wieder in den Look eines Graphic Recordings zu integrieren.

Beide Bilder:
Graphic Recording für den Kunden Maxpert im Rahmen eines Futurecamps für Jugendliche im Auftrag für bikablo.

Beispiele Körbchenmethode ohne Raster:

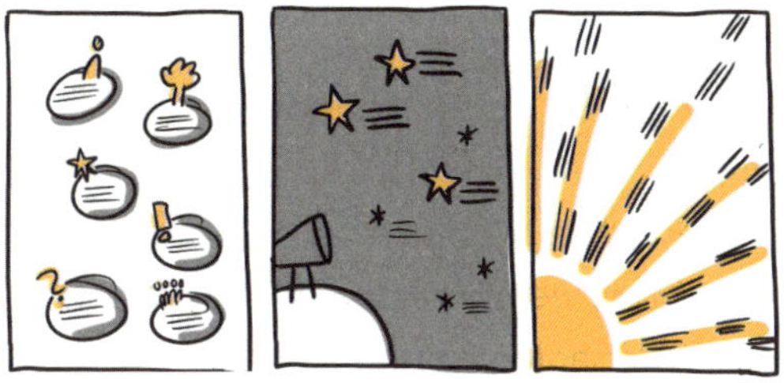

»Je plakativer eine Darstellung, desto besser ihre Merkfähigkeit. Und je schlüssiger Content und Design zusammenpassen, desto einfacher ist es.«
Martin Haussman aus dem Buch *UZMO - Denken mit dem Stift.*

Beispiele Körbchenmethode mit Raster:

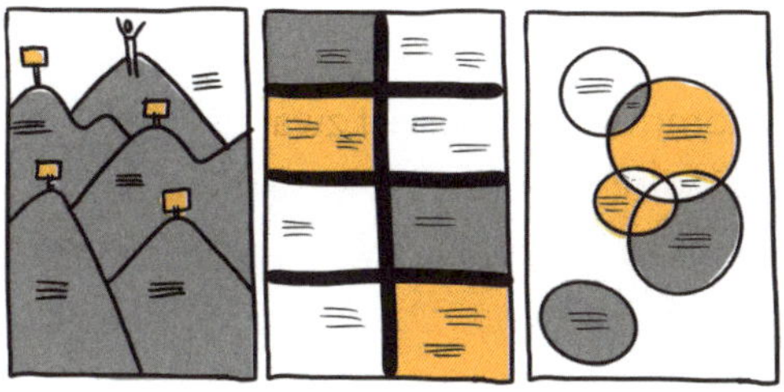

Fazit:

- Passe das Layout dem Inhalt an.
- Inhalt ist wichtiger als Schönheit.
- Lege so viel Struktur wie möglich vorher an, damit du später loslassen kannst.

Für zehn parallele Workshops, die alle zeitgleich stattgefunden haben, habe ich ein Raster vorgezeichnet. Im Laufe der Sessions wurden mir die jeweiligen Inhalte von Helfern gebracht, die ich dann alle innerhalb von 30 Minuten zusammengefasst habe. Eine Struktur und gute Vorbereitung war hier also essenziell.

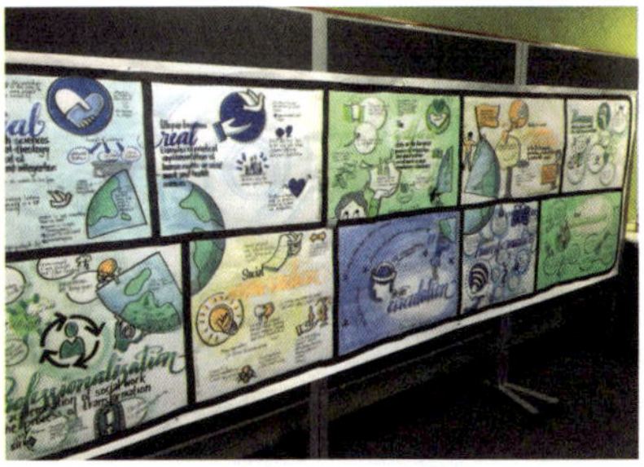

Graphic Recording für die Katholische Hochschule NRW

To-do-Liste bei sehr viel Inhalt in kurzer Zeit:

- Kläre im Vorfeld mit dem Kunden, wie die Informationen zu dir kommen.
- Checke vor Ort zweimal nach, ob die Helfer sich auch ihrer Rolle bewusst sind.
- Arbeite mit allen Tricks, um möglichst viel vor- und/oder nachbereiten zu können.

Container

Eine weitere Möglichkeit, Struktur zu schaffen, ist der Einsatz von Containern. Diese transportieren Inhalte und bündeln diese. Container kann man um einen in sich geschlossenen Text genauso setzen wie um alles, was zu einem Thema gehört. Bei mehreren Themen können Container wieder ein Raster bilden, wie bereits beschrieben.

Es steht eine Vielzahl von Möglichkeiten zur Verfügung. Kreise, Quadrate, Rechtecke, Bilderrahmen, Blasen, farbliche Hintergründe usw. Der Fantasie sind keine Grenzen gesetzt.

Der Einsatz der Container sollte einem Sinn folgen und nicht willkürlich sein. Der Inhalt entscheidet über die Wahl des Containers.

Gleiches sollte sich dabei zu Gleichem gesellen. Am besten wählt man den gleichen Container für Überschriften und Subheadlines. Oder man unterteilt thematisch. Jedes Thema hat einen eigenen Container. Die Frage nach dem »Wozu?« steht im Vordergrund und das gestalterische Konzept sollte schlüssig und leicht verständlich sein.

Struktur durch den Einsatz von Containern

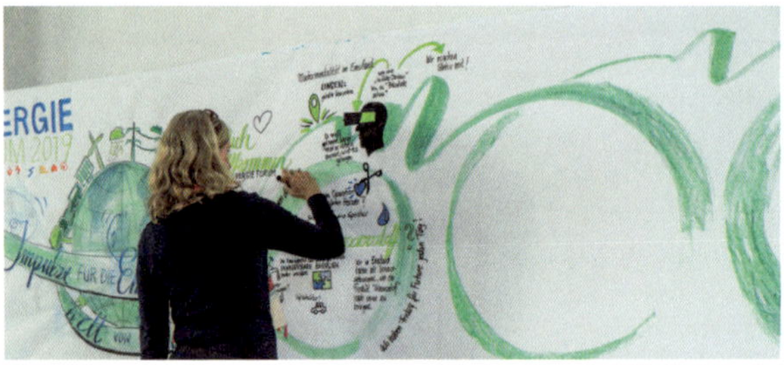

Graphic Recording für den Wirtschaftsverband Emsland im Auftrag für bikablo.
Foto: Stefan Schöning Fotodesign

Thematisch zusammengehörige Bereiche habe ich in kreisförmigen Containern gesammelt. Da diese einzelnen Themen nicht separat betrachtet werden können, habe ich die Kreise wie ein grünes Band zusammengefügt.

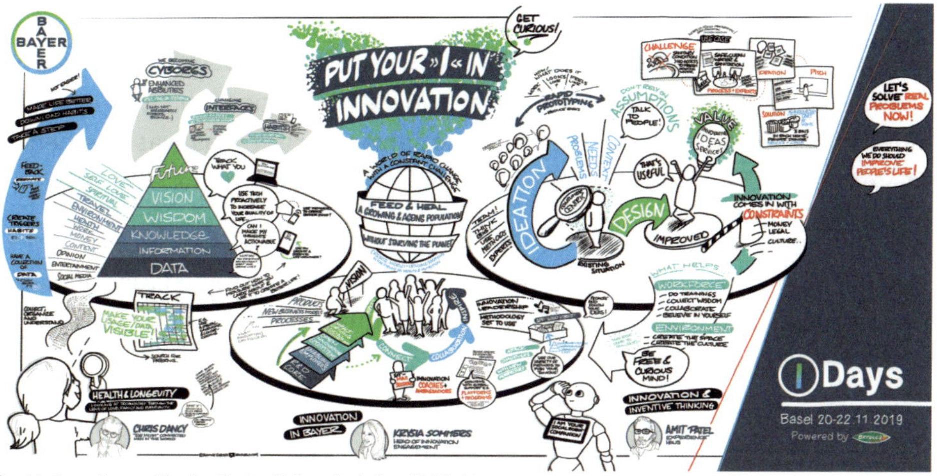

Graphic Recording von Yasmine Cordes für Bayer im Auftrag für bikablo.

Yasmine hat in ihrem digitalen Graphic Recording auch eine Kreisform gewählt, um die jeweiligen Themen zusammenzufassen. Die Dreiteilung ergab sich aus der Agenda (siehe dazu Seite 62). Das gibt dem Bild eine klare Aufteilung und hilft, sich in dem Bild sehr schnell zurechtzufinden. Zusätzlich helfen die Pfeile, zu erkennen, was woraus folgt.

Mögliche Container, die beispielsweise einzelne Textbausteine zusammenhalten können:

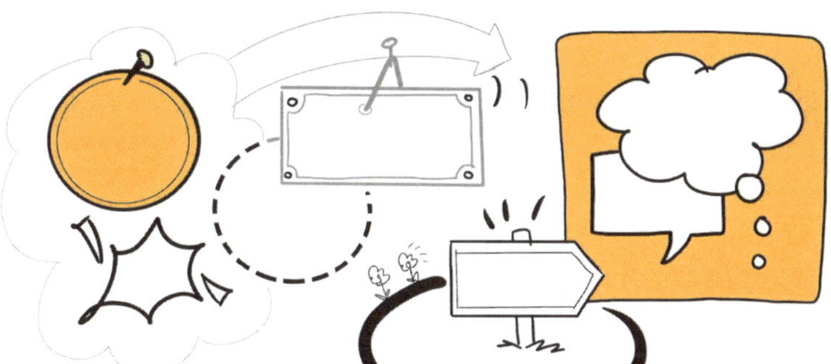

Weißraum, Trenner und Verbinder

Auch Weißraum sollte gezielt eingesetzt werden. Schaffe dort eine räumliche Leere, wo es Sinn macht. Vielleicht dort, wo sich das Auge auch mal einen Moment ausruhen darf. Das Bild kann, muss aber nicht vollgemalt werden.

Außerdem sollten Elemente gestalterisch verbunden werden, die inhaltlich zusammengehören. Viele Vorträge sind so aufgebaut, dass Themen zu einem späteren Zeitpunkt nochmal aufgegriffen und vertieft werden. Auch dafür sollte noch Platz auf dem Bild sein oder man überlegt sich in Windeseile ein neues System, die es dem Betrachter ermöglicht, zu erkennen, dass bestimmte Themen zusammengehören.

Das können verbindende Linien sein, Container oder Farbe. Auch hier sollte am Ende ein in sich schlüssiges Konzept stehen. Die Schwierigkeit liegt darin, das spontan abzurufen, weswegen es sinnvoll ist, sich vorher schon mal mit dem Thema der Verbinder zu beschäftigen.

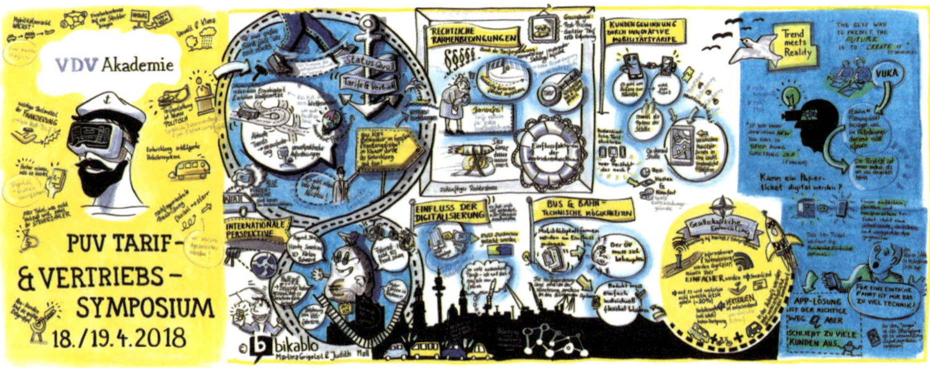

Graphic Recording für die VDV Akademie im Auftrag für bikablo.

Die Container für die jeweiligen Themen ergeben sich sowohl aus der Farbe als auch durch den zum Thema passenden Rahmen. Die Headlines der Reden wehen auf gelben Fahnen, die als Headline-Container dienen. Weißraum ist in diesem Recording eher spärlich eingesetzt.

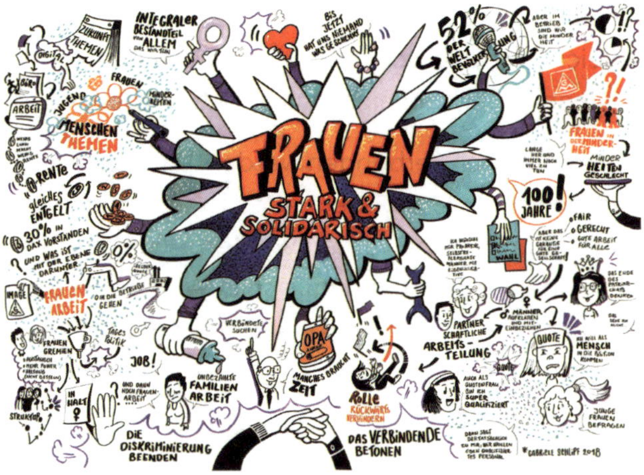

Graphic Recording von Gabriele Schlipf/www.momik.de

Gabriele hat in diesem Graphic Recording die unterschiedlichsten Container für die einzelnen Textbausteine benutzt. Sie hat mit Sprechblasen angefangen und über Kalenderblätter bis hin zu Zetteln weitergearbeitet. Selbst die Headline steht als Key Visual in einem separaten »Bähm«-Container.

Der Weißraum ist hier sehr prominent eingesetzt, was die Headline besonders in den Vordergrund treten lässt.

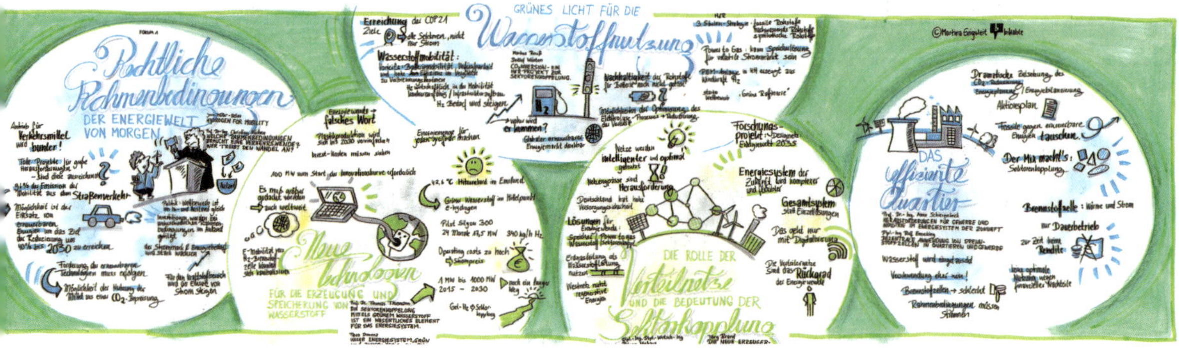

Graphic Recording für den Wirtschaftsverband Emsland im Auftrag für bikablo/Foto: Stefan Schöning Fotodesign

Hier habe ich die Rastermethode durch Kreise zur Unterteilung von fünf Workshops gewählt. Der Weißraum ist hier Grün geworden.

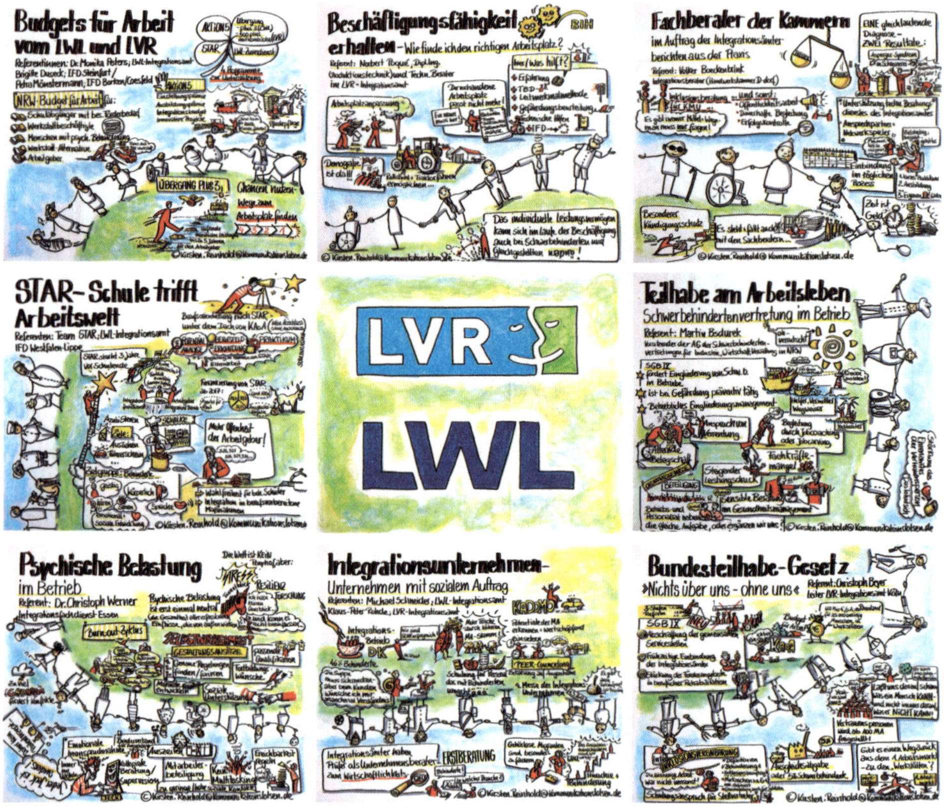

Graphic Recording von Kirsten Reinhold für den Kunden VR & LWL im Auftrag für bikablo.

Das Thema setzt sich aus neun pinnwandgroßen Papierformaten zusammen. Jeweils einer von acht Vorträgen ist auf einem separaten Bildteil zu sehen. Daraus ergibt sich das Gesamtbild in der Höhe von 4,50 m x 3,60 m Breite.

Die Struktur des Veranstaltungsformats wird durch die Aufteilung und Zusammenfassung der Vorträge deutlich. Auch eine klare grafische Gestaltung innerhalb der Vorträge, mit immer wiederkehrenden Elementen wie Typografie, Farbe und Figurentypen, führt den Blick und man findet sich schnell zurecht.

Die weißen Figuren bilden eine Menschenkette, die den wichtigen gesellschaftlichen Zusammenhalt symbolisiert. Der grüne Innenraum mit den Logos deutet farblich eine Weltkugel an und so hält diese illustre Gemeinschaft die Welt und auch optisch die neun Bilder zusammen.

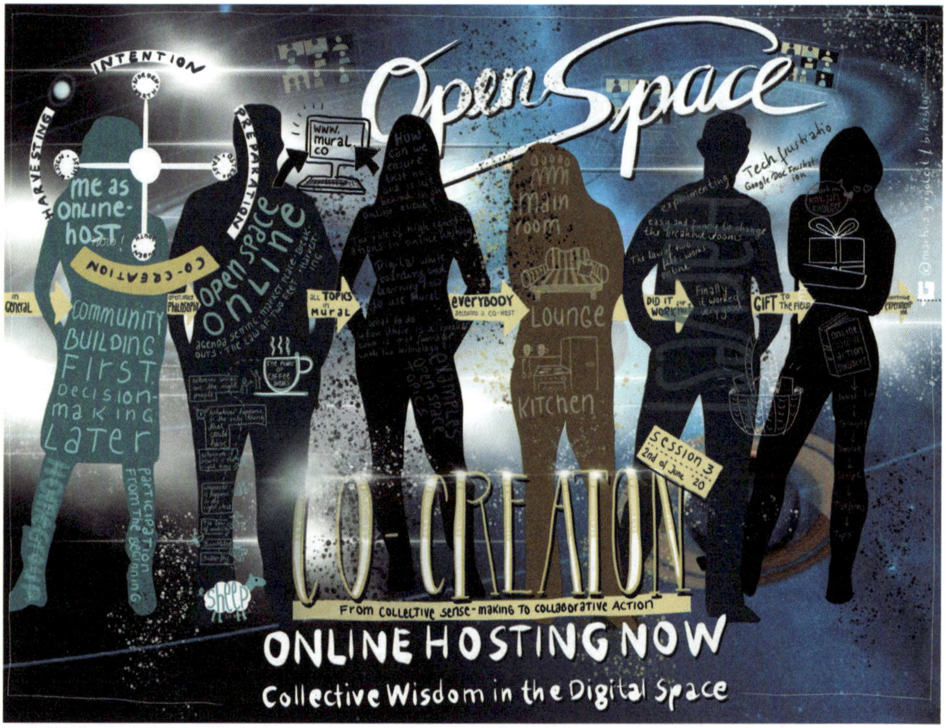

Digitales Graphic Recording für #onlinehostingnow/Kommuniktionslotsen im Auftrag für bikablo.

Eine ganz andere Möglichkeit der Struktur findet sich in diesem digitalen Graphic Recording wieder.

Ich habe als Container die Silhouetten der Menschen genommen, die das Bild damit in sechs Bereiche untergliedert. Die Pfeile geben nicht nur die Leserichtung wieder, sondern dienen auch als Überschriften und damit der Orientierung.

Im Graphic Recording, das hier remote auf dem iPad entstanden ist, kann man zusätzlich noch wunderbar mit Ebenen arbeiten und mithilfe der dadurch entstandenen Tiefe auch eine Struktur erschaffen.

Vom Aufwand sind diese beiden Bilder kaum zu vergleichen. Die Veranstaltung von Kirsten Reinhold ging über mehrere Tage und die des oben gezeigten Workshops war nach zwei Stunden beendet.

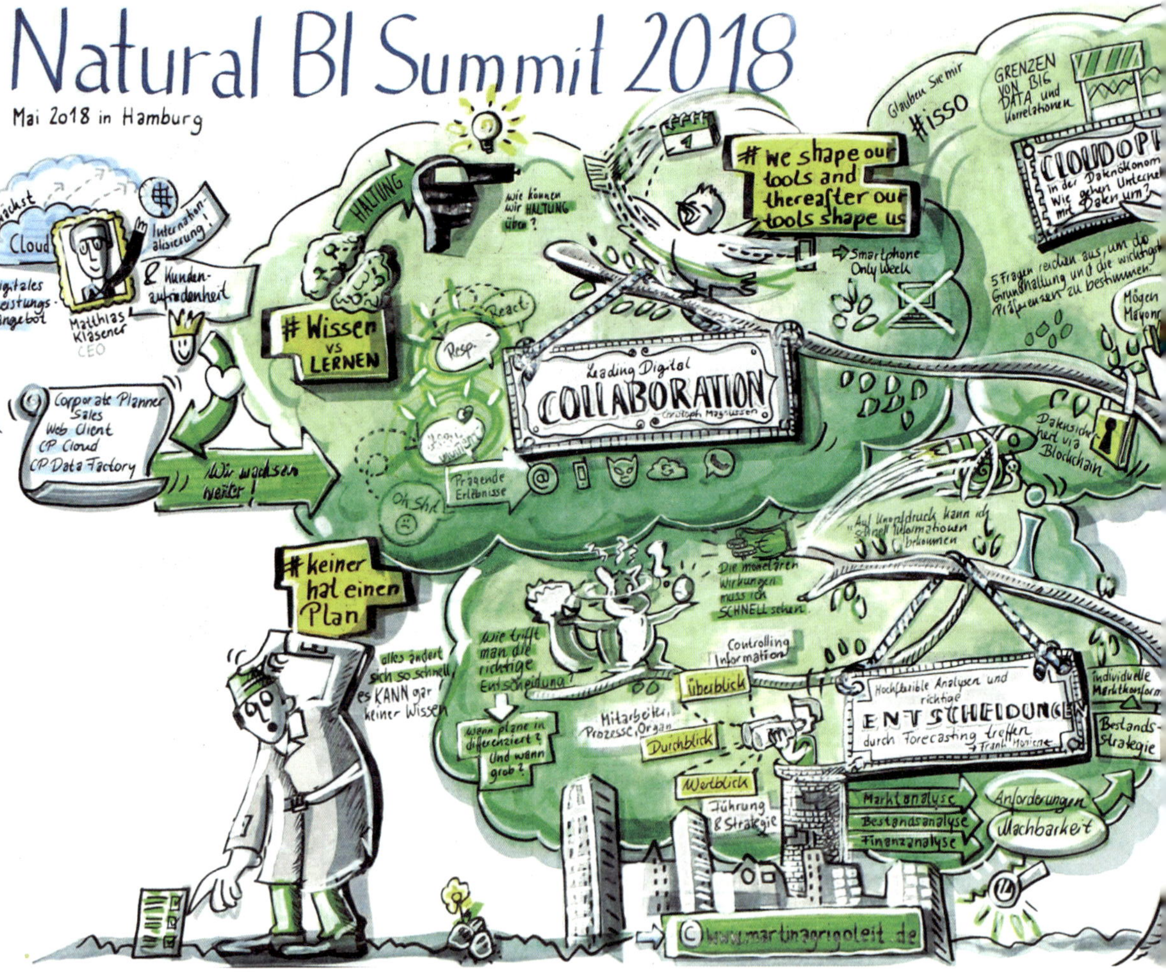

Graphic Recording für die Konferenz »Natural BI Summit 2018« von Corporate Planning

Der Baum als Bildmetapher, Container und Verbinder

In diesem Graphic Recording habe ich zusammen mit dem Kunden das Symbol des Baums gewählt und damit diesen als visuelle Methode der Bildmetapher genutzt.

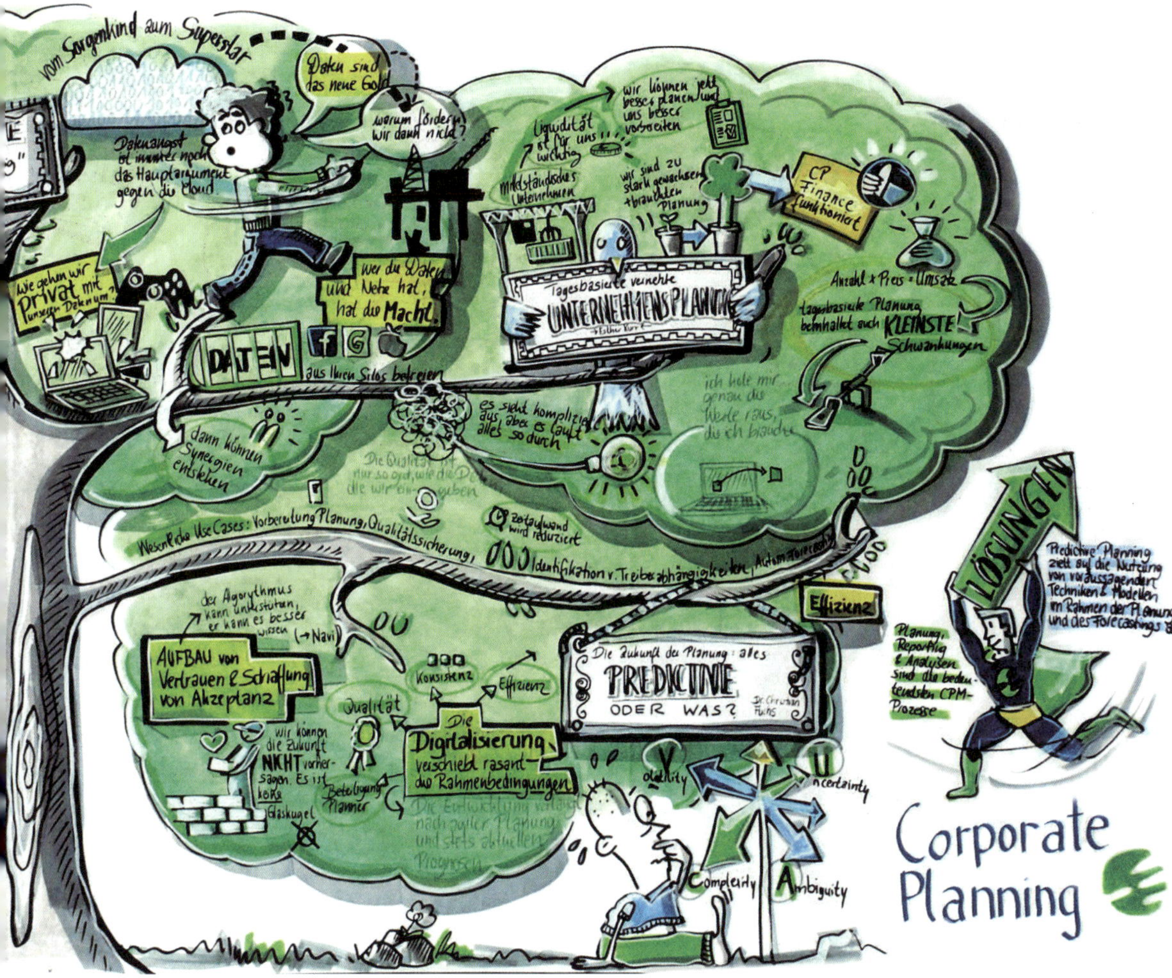

Die thematische Unterteilung ergibt sich aus den fünf Unterthemen, die in einheitlich gestalteten Containern ihre Überschrift finden. Die Baumkronen ergeben den Container um das Thema herum.

Der Baum mit seinen Ästen bietet sich als Verbindungsglied zwischen den Themen an und bietet durch seine natürliche Form auch genügend Weißraum.

4.6 Schriftbild im Fließtext

Die Schrift ist auch ein hervorragendes Mittel, um das Bild zu strukturieren. Auch hier sind der Kreativität keine Grenzen gesetzt und die Möglichkeiten gehen weit über große und kleine Schreibweisen hinaus. Ich unterscheide zwischen Fließtext und Schmuckschrift.

Texte, die nicht Überschriften sind, müssen sehr gut lesbar sein. Hier gibt es einige hilfreiche Tricks, um das eigene Schriftbild sauberer zu gestalten. Einer ist es, etwas langsamer zu schreiben, als man es sonst tun würde. Das widerspricht sich aber oft mit dem Zeitdruck, unter dem man ein Graphic Recording erstellen muss. Druckschrift ist besser zu lesen als Schreibschrift. Die Buchstaben etwas in die Höhe zu ziehen sorgt dafür, dass man in der Breite etwas Platz spart und optisch weniger Bandwurmsätze entstehen. Dafür lässt man aber ausreichend Abstand zwischen den einzelnen Wörtern. Schreib auch lieber auf mehrere Zeilen, anstatt einen Satz auf eine Zeile zu setzen, die dann einen Meter lang wird. Wenn du mit dem Outliner von Neuland arbeitest, setze gezielt die dicke und dünne Seite der Keilspitze ein.

Mein Tipp: üben, üben, üben.

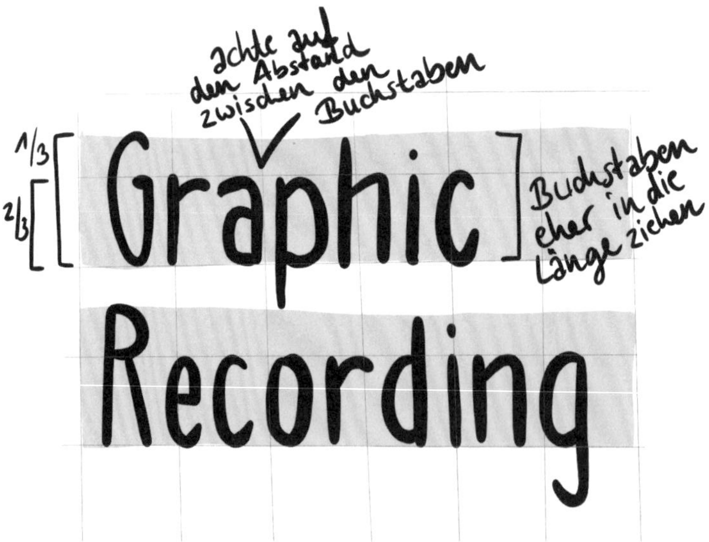

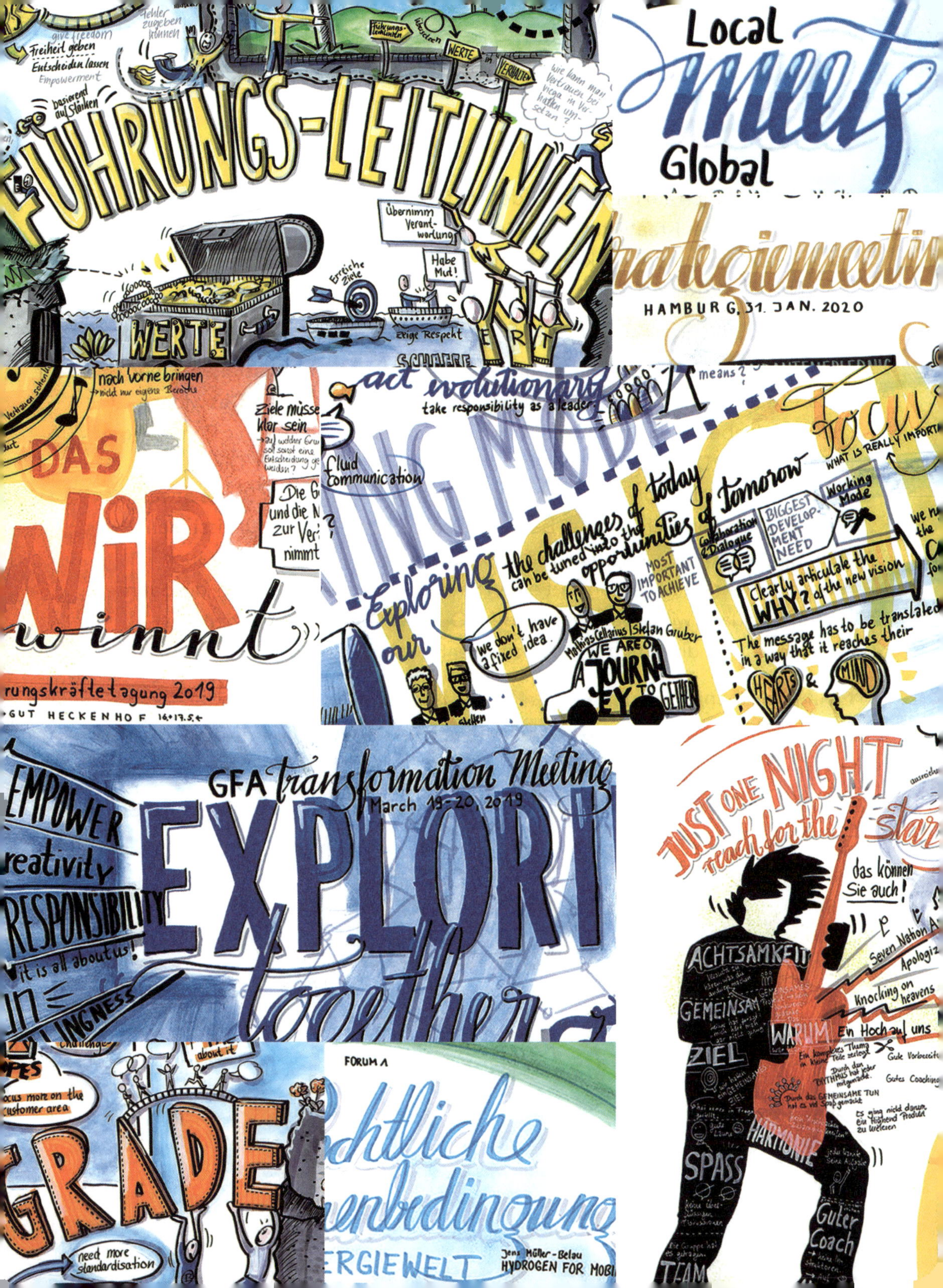

FÜHRUNGS-LEITLINIEN
give freedom
Freiheit geben
Entscheiden lassen
Empowerment
Fehler zugeben können
basierend auf Stärken
Führungs-leitlinien
übersetzen
WERTE
in
VERHALTEN
Wie kann man Vertrauen bei Viega im Verhalten umsetzen?
Übernimm Verantwortung
Habe Mut!
Erreiche Ziele
zeige Respekt
WERTE
Local
meets
Global
HAMBURG, 31. JAN. 2020
nach vorne bringen
Ziele müssen klar sein
DAS
WIR
winnt
GUT HECKENHOF 16+17.5.
act evolutionary
take responsibility as a leader
means?
Fluid Communication
FOCUS
WHAT IS REALLY IMPORTANT
Exploring the challenges of today can be tuned into the opportunities of tomorrow
Collaboration & Dialogue
BIGGEST DEVELOPMENT NEED
Working Mode
MOST IMPORTANT TO ACHIEVE
Clearly articulate the WHY? of the new vision
We don't have a fixed idea.
Mathias Cellarius | Stefan Gruber
WE ARE ON A JOURNEY TOGETHER
The message has to be translated in a way that it reaches their
HEARTS & MIND
GFA transformation Meeting
March 19-20, 2019
EMPOWER
reativity
RESPONSIBILITY
it is all about us!
EXPLORI
together
JUST ONE NIGHT
reach for the star
das können Sie auch!
Seven Nation A
Apologiz
Knocking on heavens
ACHTSAMKEIT
GEMEINSAM
WARUM
Ein Hoch auf uns
ZIEL
Gute Vorbereitung
Gutes Coaching
HARMONIE
SPASS
Guter Coach
TEAM
GRADE
focus more on the customer area
need more standardisation
FORUM 1
rechtliche
Rahmenbedingungen
ENERGIEWELT
Jens Müller-Belau
HYDROGEN FOR MOBI

4.7 Schmuckschrift in Überschriften oder Hervorhebungen

Schmuckschrift kann man als Überschrift einsetzen oder dazu verwenden, Highlights zu setzen.

Ich habe mir irgendwann einmal ein paar unterschiedliche Schrifttypen angeeignet, die ich auch benutze, um Struktur zu schaffen. Selten verwende ich eine Schrift, weil ich sie gerade ganz hübsch finde. Eine aufwendig gestaltete Schnörkelschrift mit Lichtblitzern und Schatten, zum Beispiel, benutze ich nur einmal, und zwar als Überschrift. Alles andere wäre zu zeitintensiv. Unterüberschriften, um einzelne Bereiche voneinander zu trennen, können z.B. gut mit einem dicken Stift und in sauberen Großbuchstaben geschrieben werden.

Dann gibt es natürlich noch die Texte, bei denen es sich lohnt, einzelne Elemente zu highlighten. Das mache ich z.B. gerne bei Zitaten. Dann kann man normal schreiben und nur einzelne Wörter in einer hübschen Schnörkelschrift darstellen.

Es gibt diverse tolle Handlettering-Experten, von denen man sich inspirieren lassen kann. Im Folgenden zeige ich dafür ein paar Beispiele.

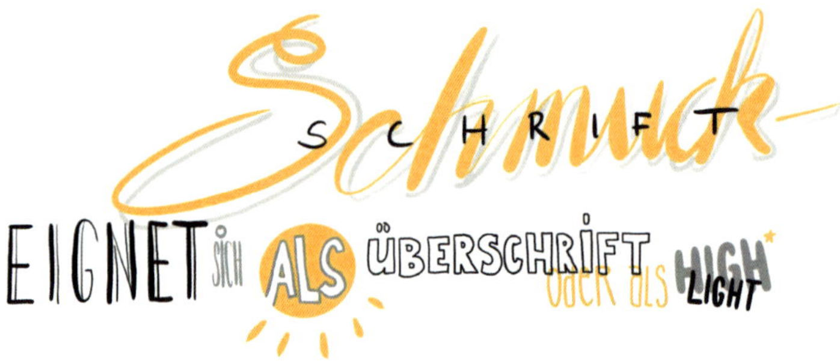

Bei der Schmuckschrift gilt auch die Faustregel: üben, üben, üben.
Dazu gehört zusätzlich auch immer die Frage nach dem »Wozu?«. Nicht Schönheit entscheidet, sondern das, was damit ausgesagt werden soll.

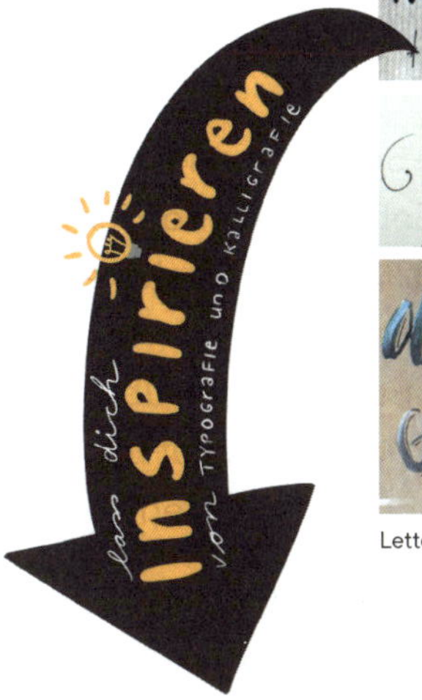

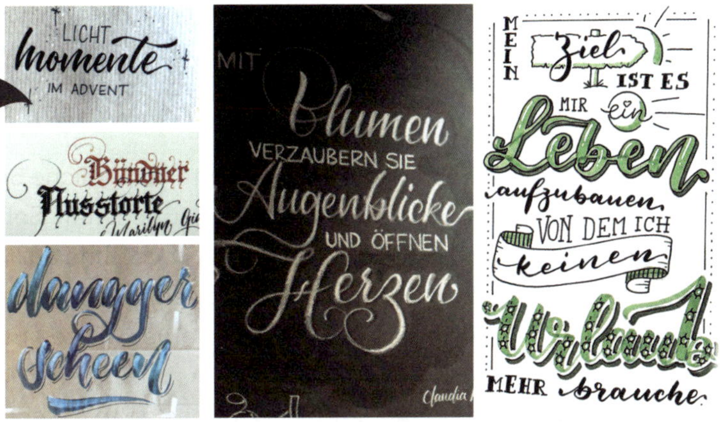

Letterings von Romana Moser/www.romanaschrift.ch und Kaja Reiter/Instagram: katja.visualisiert

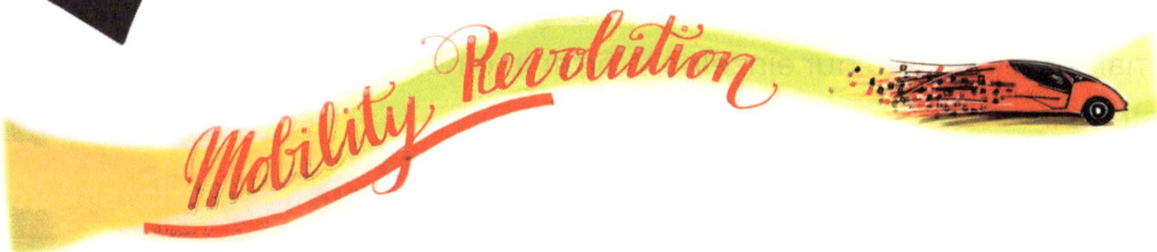

Während eines Graphic Recordings wird man nicht die Zeit haben, um wirklich so schön zu schreiben, wie es die Lettering-Experten können. Aber man kann sich von deren Arbeiten inspirieren lassen und mit etwas Übung auch schöne Überschriften kreieren.

TIPP

Es ist eine gute Idee, sich von anderen inspirieren zu lassen.

Vorsicht allerdings beim Kopieren von Ideen von anderen. Das sollte, wenn überhaupt, nur in Absprache mit dem Urheber erfolgen.

4.8 Farbe

Weniger ist mehr. Farben sollten strategisch eingesetzt werden und müssen nicht naturalistisch sein. Bäume können grün dargestellt werden, müssen es aber nicht.

Die Farben sollten sich aus dem Inhalt ergeben, der CI des Kunden entsprechen oder irgendeinen anderen logischen Grund haben. Ein Recording braucht keinen blauen Himmel, grüne Wiesen und gelbe Blumen, es sei denn, es macht für den Inhalt Sinn.

Ich arbeite sehr selten mit mehr als zwei Farben und all deren möglichen Abstufungen.

Während eines etwa einstündigen Vortrags bei »Fridays for Future« ging es um das Thema, dass genug geredet wurde und es Zeit zum Handeln ist. Für mich ergab sich aus dieser Aufforderung die Signalfarbe Rot. Als Komplementärkontrast habe ich Grün gewählt, was sich bei so einem grünen Thema geradezu anbietet. Der schwarze dominante Rahmen ist wie eine Sprechblase gestaltet, was diverse Meinungen und Sichtweisen verdeutlicht.

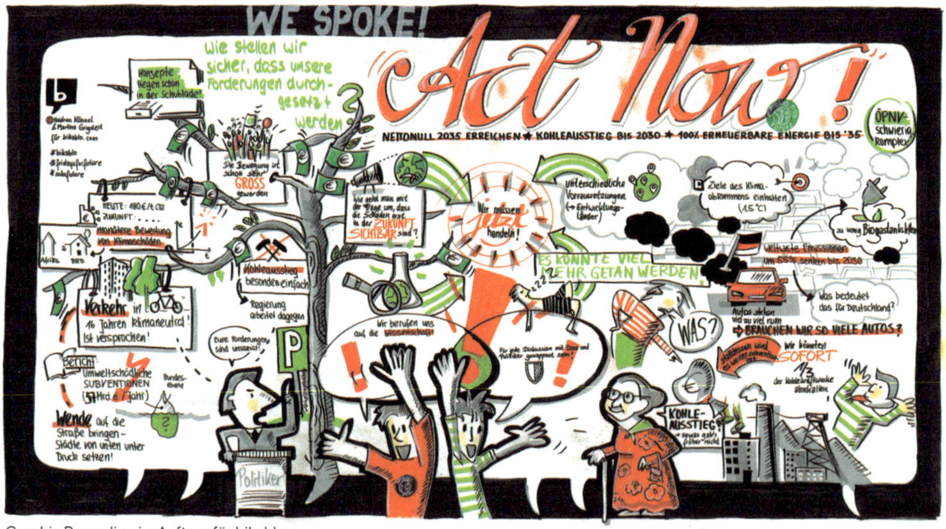

Graphic Recording im Auftrag für bikablo

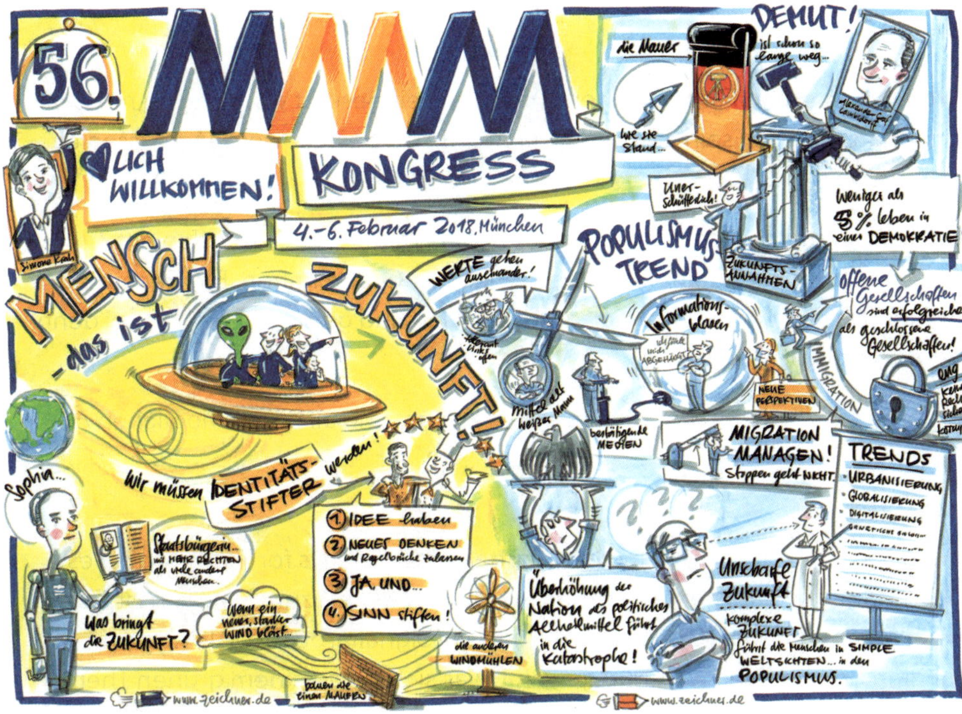

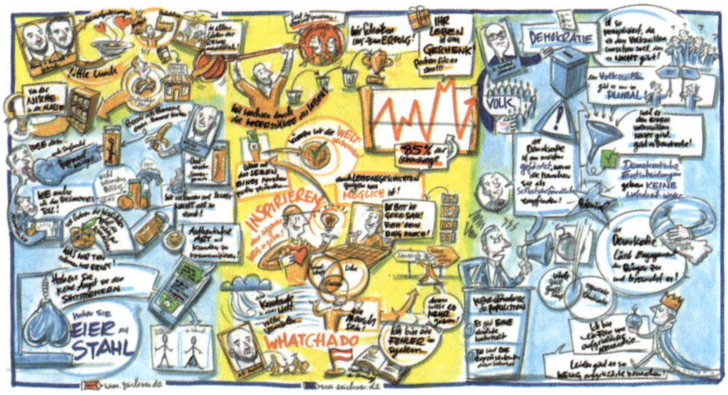

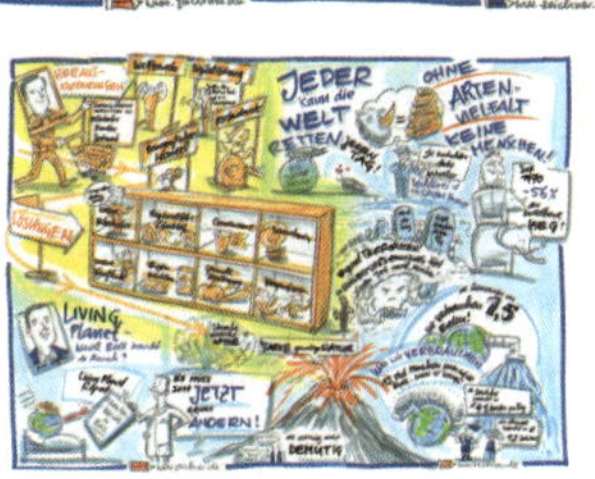

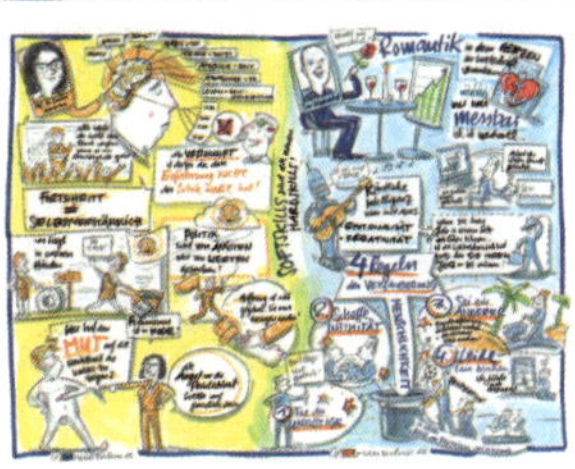

Graphic Recording von Andreas Gaertner/www.die-zeichner.de/
www.andreas-gaertner.de

Ein tolles Beispiel, wie Struktur und Klarheit durch den Einsatz von Farbe geschaffen wird, zeigt diese Arbeit von Andreas Gaertner. Er reduziert auch auf zwei Farbwelten, bis auf ein paar wenige Ausnahmen. Dadurch kann man beispielsweise unterschiedliche Vorträge sichtbar voneinander trennen.

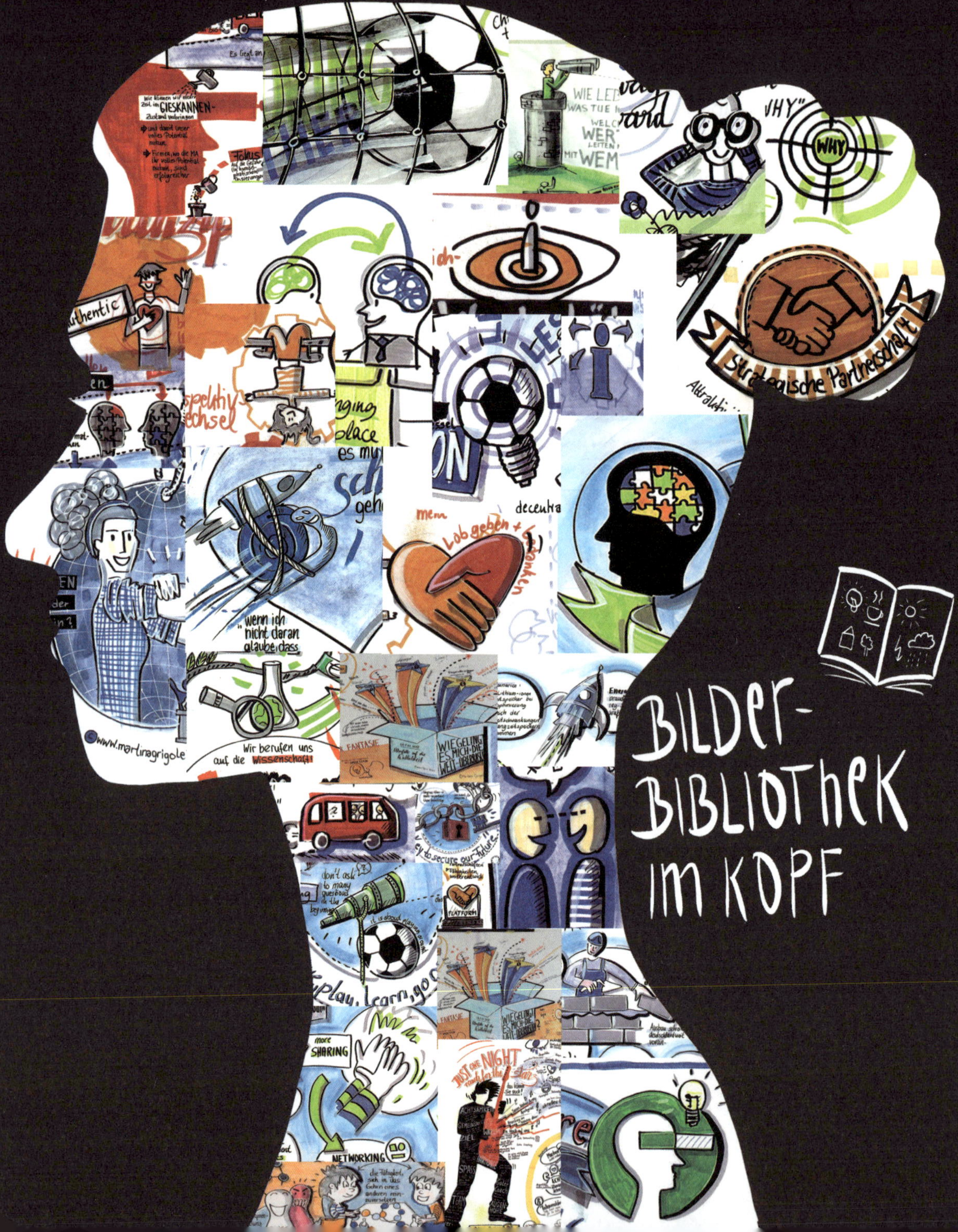
BILDER-
BIBLIOTHEK
IM KOPF
Strategische Partnerschaft
authentic
WHY
WIE LEBE
WAS TUE
WER
MIT WEM
wenn ich
nicht daran
glaube dass
Wir berufen uns
auf die Wissenschaft
www.martinagrigole
Lob geben
WIE GELING ES MICH DIE WELT ZU ERÜBERN
FANTASIE
don't ask
to many
questions
in the
beginning
play, learn, go
more
SHARING
NETWORKING
FLATFORM
JUST ONE NIGHT
es muss
decentra

4.9 Symbole

Symbole kann man auswendig lernen wie Vokabeln. Je größer der Vokabelschatz ist, desto besser und flexibler kannst du in einer Live-Situation reagieren. Eine Bilder-Bibliothek im Kopf ist auf jeden Fall essenziell, um schnell arbeiten zu können. Symbole setzen sich meistens aus den Grundformen zusammen und sind schnell und einfach zu zeichnen und sollten immer kurzfristig abrufbar sein.

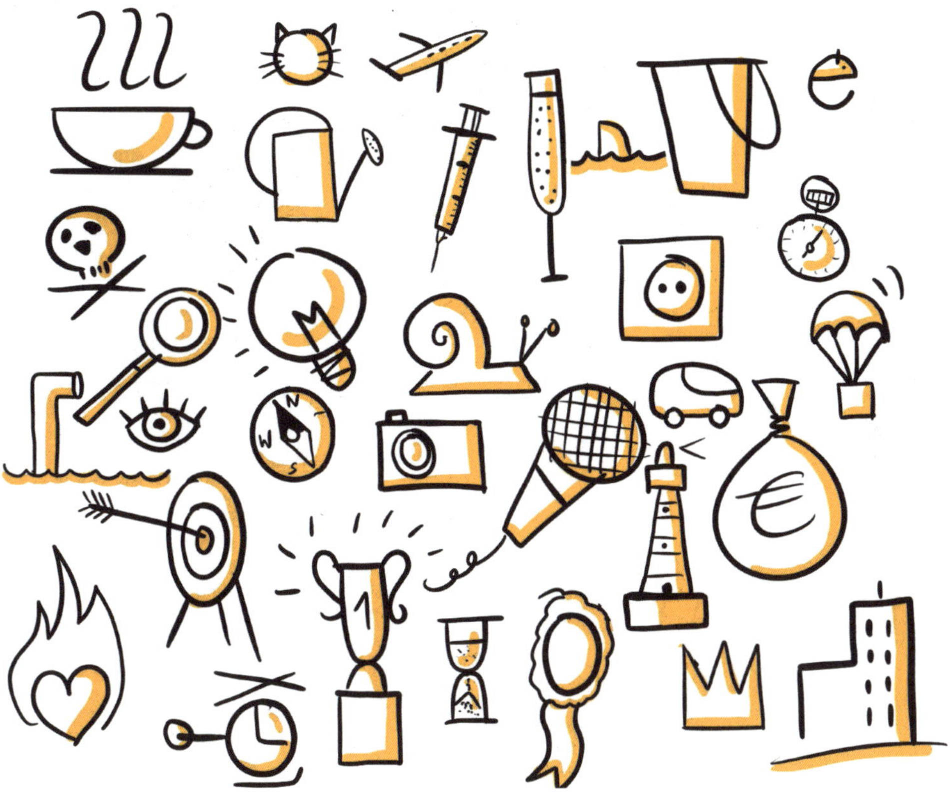

Die hier gezeigten Symbole sind alle dem Buch »bikablo 1« von Martin Haussmann entnommen. Sie geben einen kleinen Eindruck von dem, was alles möglich ist.

4.10 Figuren

Genauso wie die Symbole sollte man sich ein Grundvokabular an Figuren und Emojis zulegen. Egal, welche Form man für seine Figuren findet, sie sollten so schnell und einfach zu zeichnen sein wie Strichmännchen.

Wenn man viel Zeit hat, kann man ein Graphic Recording natürlich noch mit aufwendigeren Figuren schmücken, aber um Inhalte in gesprochener Echtzeit einfach transportieren zu können, ist oft weniger mehr.

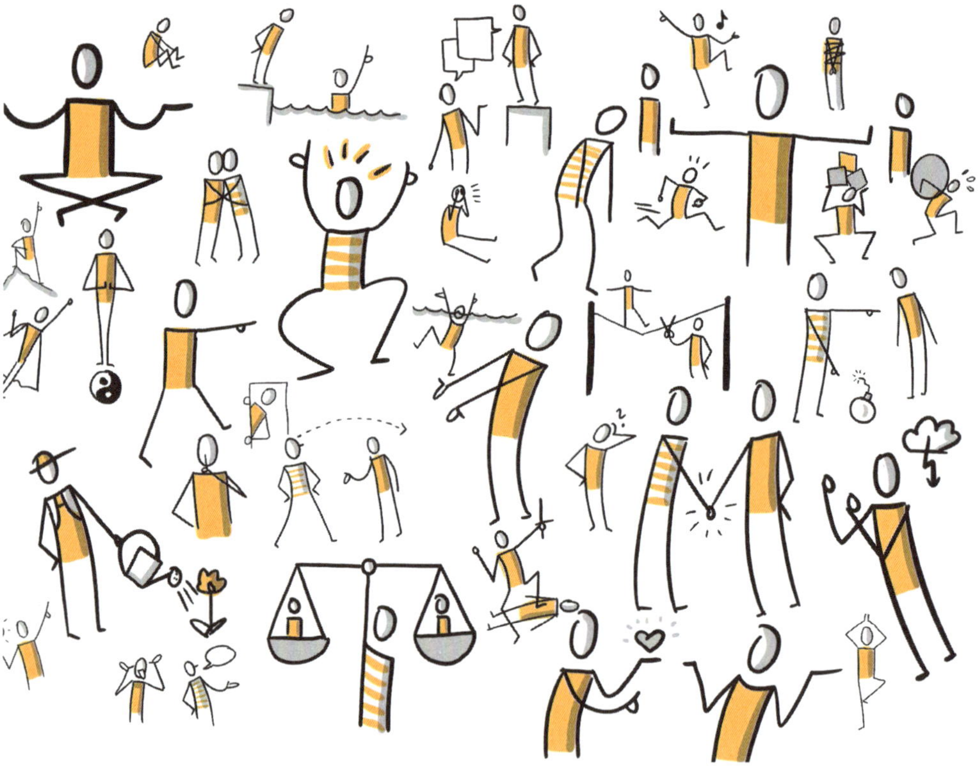

Die hier gezeigten Figuren sind alle dem Buch »bikablo emotions« von Martin Haussmann entnommen.

Ein lebendiges Graphic Recording setzt sich nicht nur aus diesen Symbolen oder Figuren zusammen, sondern diese sollten immer zusätzlich zu dem eigenen Stil (wie z.B. eigene Personendarstellungen), Schmuckschrift, Fließtext und dem Key Visual eingesetzt werden. Außerdem sollte man keine Bilderrätsel zeichnen. Die Symbole und Figuren funktionieren am besten in Verbindung mit Text.

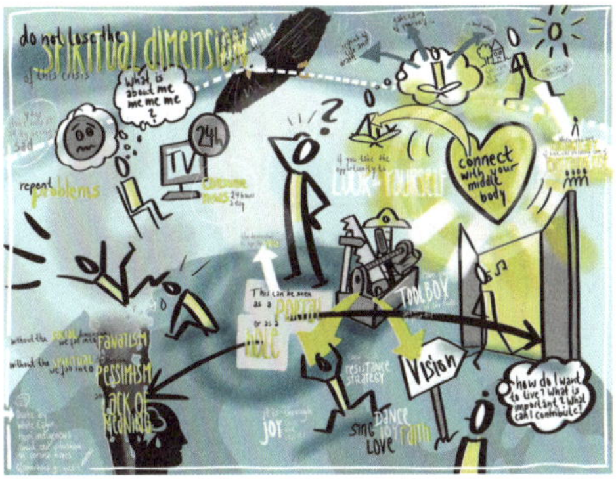

Freie Arbeit

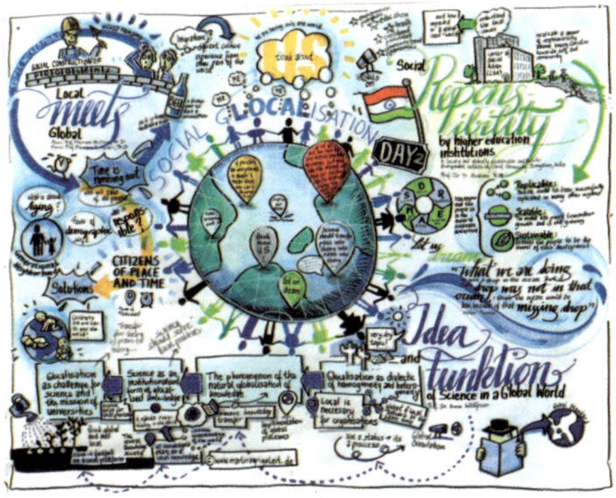

Graphic Recording für die Katholische Hochschule NRW.

Das digitale Bild links arbeitet fast ausschließlich mit den einfachen Figuren, das analoge Graphic Recording rechts eher mit eigenen Figuren.

Oft ist der **Zeitfaktor** entscheidend. Zum Vergleich: Das linke Bild zu zeichnen, hat etwa eine Stunde gedauert, das rechte einen ganzen Tag.

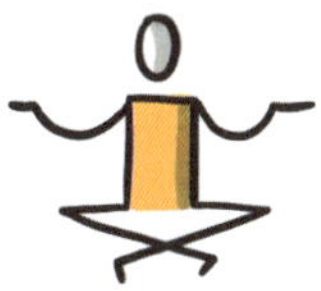

Teil 3: Immer mit dabei: Die Methoden-Handtasche

Dies ist eine Tasche, die man am besten immer mit dabei hat. Eine kleine Tasche, in die man immer mal hineinschauen kann und sich einen Überblick über alle **Herausforderungen und Tipps für Großgruppenmethoden** wie Workshops, Konferenzen und Meetings verschaffen kann. In diesem Kapitel befinden sich lauter Bezeichnungen, die einem in einem Graphic Recorder Leben immer wieder begegnen und die man in keinem Illustration-Studium lernt.

Als visuelle Begleitung sollte man den Kunden dahingehend beraten können, wie man in den unterschiedlichsten Formaten mit seinem Graphic Recording den größtmöglichen Nutzen für die Gruppe liefern kann.

Es gibt Formate, da braucht man Hilfe, genauso wie es solche gibt, die emotional so stark sein können, dass eine visuelle Mitschrift unpassend wäre. Oder eben gerade doch gewinnbringend. Um das einschätzen zu können, ist ein guter Überblick über all diese Methoden wertvoll.

Jede Methode hat ihre Vor- und Nachteile. Auch für einen Graphic Recorder. Alle bieten ganz eigene individuelle Herausforderungen, Schwierigkeiten und Fallstricke. Im Folgenden habe ich ein paar besondere Herausforderungen sowie meine Tipps zusammengetragen, wie man diesen begegnen kann.

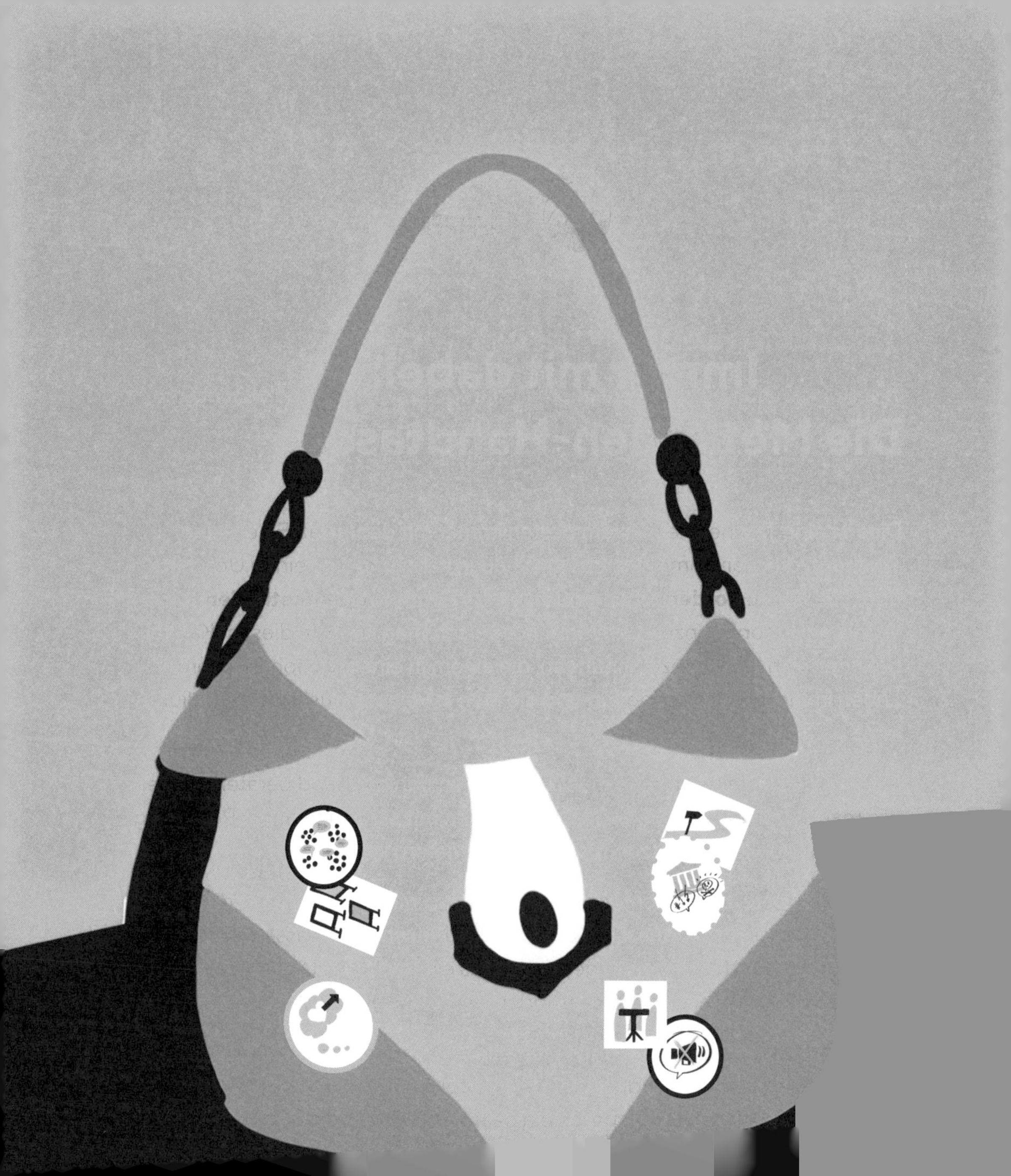

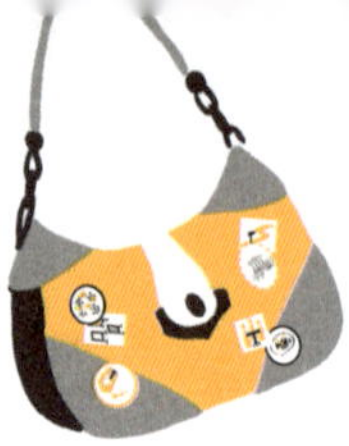

5 Herausforderungen & Tipps für Großgruppenmethoden

5.1 Inhaltliche Präsentationen

In Vorträgen und Keynotes geht es primär darum, die Inhalte zu dokumentieren. Rückfragen währenddessen sind hier in der Regel unpassend.

Podiumsvortrag

Einer redet. Alle hören zu.

Keynote

Ein in den Fokus gestellter Vortrag eines meist prominenten Redners.

Herausforderung 1: In diesem Prozess ist ein Austausch selten gewünscht. Alle Abstimmungsprozesse sollten im Vorfeld stattfinden.

Herausforderung 2: Die Schwierigkeit besteht hier, wenn die Rede schlecht strukturiert ist, man keine Inhalte vorher bekommen hat und man den roten Faden mit den Kernaussagen nicht findet.

Tipp: Versuche, die fünf Kernaussagen herauszufinden, indem du die Redner im Vorhinein abfängst und sie dazu befragst.

Das funktioniert manchmal in den Vorgesprächen. Manchmal aber auch direkt vor Ort. Die Redner sind kurz vor ihrem Auftritt so voll Adrenalin, dass sie in der Situation selten ausschweifen und i.d.R. pointiert ihre Kernaussagen preisgeben.

5.2 Dialogsituationen

Dialogsituation A (fast) ohne Emotionen

Entweder nimmt der Graphic Recorder »nur« die Inhalte auf, oder (abhängig von der Gruppengröße und Kundenvorstellung) er kann sich hier auch mit Rückfragen und visuellen Vorschlägen einbringen.

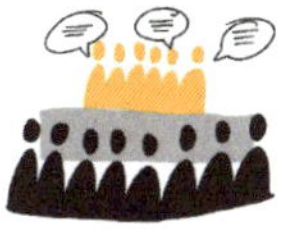

Podiumsdiskussion

Einige Menschen reden. Nacheinander. Alle anderen hören zu.

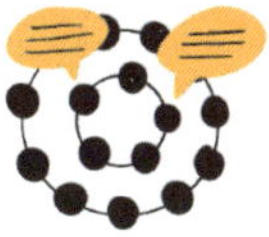

Fishbowl

Stühle sind zu einem Innen- und einem Außenkreis zusammengestellt. Die Teilnehmer im inneren Stuhlkreis wechseln sich ab. Reden darf nur, wer innen sitzt.

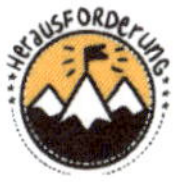

Herausforderung: Herausfinden, was die Kernaussagen sind.

Tipp 1: Oft konträre Meinungen, die sich gut emotional darstellen lassen und/oder eine Blattaufteilung vorgeben können.

Tipp 2: Zuerst auf kleinen Zetteln oder Post-its mitschreiben und diese Notizen sammeln.

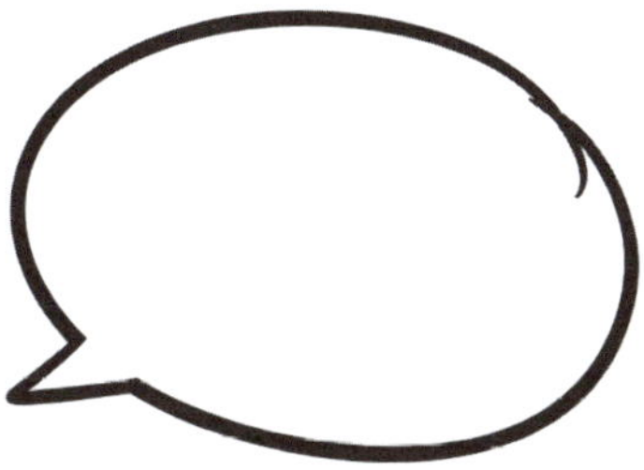

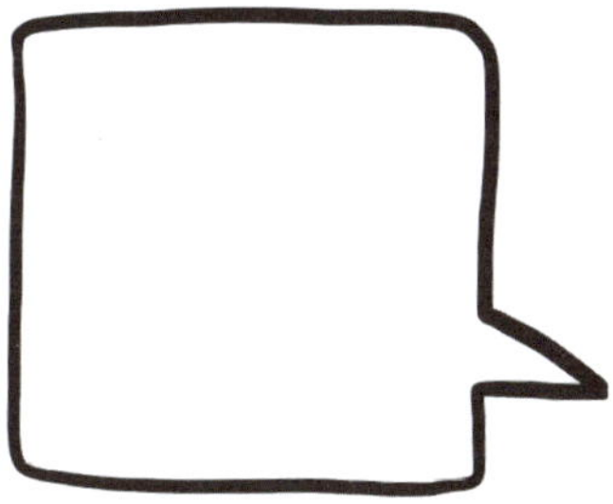

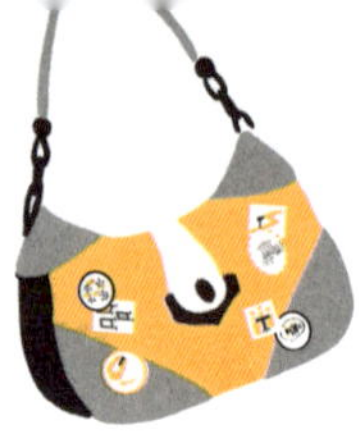

Dialogsituationen A mit Emotionen

In diesen hier beschriebenen Dialogsituationen spielen Emotionen häufig eine große Rolle. Es braucht dabei nicht nur ein besonderes Feingefühl des Graphic Recorders, sondern auch eine extrem saubere Absprache mit dem Kunden im Vorfeld, was aufgezeigt werden sollte und was nicht, um hier niemandem auf die Füße zu treten.

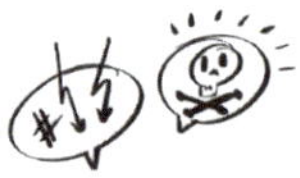

Dynamic Facilitation

Moderierte »Rederunde«, in der jeder alles sagen darf, was ihm auf dem Herzen liegt. Oft sehr emotional.

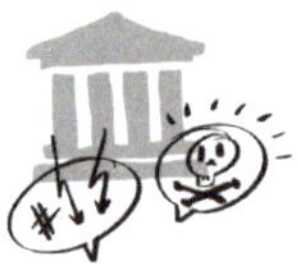

Bürgerrat

Dynamic Facilitation auf politischer Ebene. Jeder darf alles sagen. Die Kernaussagen können als Empfehlung für die Politik genutzt werden.

Schließt mit World Café (hier Bürgercafé) ab.

Tipp: Da es oft sehr emotional zugehen kann, ist eine gute Absprache mit dem Veranstalter und Moderator wichtig. I.d.R. ist hier der Facilitator der Schreibende und manchmal ist es auch unpassend, diese emotionalen Themen noch extra zu bebildern.

In manchen Situationen, wie beispielsweise im Bürgerrat, kann die emotionale Darstellung sogar gewünscht und hilfreich für den Prozess sein. Oft können die aufgenommenen Dialoge und Gedanken sinnvoll sein, um politische Sichtweisen sichtbar werden zu lassen.

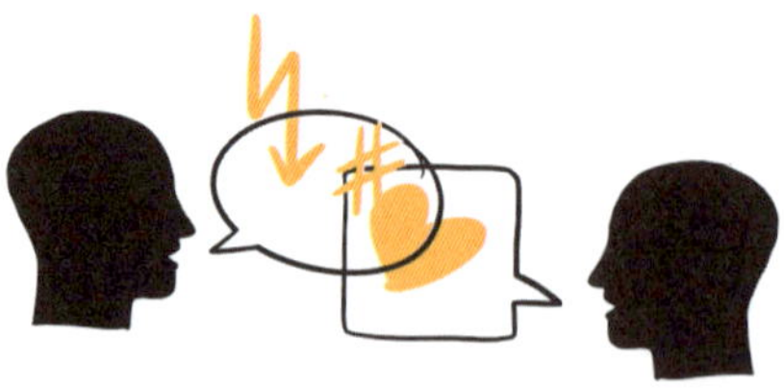

Dialogsituationen B in kleinen Gruppen

Eine Situation, die dem Graphic Recorder etwas mehr Planung und Absprachen mit dem Kunden abfordert, ist der Moment, wo mehrere Gespräche in Kleingruppen parallel zur gleichen Zeit stattfinden.

Mehr dazu auch im Kapitel »Praktische Tipps« auf Seite 96.

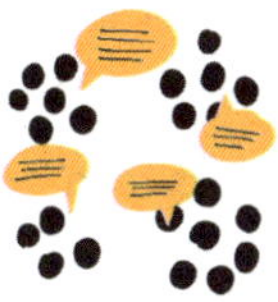

Open Space

Themen werden von Teilnehmern vorgeschlagen. Zur gleichen Zeit finden dazu die Workshops mit wechselnden Teilnehmern statt.

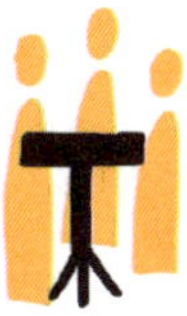

World Café

Themen werden zur Diskussion vorgegeben.
Teilnehmer rotieren z.B. an runden Stehtischen.

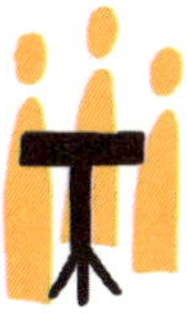

Themen-Café

Wie World Café, nur mit unterschiedlichen Fragestellungen.
Teilnehmer können sich die Tische aussuchen.

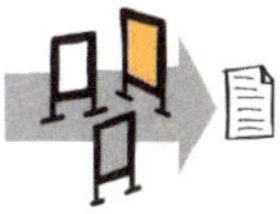

Break-Out-Session

Durchführung von selbstständigen Gruppenarbeiten. Die Ergebnisse der Teilgruppen können festgehalten und anschließend präsentiert werden.

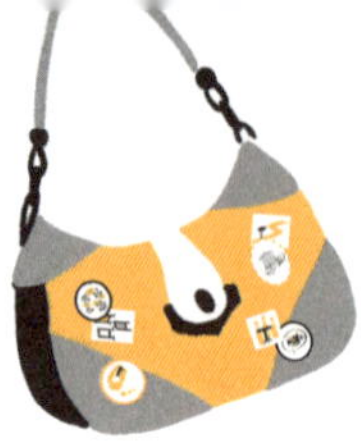

Appreciative Inquiry

Wovon wollen wir mehr?

Storytelling der Teilnehmer untereinander, um Erfolgsgeschichten zu teilen.

Interviewformat, in dem Problembeschreibungen als Ansatz für die dahinter liegenden Lösungen genutzt werden.

Tipp: Mit dem Erfolgs-Ohr zuhören.

Flüstergruppen/Murmelgruppen

Kurze Diskussion von Fragestellungen in Zweier- oder Dreier-Gruppen.

Herausforderung: Man kann wegen den parallel stattfindenden Kleingruppengesprächen nicht an mehreren Orten gleichzeitig anwesend sein, sodass die Informationen nur indirekt oder nur teilweise zu dem Graphic Recorder kommen können.

Tipp 1: Hierfür ist eine sehr präzise Auftragsklärung und Absprache mit dem Kunden vonnöten. Vorher abklären, wie der Recorder zu seinem Inhalt kommt.

Tipp 2: Entweder mit Helfern arbeiten, im Team, Erarbeitetes abfotografieren oder nach Absprache sich nur in einer Gruppe befinden (mehr dazu ab Seite 96).

Tipp 3: Für alle Dialogsituationen gilt: Am Ende findet i.d.R. eine Vergemeinschaftung statt, in der der Recorder spätestens zu seinen Inhalten kommen kann, wo er aber gegebenenfalls sehr schnell arbeiten muss.

5.3 Kurzpräsentationen

Wie auf unterschiedlichen Marktständen werden hier Ergebnisse, die im Vorfeld von den Teilnehmern erarbeitet wurden, präsentiert, reflektiert und diskutiert. In dieser Methode gibt es häufig schon vorbereitete Charts, die die Teilnehmer mitbringen. Hier entstehen oft Reflektionen in Kombination mit Dialogsituationen.

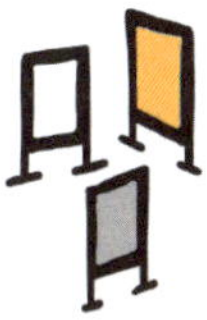

Marktplatz

Interaktive »Ausstellung« mit Diskussionsrunden vor oder während einer Konferenz.

Tipp: Alle relevanten Infos sich vorher geben lassen und einen kleinen Querschnitt davon zeichnen.

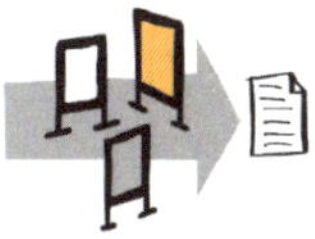

Stationsgespräche

Kleingruppen diskutieren unterschiedliche Impulsfragen an »Stationen« im Raum und halten ihre Ergebnisse schriftlich fest.

Tipp 1: Ergebnisse abfotografieren oder eine der anderen Möglichkeiten aus den vorangegangenen Methoden auswählen.

Tipp 2: Im Vorgespräch um Lesbarkeit bitten.

Tipp 3: Manchmal hilft es dem Prozess, wenn man die vorbereiteten Charts als Vorarbeit in einer Kurzfassung auf das Graphic Recording bringt. Dafür braucht man logischerweise im Vorfeld die Charts oder die Hauptaussagen aus diesen.

Tipp 4: Manchmal kann man hier auch gut im Vorfeld hilfreich sein (siehe dazu Seite 100 »Templates«).

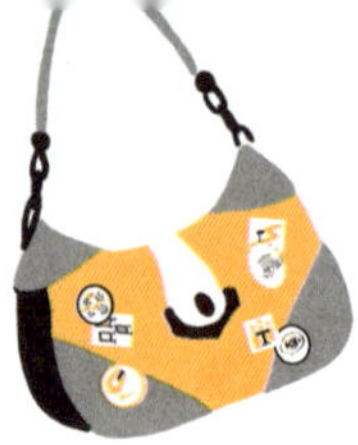

5.4 Weitere Großgruppenmethoden

Sogenannte partizipative Großgruppenmethoden (wie auch Open Space oder Fishbowl) gehen von der Grundannahme aus, dass die Teilnehmer die Wissensträger sind. Solche Veranstaltungen setzen jede Menge Energie frei. Und das spürt man. Eine visuelle Begleitung kann dort sehr viel Freude machen, was man wiederum dem Bild ansieht.

Real Team Strategic Change (RTSC)

Eine Konferenz mit drei Bausteinen, die sehr emotional sein kann und auch pragmatisch lösungsorientiert.

Die Bausteine sind:

- Wo tut es weh?
- Was wollen wir verändern?
- Wie genau?

In dieser Konferenz können alle bereits genannten Methoden vorkommen. Dauer: zwei bis drei Tage.

Zukunftskonferenz

Eine Unterform von RTSC.

Umfasst i.d.R. Rückblick, externe Trends, Tops und Flops, das Beschreiben einer idealen Zukunft und am Ende einen Konsens. Dauer: zwei Tage.

Tipp: Die oben genannte Aufteilung bietet sich natürlich auch super für die Blattaufteilung an.

Barcamp

Eine offene Tagung mit offenen Workshops, deren Inhalte und Ablauf von den Teilnehmern zu Beginn der Tagung selbst entwickelt werden.

Gleicht dem Open Space.

Herausforderung: Kaum Möglichkeit einer inhaltlichen Vorbereitung. Extrem »Go with the Flow«.

Tipp: In besonders herausfordernden Konferenzformaten wie dem Barcamp kann eine Teamarbeit mit einem zweiten Graphic Recorder sehr sinnvoll sein.

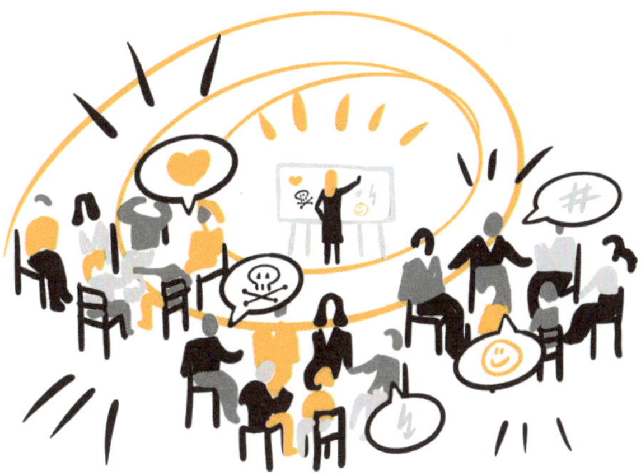

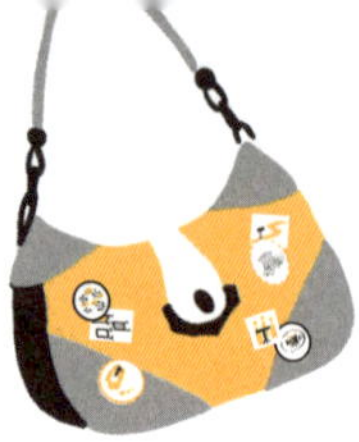

5.5 Praktische Tipps

Lösungsansätze für schwierige Situationen

Wie man sehen kann, bedeuten die verschiedenen Methoden die unterschiedlichsten Herausforderungen für ein Graphic Recording. Am schwierigsten ist es, wenn mehrere Veranstaltungen zur gleichen Zeit in unterschiedlichen Räumen (wenn man remote arbeitet: Breakouts) stattfinden, wenn alle Inhalte noch offen sind oder wenn die Agenda sehr eng getaktet ist.

Für den Erfolg des Bildes ist es wichtig, im Briefinggepräch genau zu besprechen, wie in den unterschiedlichsten Methoden gearbeitet werden soll und mit dem Kunden zusammen die bestmögliche Lösung zu finden.

Wie bereits beschrieben gibt es Wege, wie man das Problem lösen kann, dass man nicht gleichzeitig an mehreren Orten sein kann. Hier ein paar Beispiele:

- Arbeite im Team mit einem zweiten Graphic Recorder.
- Der Kunde stellt dir jemanden an die Seite, der sich mit den Inhalten auskennt und die Kernaussagen heraushören kann. Dieser Helfer bringt dir dann auf Post-its die Inhalte und klebt sie an die Wand.
- Wenn beides nicht möglich ist, laufe durch die Räume und fotografiere die Flipcharts ab, welche die Teilnehmer in den einzelnen Workshops erstellt haben. Wichtig ist hier im Vorfeld die Absprache mit den jeweiligen Moderatoren, dass eine schriftliche Zusammenfassung erfolgt, die für dich verständlich ist.
- Entscheide mit dem Kunden zusammen, dass du nur an einem Workshop teilnimmst.
- Lass dich im Vorfeld zu den Inhalten briefen und schreibe/zeichne diese während des Workshops (macht für mich aber selten Sinn, da es ja eigentlich um die erarbeiteten Inhalte der Teilnehmer geht).

In jeden Fall muss dieses Thema vorher gut mit dem Kunden abgesprochen werden, denn oft ist ihm diese Problematik gar nicht bewusst. Die Frage, »Wozu?« das Bild am Ende dienen soll, kann entscheiden, welche Lösung man hierfür findet.

Eine tolle Möglichkeit, komplexe Methoden zu visualisieren, ist es, zu zweit an der Wand zu stehen. Es hilft nicht nur dem Prozess, es macht auch unglaublich viel Spaß, bringt eine ganz andere Dynamik ins Bild und man kann voneinander profitieren. Wenn viele Informationen in kürzester Zeit zu Papier gebracht werden müssen, ist das die einzige Möglichkeit, um ein vollständiges Ergebnis in Echtzeit abliefern zu können. Wichtig ist, im Vorfeld die Rollen aufzuteilen. Einer kann die Position übernehmen, die Informationen einzusammeln, während der andere zeichnet. Oder es gibt einen, der vielleicht besser zeichnen kann, während der andere besser strukturiert. Vielleicht gibt einen »Lehrling«, der die Fleißarbeit wie großflächige Farben oder Schattierungen machen darf. Es gibt hundert Möglichkeiten, wie eine Zusammenarbeit fruchtbar und sinnvoll für den Prozess sein kann. Eine gute Vorbereitung und Absprache ist wieder mal das A und O.

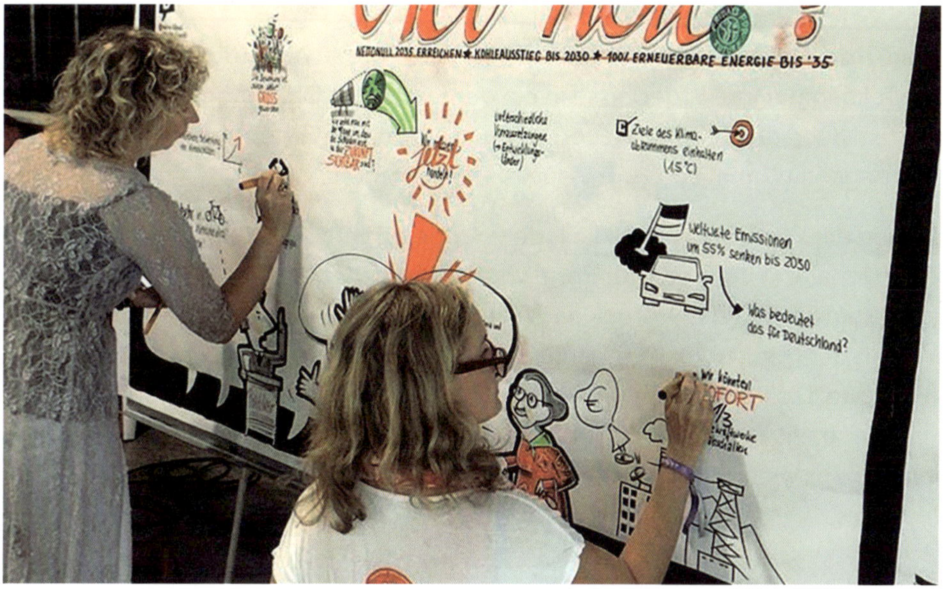

Graphic Recording mit Heidrun Künzel für »Fridays for Future« im Auftrag für bikablo

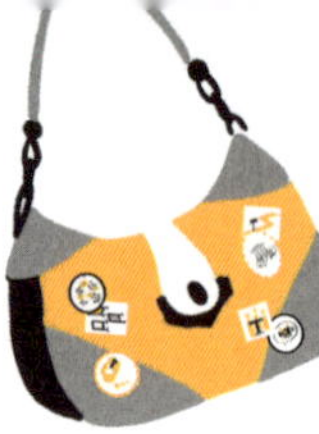

Die Rolle des Graphic Recorders im Open Space

Open Space ist ein offenes Format, was einen als Graphic Recorder in die Situation bringt, sich nur ganz allgemein vorbereiten zu können, da die Themen erst vor Ort entstehen.

Wenn ich für diese Methode gebucht bin, frage ich noch genauer das allgemeine Thema ab. Sehr häufig wissen die Moderatoren bereits, wo in etwa die Reise hingehen wird. Vielleicht kann der Organisator des Events auch Informationen darüber geben, welche Themen der Zielgruppe gerade unter den Nägeln brennen oder welche Ereignisse es in diesem Feld vielleicht gegeben hat, auf die Bezug genommen werden könnte.

Dieses offene Format ist also eine der schwierigsten Formate für einen Graphic Recorder, weil er total mit dem Fluss gehen muss. Wie bereits beschrieben, gibt es auch hier mehrere Möglichkeiten, an die Informationen aus den unterschiedlichen Gruppen zu kommen. Ich versuche immer, dass ich jemanden an die Seite gestellt bekomme, der sich mit der Thematik auskennt und ein Ohr für die Kernaussagen aus den jeweiligen Gruppen hat. Diese Person kann mir dann diese Informationen liefern, sodass ich mich ganz und gar auf das Zeichnen konzentrieren kann.

Beim Remote Recording ist das Open Space Format ein Stück einfacher, da die Teilnehmer ihre Ergebnisse in ein gemeinsames Dokument schreiben, zu dem auch der Graphic Recorder Zugang hat. Die Ergebnisse werden hier sozusagen automatisch zum Visualisierer getragen.

Neben der Wertschätzung, die jede Gruppe erfährt, wenn sie ihre erarbeiteten Inhalte in visualisierter Form vor sich sieht, hat ein Graphic Recording in diesem Format den Vorteil, dass alle Teilnehmer einen Eindruck über die Vielfalt der Themen bekommen und somit auch besser Querverbindungen erkennen. Dadurch bleibt die Veranstaltung länger und nachhaltiger im Kopf und ruft beim Betrachten des Bildes die positive und kreative Energie des Workshops wieder hervor.

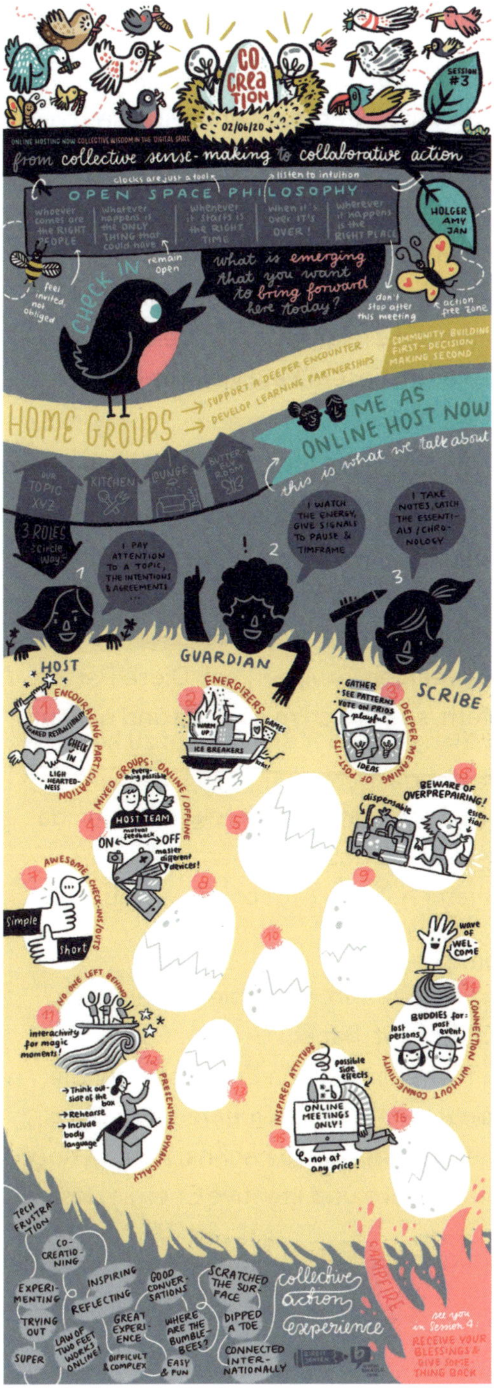

Als visualisierender Recorder muss man sich bei diesem Format vor allen Dingen eine Grundregel aus dem Open-Space-Format zu eigen machen: **»Was auch immer geschieht, es ist das Einzige, was geschehen konnte.«**

Mit diesem Satz im Hinterkopf wird das Bild perfekt werden und dem Gruppenprozess

Birgit hat in diesem digitalen Remote Recording einen Online-Open-Space mitgezeichnet. Im oberen und unteren Bereich findet man die allgemeinen Informationen und das gelbe Nest in der Mitte zeigt all die Eier auf, die während des Prozesses ausgebrütet wurden. In einem Google Dokument haben (fast) alle Teilnehmer ihre Inhalte niedergeschrieben. Diejenigen, die dieses Dokument nicht genutzt haben, konnten daher leider nicht visualisiert werden. Aber auch das ist in Ordnung, wenn man als Recorder selbst dem Grundprinzip gefolgt ist.

Digitales Graphic Recording von Birgit Jansen für #onlinehostingnow/Kommunikationslotsen im Auftrag für bikablo

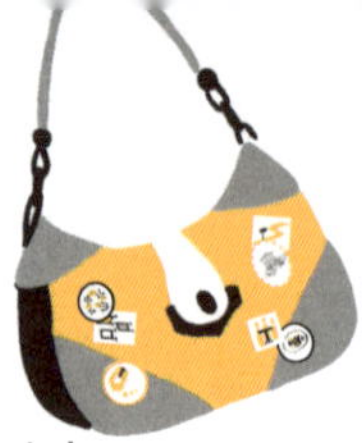

Templates erstellen und wo sie hilfreich sind

Um schneller arbeiten zu können, kann es in bestimmten Situationen hilfreich sein, Templates vorzubereiten. Entweder um diese selbst zu nutzen, oder um diese den Teilnehmern zur Verfügung zu stellen, damit diese darin arbeiten können. In Workshops, wie zum Beispiel dem World Café, wo die Teilnehmer parallel am gleichen Thema arbeiten, kann so ein vorgezeichnetes Template sinnvoll sein. Als sehr hilfreich haben sich Templates auch im remote Graphic Recording erwiesen.

Hier zahlt sich eine gute und präzise Vorarbeit und Auftragsklärung, bzw. Briefinggespräch, in dem man als Graphic Recorder gerne auch mal in die Berater-Rolle schlüpfen kann, aus. Oft ist dem Auftraggeber gar nicht klar, welch großes Potenzial so eine vorgefertigte Visualisierung haben kann.

Ein Template mit einem eingängigen Bild erleichtert nicht nur dem Graphic Recorder die Arbeit, sondern es lenkt auch den Fokus der Teilnehmer vielmehr darauf, was sich der Veranstalter wünscht und woran gearbeitet werden soll. Denn gerade in diesem Fall sagen Bilder mehr als Worte.

Für die Teilnehmer ist es folglich wesentlich einfacher, sich darauf zu konzentrieren und nicht abzuschweifen, was leicht passieren kann, da es sich meistens um deren Daily Business handelt und alle im Detail feststecken.

Ein Template mit der Überschrift »I wish ...« wird die Teilnehmer beispielsweise immer wieder gedanklich dahin zurückholen, was sie sich in Zukunft wünschen und nicht, wo gerade die Probleme liegen.

TIPP

Eine kleine Auswahl von möglichen Templates als Inspiration:

- Ein Template, das man gut vorbereiten kann, ist beispielsweise ein »Tops and Flops«-Template mit den dazugehörigen Chancen und nächsten Schritten.
- Oder man zeigt den zu gehenden Weg als vorgefertigtes Template.

- Als bekannter Klassiker kann auch gut der Eisberg fungieren oder das gute alte Mindmapping.
- Hilfreich kann es auch sein, ein Raster vorzubereiten, in das die unterschiedlichsten Dinge eingetragen werden können oder auch ein Template für Wünsche.

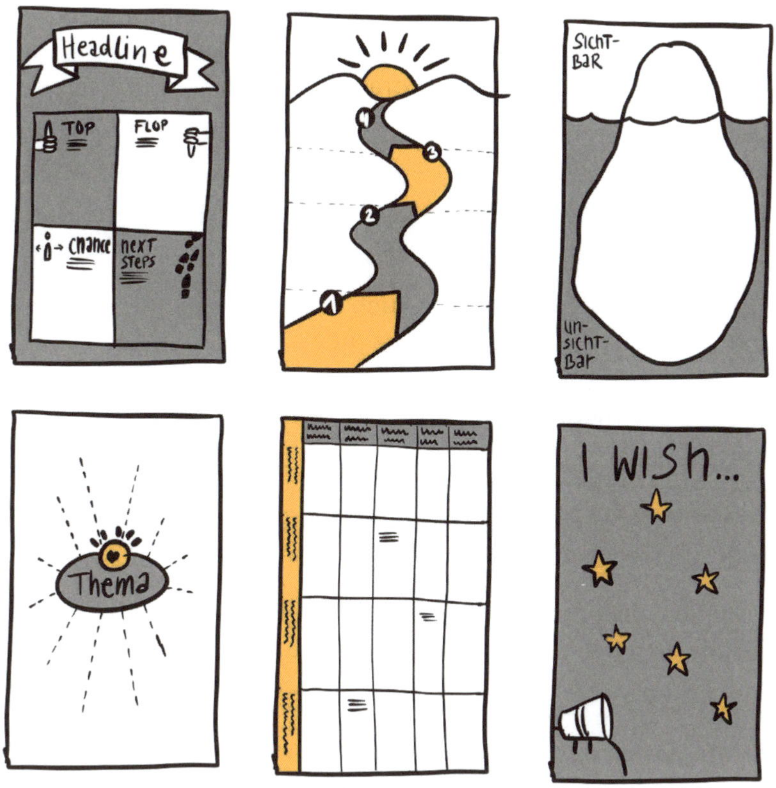

Der Kreativität sind keine Grenzen gesetzt und wenn man gemeinsam mit dem Kunden die Frage nach dem »Wozu?« erkundet, kommen einem ganz von alleine hundert hilfreiche und unterstützende Ideen.

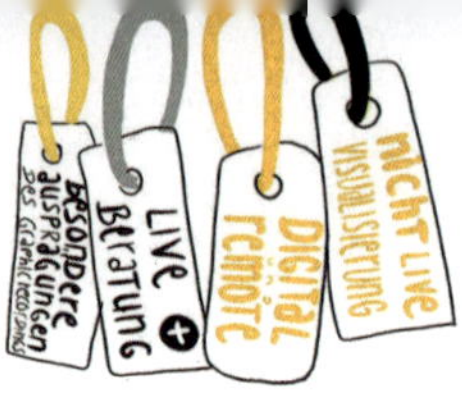

Teil 4:

Weitere Visualisierungsformen: Das Visualisierungs-Kofferset

Im Rahmen des Graphic Recordings gibt es immer wieder Aufgaben, die »irgendwie so ähnlich« sind. Es gibt Recordings, bei denen eine beratende Tätigkeit oder schwerpunktmäßig eine schöne Dokumentation gewünscht ist. Es gibt Live-Visualisierungen, die komplexe Sachverhalte erklären sollen oder auch solche, die Emotionen in den Vordergrund stellen. Außerdem gibt es noch die Möglichkeit, die Live-Visualisierung im Rahmen anderer Berufsfelder einzusetzen, wie beispielsweise im Coaching.

Dieser Teil beinhaltet vier große Kapitel:

- **Weitere Formen der Live Visualisierungen**, die sehr häufig eine beratende Tätigkeit inkludieren.
- **Besondere Ausprägungen des Graphic Recordings** mit unterschiedlichen Schwerpunkten, wie z.B. Sketchnoting.
- **Live-Visualisierungen in der virtuellen Welt.** Diese erweitert das Spektrum um ein Vielfaches und eröffnet diverse weiterführende Möglichkeiten.
- **Strategische Visualisierungen, die nicht live gezeichnet werden** und Rücksprachen und Korrekturen ermöglichen.

Dieses Kofferset sollte jeder Graphic Recorder kennen, denn sehr häufig werden Begrifflichkeiten miteinander verwechselt oder gleiche Dinge haben unterschiedliche Bezeichnungen. Um den Kunden gut beraten zu können, ist es essenziell zu wissen, was es alles gibt (unabhängig von den Bezeichnungen), um ihm das anbieten zu können, was seinen Prozess wirklich unterstützt.

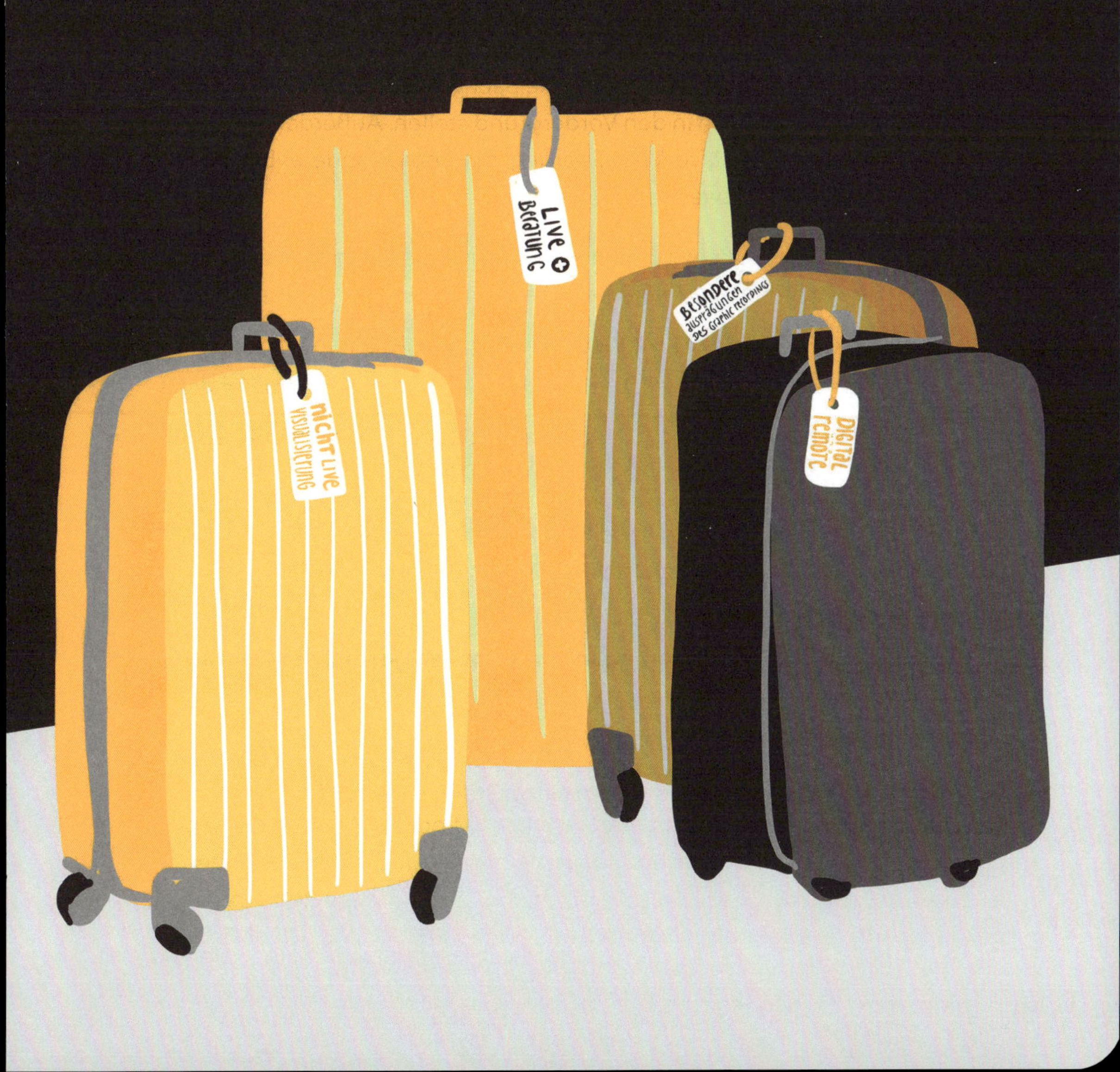
nicht Live
Visualisierung
Live +
Beratung
Besondere
Ausprägungen
des Graphic Recordings
Digital
remote

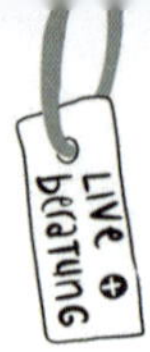

6 Weitere Formen der Live-Visualisierung

6.1 Visual Facilitation/Graphic Facilitation

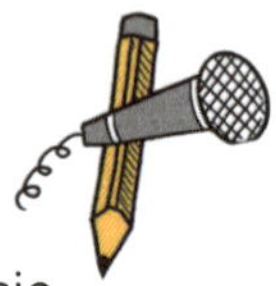

In Teammeetings oder Workshops braucht es manchmal jemanden, der nicht nur Bilder von dem Gesagten entwirft, sondern auch durch den Prozess führt, sprich, mit dem Stift in der Hand auch die Rolle des Moderators oder Facilitators übernimmt. Zusätzlich kann er oder sie Impulse für eine mögliche andere Herangehensweise oder Denkweise geben, weil er von außen auf die Welt der Workshop-Teilnehmenden blickt. Das ist dann Beratung mit dem Stift.

Idealerweise bietet man dem Kunden ein Tandem, bestehend aus einem Graphic Recorder und einem Facilitator, an. Hier wären wir dann wieder bei den Ursprüngen des Graphic Recordings und der eigentlichen Bedeutung.

Als Graphic Recorder ist es nützlich, ein paar Grundregeln aus dem Bereich Facilitation und/oder der Moderation zu beherrschen. Denn es kommt vor, dass man mit seinen Rückfragen in oder vor einem Graphic Recording in das gesamte Geschehen (beispielsweise in den Change-Prozess) eingreifen kann. Dafür sollten diese Fragen zieldienlich gestellt werden und den Prozess weiter voranbringen. Ein gewisses Facilitator-Know-how hilft mir dabei.

Die Aufgabe eines Visual Facilitators ist es, jede Stimme in den Raum zu holen und jede Meinung sichtbar zu machen, neben dem Festhalten der Ergebnisse natürlich. Facilitator helfen außerdem, den Prozess zu reflektieren, und können beratend eingreifen, wenn nächste Schritte geplant werden.

Visual Facilitation vereint die Aufgaben eines Graphic Recorders mit denen eines Facilitators.

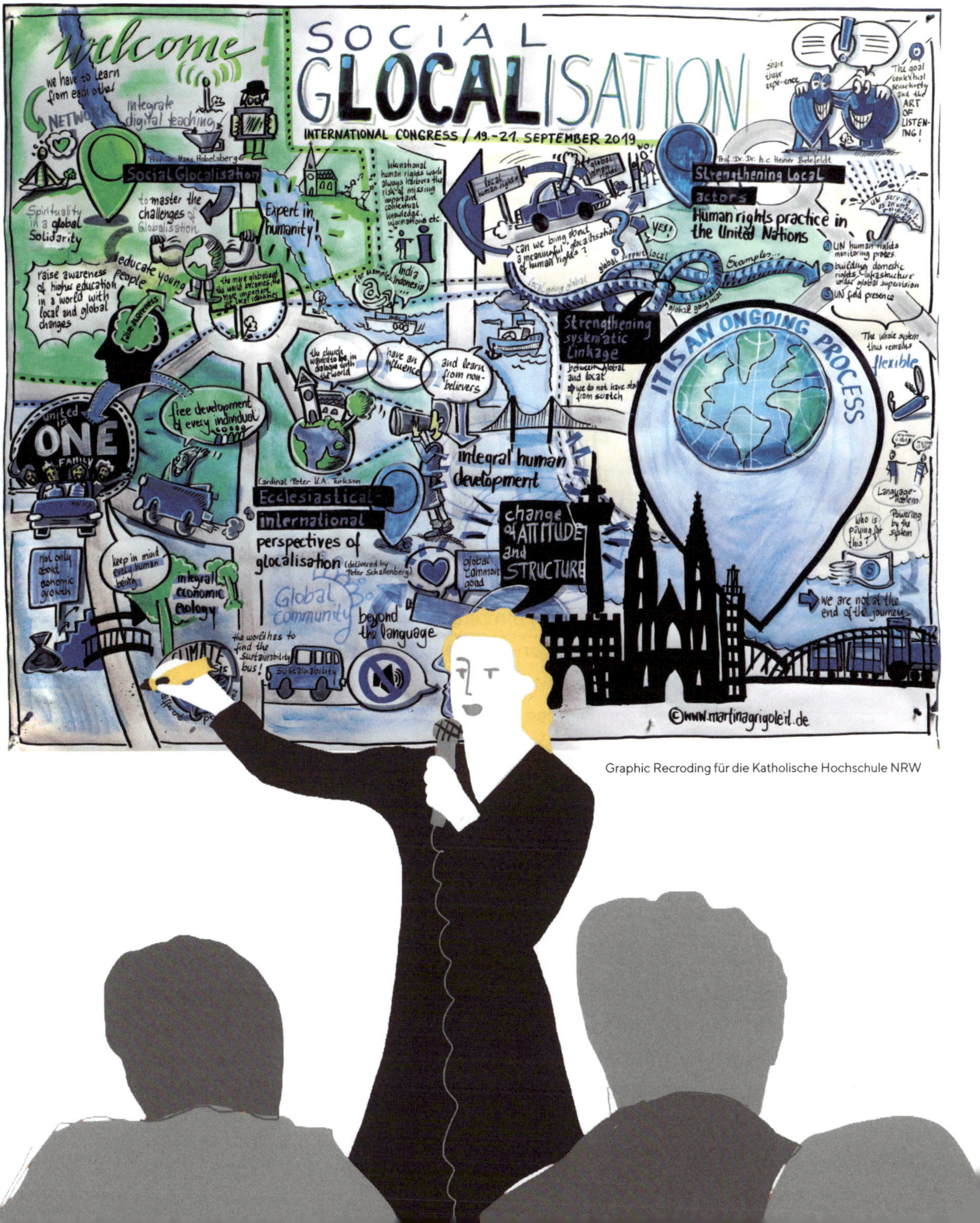

Graphic Recroding für die Katholische Hochschule NRW

Einfache Tipps für ein gelungenes Visual Facilitation

Hilfreich ist es, den Kunden darauf hinzuweisen, dass man zwar die Rolle des Facilitators/Moderators übernehmen kann, aber ein Graphic Recording unter diesen Umständen nicht die Qualität haben kann, wie ein Recording, auf das sich ein Graphic Recorder zu 100 Prozent konzentrieren kann. Eine Möglichkeit dabei ist, im Meeting nur Skizzen entstehen zu lassen und das Bild im Nachgang auszuarbeiten.

Wenn ich als Visual Facilitator arbeite, dann vereinbare ich zu Beginn mit der Gruppe einige Aspekte zur gelingenden Zusammenarbeit. Gerne sage ich an dieser Stelle, dass wir uns die Verantwortung für die Qualität teilen. Das bedeutet für mich und die Gruppe anzuerkennen, dass wir nur gemeinsam das bestmögliche Ergebnis erzielen können. Damit ist die Einladung, sich zu Wort zu melden und einen Beitrag zu leisten, für alle ausgesprochen. Hier ist auch der Raum, in dem alle das einbringen können, was ihnen für eine gute Zusammenarbeit wichtig ist.

Neben den **Vereinbarungen des Gelingens** sind Grundannahmen wichtig, die eine innere Haltung beschreiben und die ein wirkungsvolles gemeinsames Arbeiten ermöglichen und erleichtern. Mich haben dazu die Grundannahmen inspiriert, die ich durch das Facilitator Curriculum der Kommunikationslotsen verinnerlichen konnte. Besonders wichtig sind mir die folgenden vier:

- Das Wissen liegt in der Welt.
- Alle wollen Verantwortung übernehmen und etwas Sinnvolles tun.
- Jeder gibt immer sein Bestes.
- »There is a leader in every chair.«

Als Visual Facilitator schafft man den Rahmen, um einen Inhalt gemeinsam zu entwickeln. Man kann mit dem Stift Vorschläge machen und im wahrsten Sinne des Wortes Perspektiven aufzeichnen. Aber es geht niemals um »mein« Bild. Das heißt, es geht niemals darum, was ich gut finde. Sondern immer um das, was durch das Bild erreicht werden soll, »Wozu?« es das Bild gibt. Dafür sollte sich der Visual Facilitator in den Hintergrund stellen und dafür sorgen, dass andere die Lorbeeren bekommen.

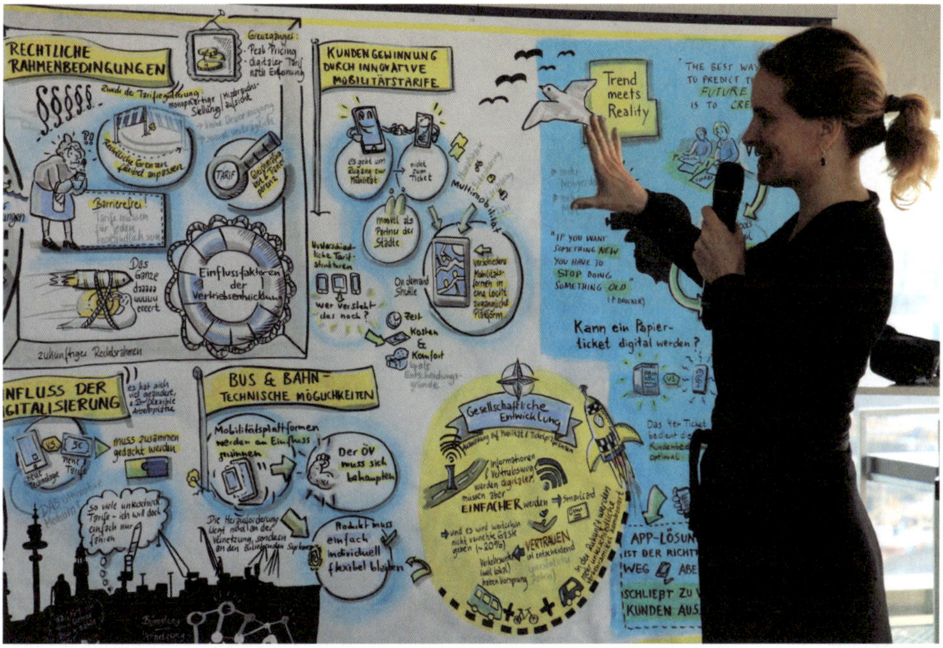

Visual Facilitation für die VDV Akademie im Auftrag für bikablo.

Ein klar formuliertes Ziel

Bei der Auftragsklärung ist es wichtig, gezielt nach dem angestrebten Ergebnis zu fragen. Der Auftraggeber muss hier natürlich noch nicht wissen, wie das Bild aussehen soll, aber er kann wissen, ob am Ende z.B. eine Zielvereinbarung angestrebt wird oder ob auch Emotionen abgebildet werden sollen/dürfen. Ein klar formuliertes Ziel ist das A und O. Am Anfang geht es darum, den Kontext, in dem das Bild entsteht und genutzt werden soll, genau zu hinterfragen. Das schützt vor falschen Erwartungshaltungen und möglichen Enttäuschungen auf allen Seiten.

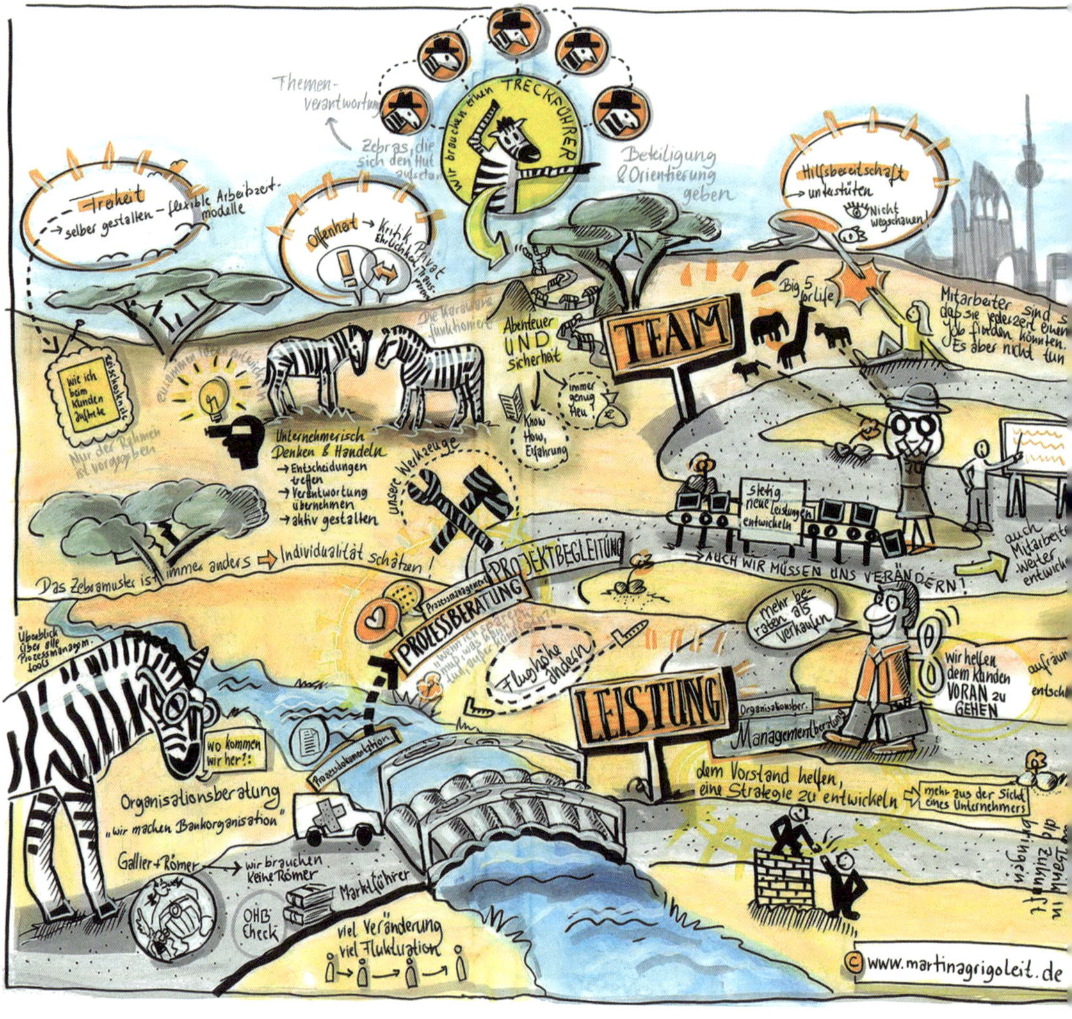

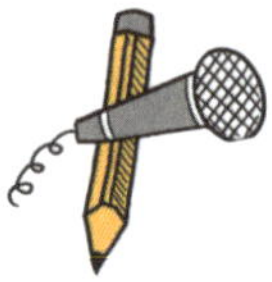

Ein Visual Facilitator ist dann gefragt, wenn die Gruppe durch einen Prozess durchgeführt werden möchte und eine Visualisierung dafür dienen soll, diesen Prozess sichtbar zu machen. Dabei kann am Ende, muss aber nicht, ein fertiges Bild entstehen.

Dieses Beispiel war am Ende des ganztägigen Workshops fertig.

Mit dem Kunden Procedera habe ich zusammen mit etwa 25 Mitarbeitern dieses Zielbild entwickelt.

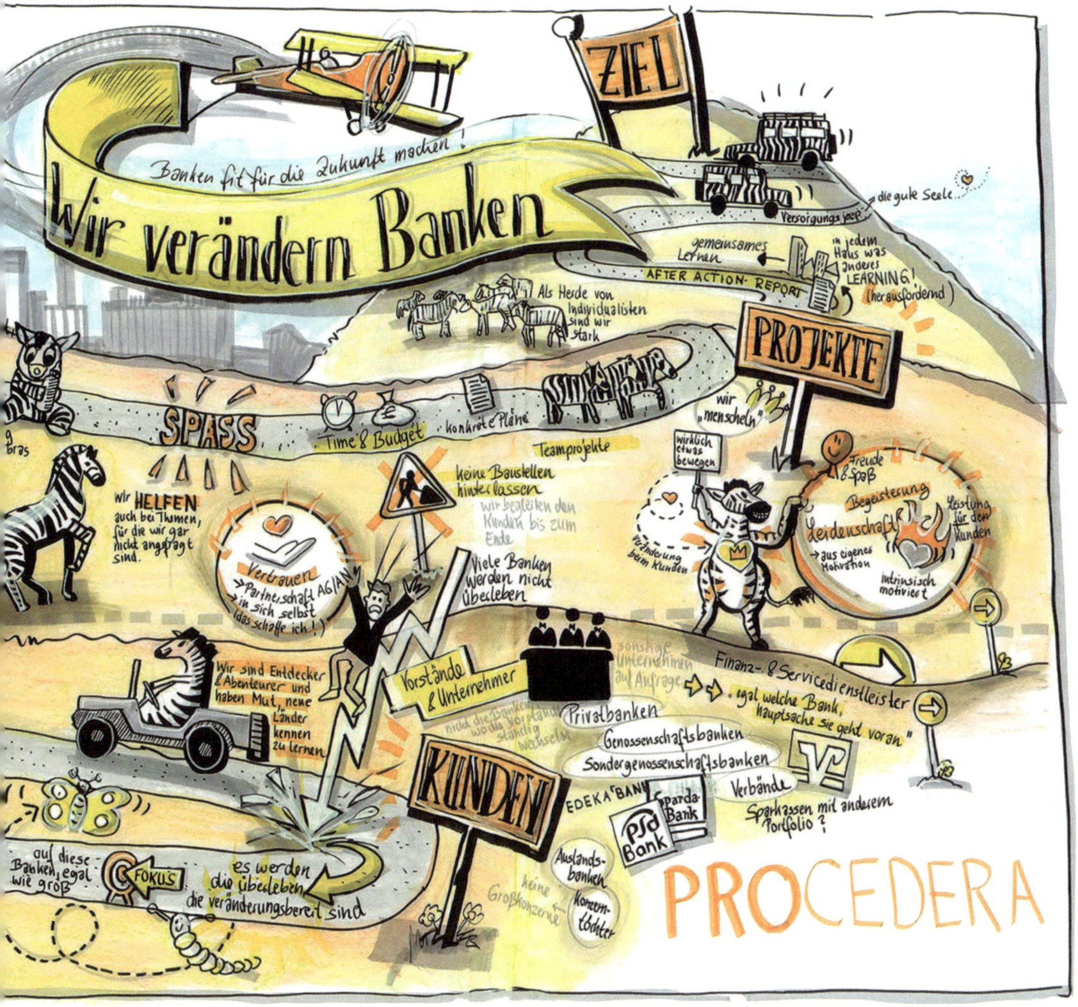

Neben einer sehr detaillierten Vorbereitung und Auftragsklärung war dieser Workshop eine Explosion der Kreativität. Durch gezielte Fragen konnte ich die Teilnehmer von der Ist-Situation (im Bild unten links) hin zum Ziel führen. Die Stationen, die auf dem Weg entstehen, sind unterteilt in Leistung, Kunden, Team und Projekte. Diese vier Unterthemen sind das, was in diesem Workshop erarbeitet wurde. Der Ist- Zustand, als auch das Ziel waren definiert.

Ein Beispiel aus der Praxis

Ich gehe gerne zu 100 Prozent vorbereitet in Meetings oder Workshops, wo ich zusammen mit der Gruppe ein Bild entwickeln möchte. Sehr häufig muss man seinen ursprünglichen Plan wieder verlassen und flexibel »mit dem Fluss« der Gruppe gehen und manchmal auch nicht.

In dem hier vorliegenden Beispiel habe ich gemeinsam mit dem Kunden ein Zielbild dazu entwickelt, wie die Arbeitswelt der Zukunft aussehen kann. Im Vorfeld wusste ich um die fünf Themenschwerpunkte: Mensch, Beschäftigungsformen, Technik, Flexibilität und Nachhaltigkeit. In das Meeting bin ich mit den folgenden drei Vorschlägen gegangen, getreu dem Motto: das oder etwas Besseres:

- Eine Landschaft, die aus fünf Bergen besteht, auf denen sich die jeweiligen Szenarien abspielen. Die Berge sind mit Wegen miteinander verbunden, stehen aber jeder für sich. Es gibt Berge, die stehen eher im Vordergrund und welche im Hintergrund. Der letzte Berg könnte das Ziel sein.
- Ein Schiff, welches fünf Einheiten, z.B. in Form von Decks, aufweist. In der Ferne ist ein klares Ziel zu erkennen.
- Mein dritter Vorschlag war ein Straßengebilde, das miteinander vernetzt ist und in der Mitte das Ziel als Verkehrsinsel erscheint, wo alle Straßen hinführen.

Nachdem eine Entscheidung getroffen worden war,
konnten wir uns den Inhalten dieser fünf Themenfelder zuwenden.

Gezeichnet habe ich dann das Bild in Atelierarbeit im Nachgang. Aber es ist toll, mit der Gruppe gemeinsam die wichtigsten Inhalte gemeinsam auszuarbeiten. Damit bekommt man für das Bild ein wesentlich besseres Gefühl, als wenn man von einer Person am Ende von diversen internen Meetings gebrieft wird und nur die Ergebnisse mitgeteilt bekommt.

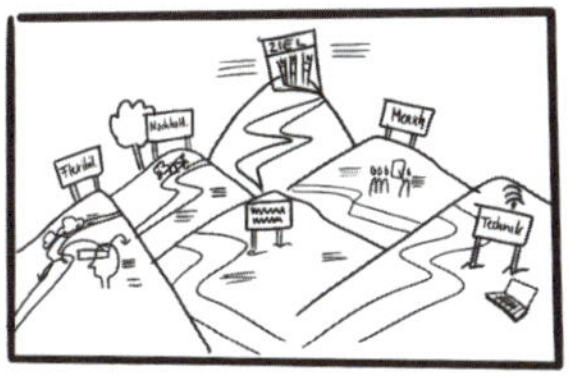

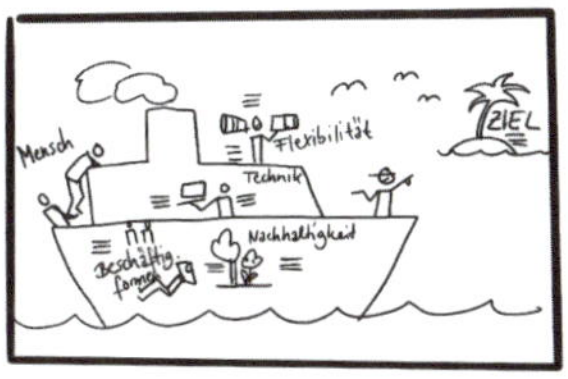

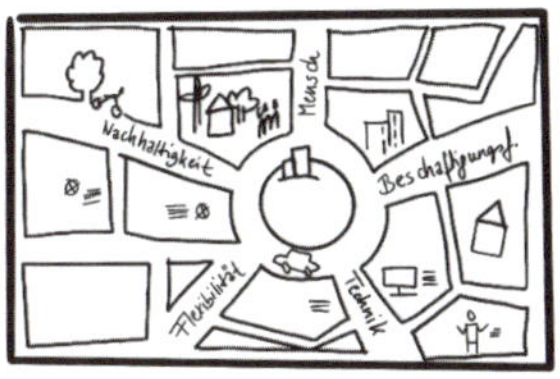

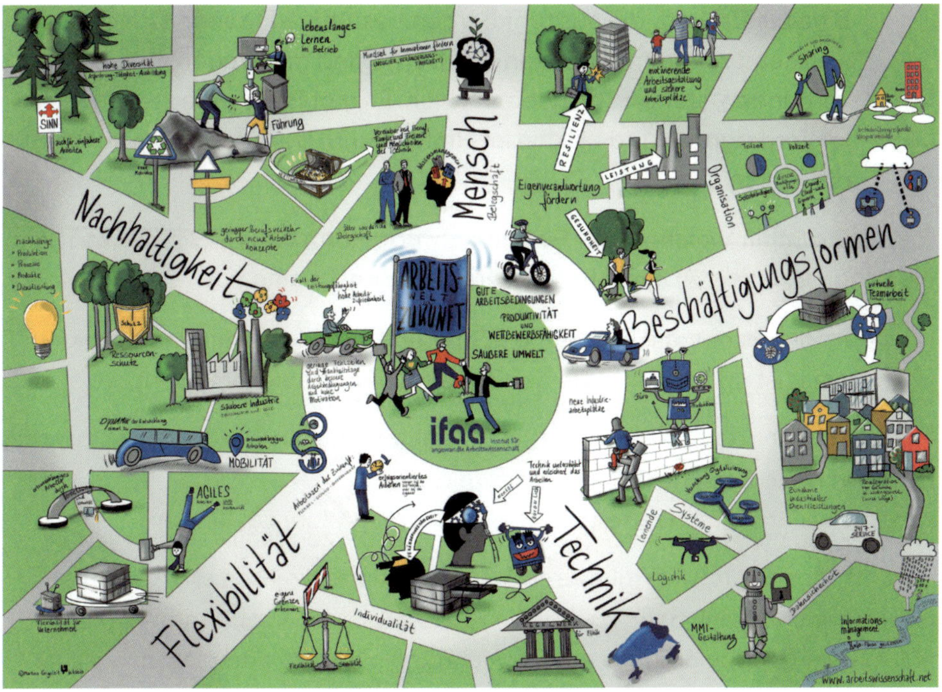

Zielbild für das Institut für angewandte Arbeitswissenschaft e. V. im Auftrag für bikablo.

6.2 Visual Storytelling

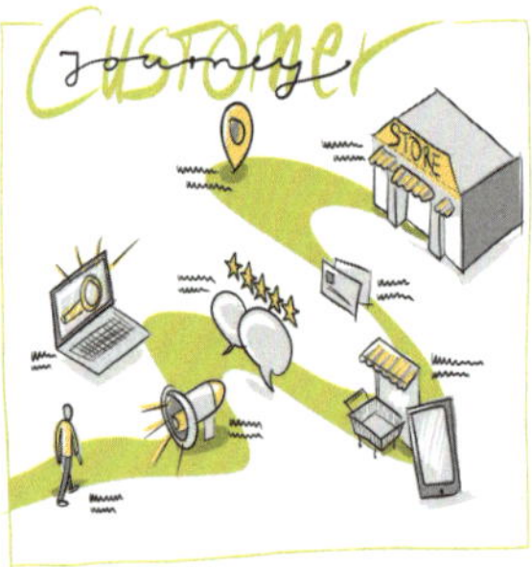

Ein Bild, das Mitarbeitern oder Kunden helfen kann, eine Strategie, Nachricht oder Geschichte besser zu verstehen und/oder zu kommunizieren. Die Prinzipien des Graphic Recordings können hier genutzt werden, um zum Beispiel ein Ziel-, Strategiebild oder Custumer Journey zu erklären.

Auch komplexe oder sehr trockene Themen können mithilfe dieses Bildes leichter erklärt werden und ein gemeinsames Verständnis, meist im Rahmen eines Change-Prozesses, schaffen.

Varianten des Visual Storytellings vor Ort:

Ein weiteres Format kann sein, das Storytelling schon sehr weit im Voraus zu planen und mit dem Kunden abzusprechen. Vor Ort wird dann das Bild zu Ende gezeichnet.

Dieses macht dann Sinn, wenn es sich entweder um ein sehr komplexes Thema handelt, was die Absprache vor Veranstaltungsbeginn notwendig macht.

Und/oder die Zeit für die Erstellung eines Gesamtbildes live nicht ausreicht.

Dies ist vor allem bei kurzen, knackigen Vorträgen oder Strategiebildern, die dafür gedacht sind, hinterher »fertig« zu sein und die als Anschauungsmaterial genutzt werden wollen, geeignet.

Häufig kann man hier auch ein digitales Bild einsetzen, weil es Absprachen vor dem eigentlichen Termin vereinfacht oder auch, um Korrekturschleifen im Nachgang einzuplanen.

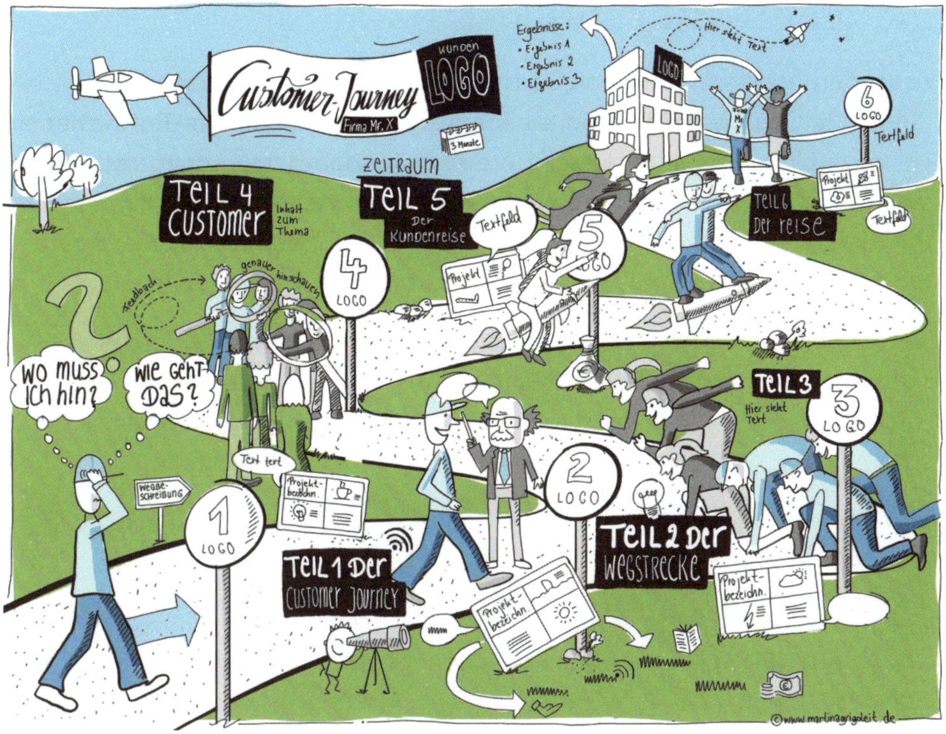

Dieses Beispiel ohne konkreten Text zeigt eine Strategie in Form einer fiktiven Customer Journey.

Oft sind Service- oder Produktangebote unübersichtlich und komplex geworden. Die Story zeigt, wo die Reise des Kunden mit einem großen Fragezeichen beginnt. Der Betrachter wird über mehrere Teilbereiche geführt, die der Kunde gehen kann. Auf einfache und plakative Art werden diese Stationen mithilfe von Bild und Text dargestellt. Am Ende seines Weges erreicht er ein klar definiertes Ziel.

Die einfache Darstellungsform mit der Reduktion auf das Wesentliche ist oft einfacher zu verstehen als geschriebene Erklärungen und schafft ein besseres Verständnis vom Sachverhalt.

6.3 Visualisierung im Coaching

Visualisierungen können einen Coachingprozess positiv unterstützen. Diese können für Coaches, Supervisoren, Team- oder Führungskräfte-Entwickler ein wirkungsvolles Hilfsmittel sein, um ihre Klienten dabei zu unterstützen, eigene Ziele zu formulieren, Handlungsmuster besser kennen zu lernen, Hindernisse oder Optionen zu erkunden, Entscheidungen vorzubereiten und Veränderungen in Gang zu setzen.

Gedanken und Gefühle können beispielsweise mit Hilfe von Bildern besser sichtbar gemacht werden und als unmittelbare Reflexionsfläche dienen. Unklares wird so schneller aufgedeckt und kann besser benannt werden.

Eine Einsatzmöglichkeit von vielen im Coachingprozess: Man kann visuelle Anker dann nutzen, wenn der Klient das Bild bereits verwendet.

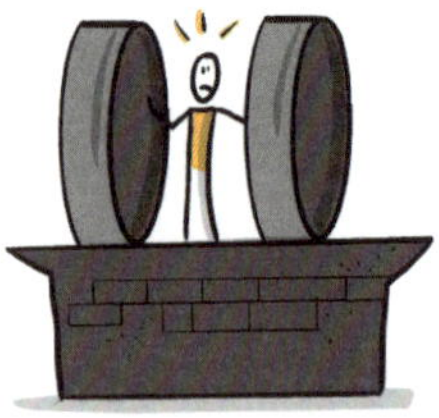

Klient: »Ich fühle mich wie zwischen zwei Mühlsteinen.«

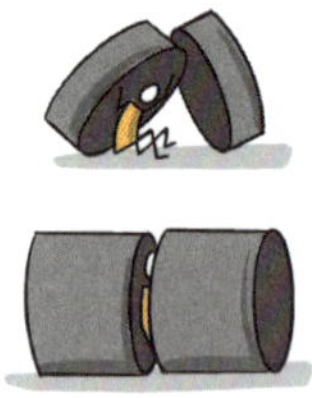

Coach: »Sieht es so aus? Oder so?«

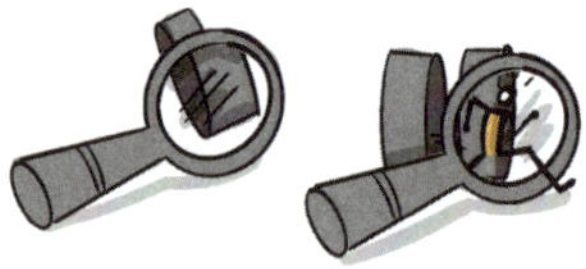

Mögliche Optionen zum vertieften Dialog:

Coach: »Sollen wir uns nun den Mühlstein anschauen? Oder wie man sich daraus befreit?«

Bilder können helfen, die eigenen Muster aufzudecken und oft sind es genau diese kleinen Illustrationen, die den größten Aha-Moment erzeugen, weil sie in die Tiefe gehen.

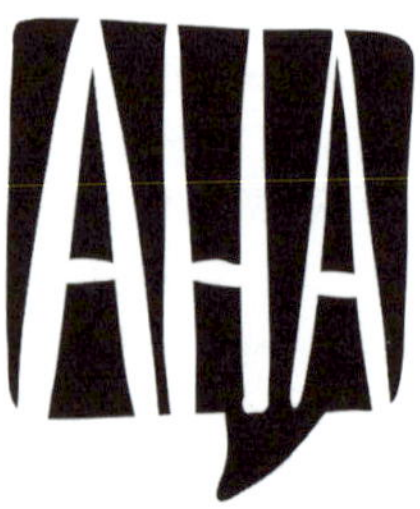

Visualisierung im Coaching mit Schwerpunkt Mediation

Visualisierungen können auch bei Konflikten oder Meinungsverschiedenheiten helfen. In der Regel wird ein Mediator oder Coach dann hinzugezogen, wenn sich die Fronten schon verhärtet haben und alles schon 20 Mal gesagt worden ist. Lediglich das Verständnis für die andere Seite fehlt.

Bevor es überhaupt losgeht, kann ein wertschätzendes Plakat, wo beispielsweise »Herzlich Willkommen« in einer schönen Schrift geschrieben ist, den Parteien die Anerkennung geben, die sie sicherlich verdienen, wenn sie den Weg bis hierhin gegangen sind. Denn alle kommen angestrengt in dieses Gespräch und keiner hat wirklich Lust dazu.

In erster Linie kann eine Visualisierung helfen, den Sachverhalt deutlicher werden zu lassen. Mithilfe von Text und Bild kann ein Überblick verschafft werden, wo wer steht. So ein erster Überblick kann Ruhe, Struktur und Orientierung vermitteln.

Im zweiten Schritt, wenn der Konflikt aufgedeckt wird und über die Dinge gesprochen wird, kommt es auf die genaue Formulierung an. Visualisierungen helfen hier vielleicht nicht immer weiter, weil Bilder zu stark sind und Emotionen auslösen können, wenn sie nicht zu 100 Prozent passen.

In der dritten Phase, in der darüber gesprochen wird, wie eine kreative Ideenfindungsphase aussehen kann, können Bilder hingegen wieder sehr nützlich sein. Denn auch ein falsches Bild kann einen auf die richtige Fährte bringen.

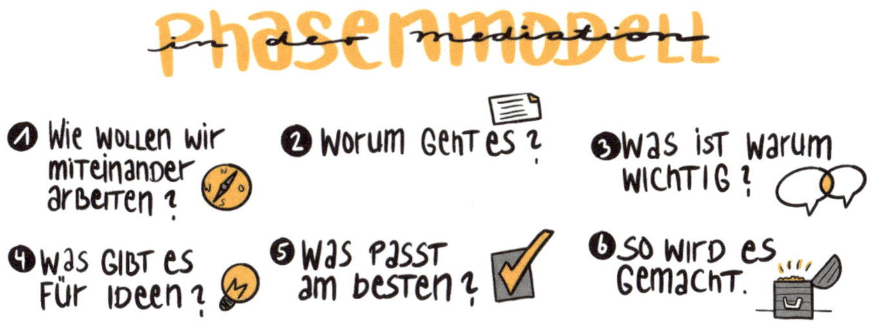

7 Besondere Ausprägungen des Graphic Recordings

7.1 Sketchnotes

Als Sketchnotes bezeichnet man visuelle Notizen. Sie bestehen aus einer Mischung aus Text und kleinen Bild-Icons, Zeichnungen und Elementen, die der Struktur und Lesbarkeit helfen, auch in Kombination mit Pfeilen, Rahmen oder Linien.

Am Ende hat man quasi »Notizen mit Mehrwert«. In der Regel werden Sketchnotes in kleinen Formaten (bis DIN A4) angefertigt.

Die Grenzen zu einem Graphic Recording gehen hier ineinander über und können nicht immer klar voneinander getrennt werden.

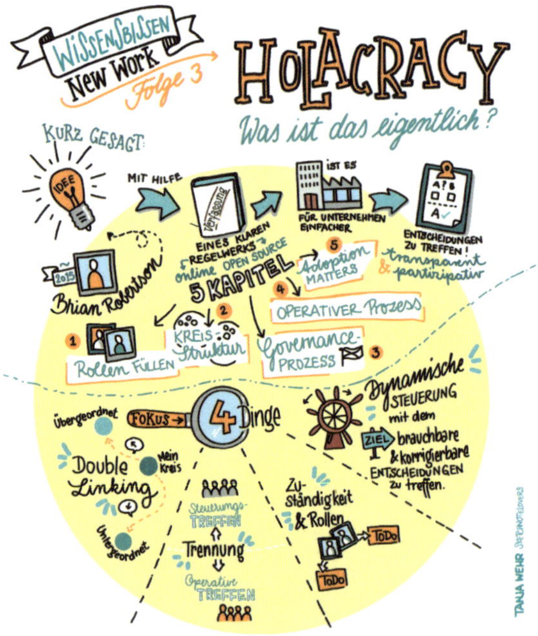

Sketchnote von Tanja Wehr

7.2 Generative Scribing

Generative Scribing ist eine Form der Live-Visualisierung, die den Bereich der nonverbalen Kommunikation mit einbezieht. Es ist eine Form der Visualisierung, die sich durch eine andere Art des Zuhörens unterscheidet und aus dem Kontext der Theory U. von Otto Scharmer kommt und von Kelvy Bird genutzt und gelehrt wird. Scharmer benennt vier Ebenen des Zuhörens: herunterladen, sachliches Zuhören, einfühlsames Zuhören und generatives (erzeugendes oder hervorbringendes) Zuhören. Generative Scribing bezieht, im Gegensatz zum reinen Graphic Recording, auch die letzten beiden Ebenen mit ein.

Obwohl es oft aussieht wie Kunst, ist es das nicht. Abstrakte visuelle Elemente werden intuitiv eingesetzt und durch wenige Wörter ergänzt, um den Bereich der Energien, Gefühle und der Beziehungen zwischen den Menschen sichtbar werden zu lassen.

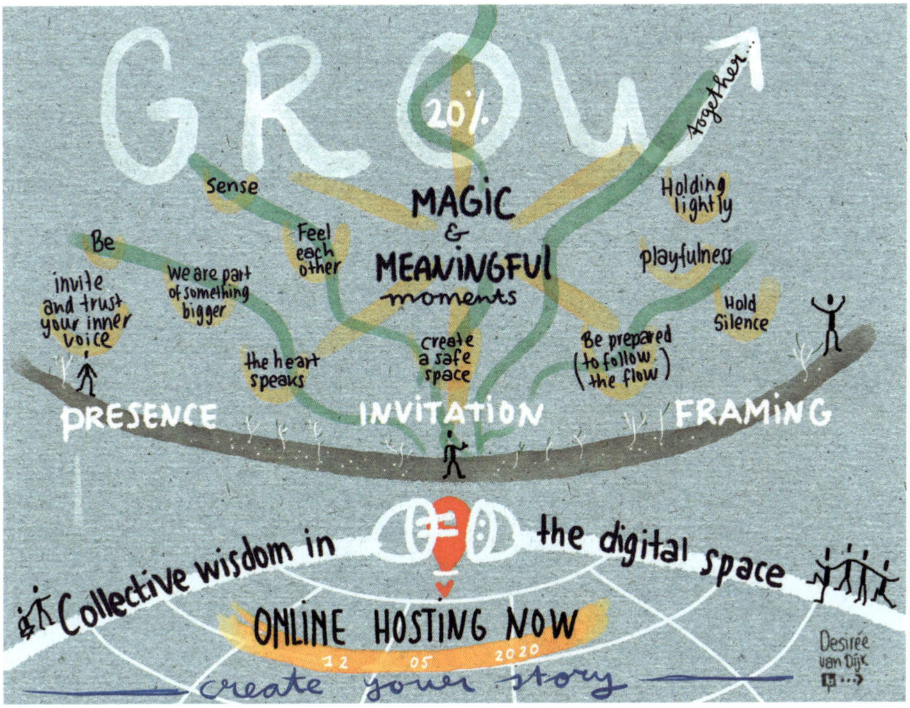

Generative Scribing von Desire van Dijk #onlinehostingnow/Kommunikationslotsen/im Auftrag für bikablo.

7.3 ShareNotes

Anders als in den vorher beschriebenen Methoden werden hier die Kernbotschaften auf einen A4-Bogen mitgezeichnet. Pro Botschaft entsteht ein Bild.

Vor Ort werden diese gezeichneten Hauptaussagen eingescannt und auf Postkarten ausgedruckt. Diese Karten (ShareNotes) liegen dann für die Teilnehmer der Konferenz zum Mitnehmen und Teilen bereit. So bleiben die wichtigsten Aussagen lange in Erinnerung und können sogar mit nach Hause genommen werden. Natürlich geht das auch während eines Online-Events, wo die Bilder direkt digital zum Teilen per E-Mail oder Social Media zur Verfügung gestellt werden können.

Diese Methode eignet sich gut bei großen Konferenzen, bei denen der Fokus auf den Keynote-Speakern liegt.

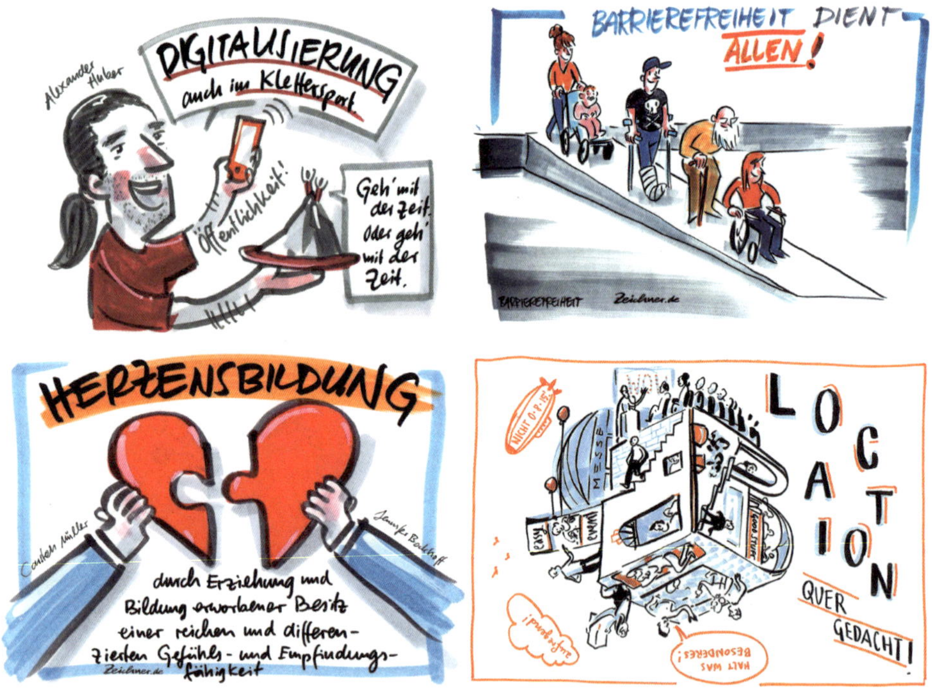

Zeichnungen von Andreas Gaertner, Marie Seeberger und Martin Markes / www.sharenotes.de

7.4 Eventzeichnungen

Eventzeichner setzen den Fokus auf die Menschen und das Geschehen. Anders als in all den vorangegangenen Formen der Live-Visualisierungen steht hier nicht zwangsläufig der Inhalt der Kommunikation im Vordergrund. Ein Eventzeichner wird z.B. auf Hochzeiten gebucht, um das besondere Erlebnis in einer ganz persönlichen Art festzuhalten. Auch hier bedient sich ein Eventzeichner oft der Schrift-Bild Kombination, um die Erinnerung an einen besonderen Moment wachzuhalten. Neben der Aufnahme in visueller Form von Reden oder Liedern kann ein Eventzeichner die Persönlichkeiten einfangen und durch seine Zeichnung eine Wiedererkennung mit den einzelnen Personen aufzeigen. Außerdem ist er in der Lage, Emotionen und Atmosphäre in seinen Bildern

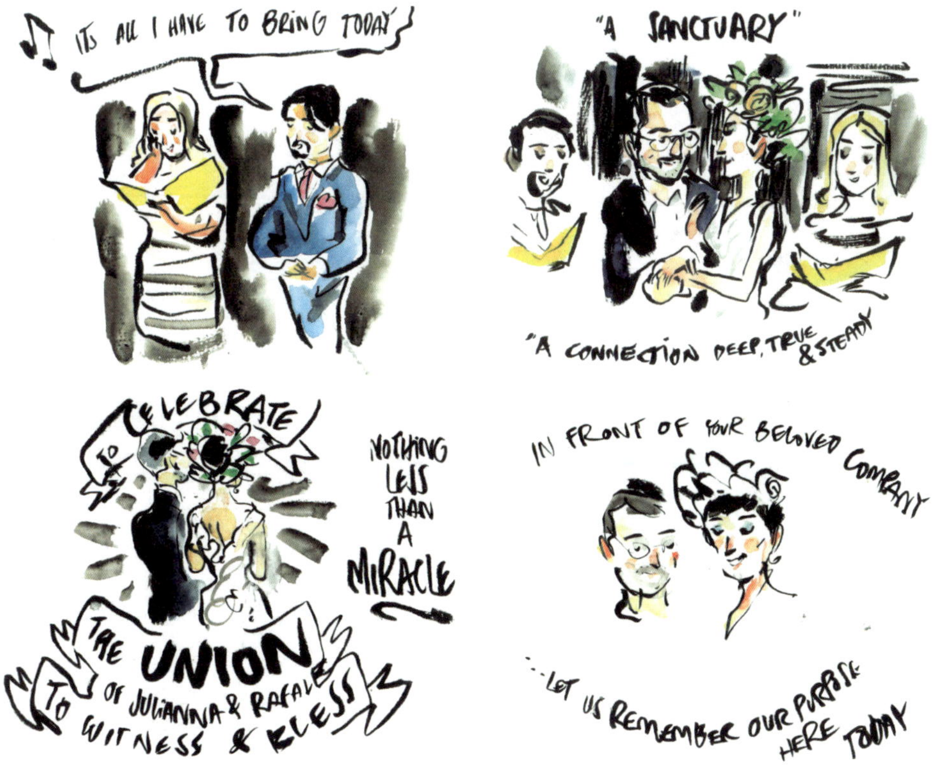

Zeichnungen von Till Laßmann / www.eventzeichner.de

7.5 Andere Stile

In diesem Buch habe ich nicht nur Arbeiten von mir, sondern immer wieder auch tolle Ergebnisse von Kollegen aufgezeigt. Anbei findest du noch weitere Stile von erfolgreichen Graphic Recordern.

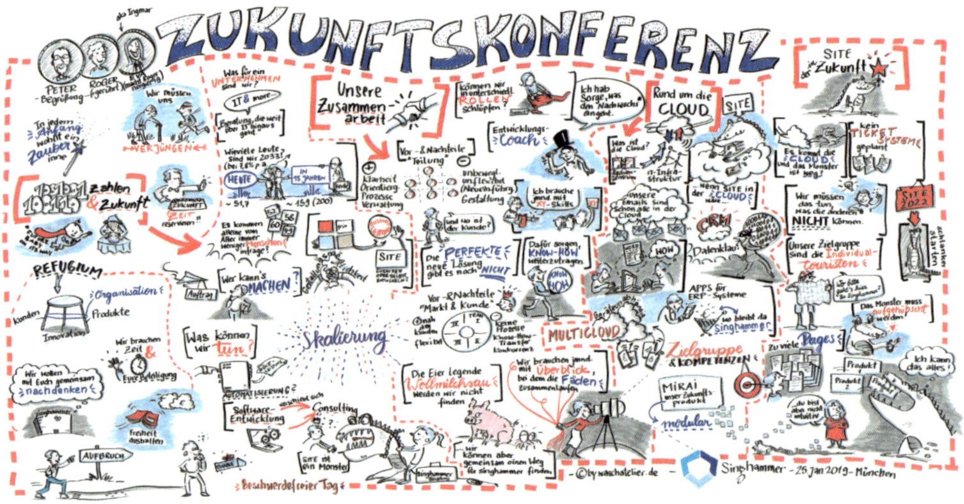

Heike Haas/waschatelier.de/Kunde: Singhammer

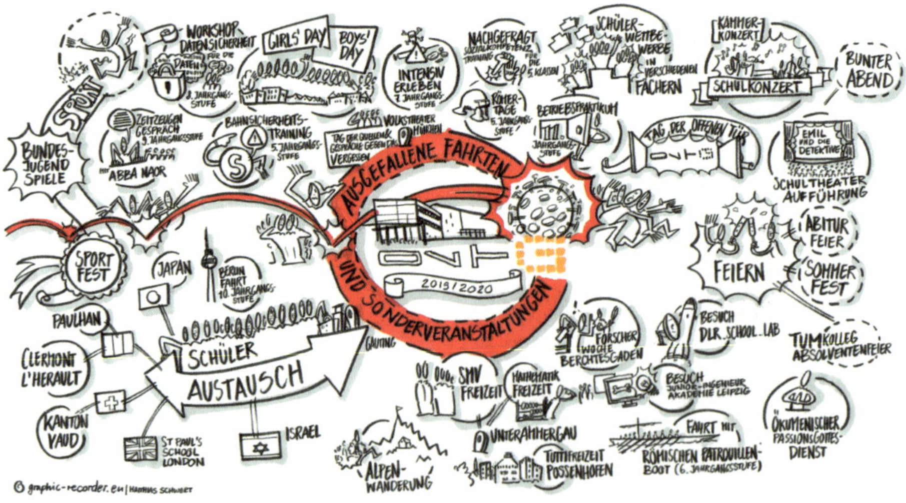

Matthias Schwert/www.graphic-recorder.eu

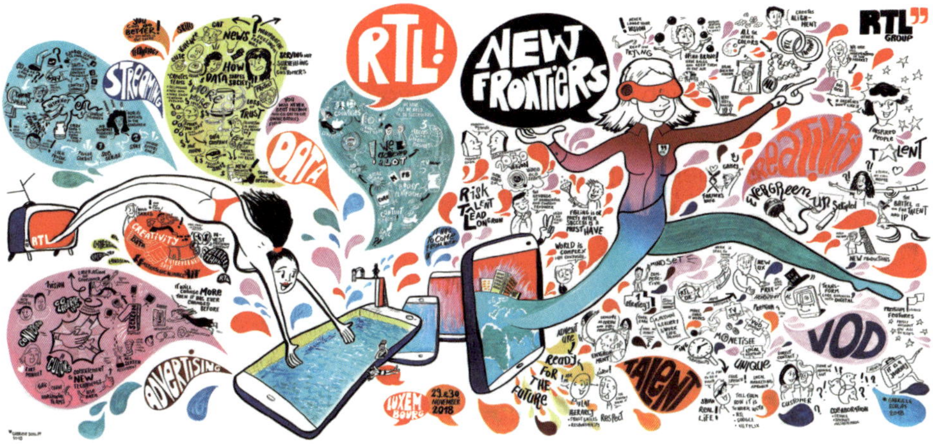

Gabriele Schlipf/www.momik.de

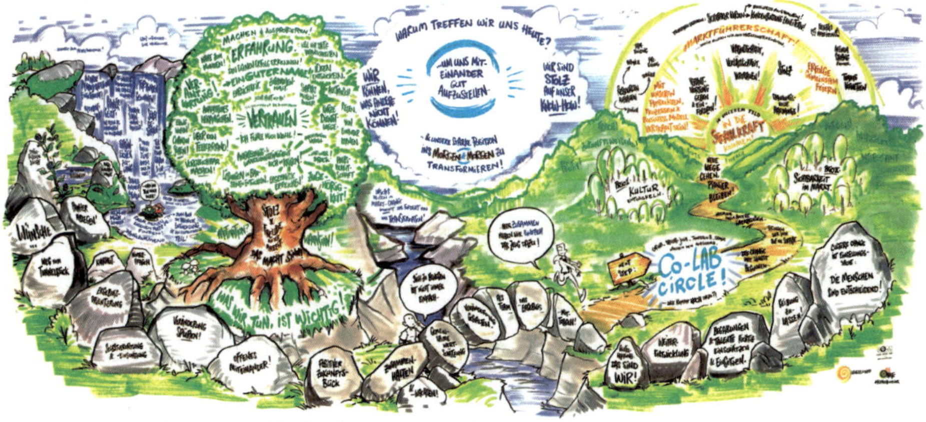

Malte von Tiesenhausen/www.thecore.global/Kunde: www.morgenundmorgen.com

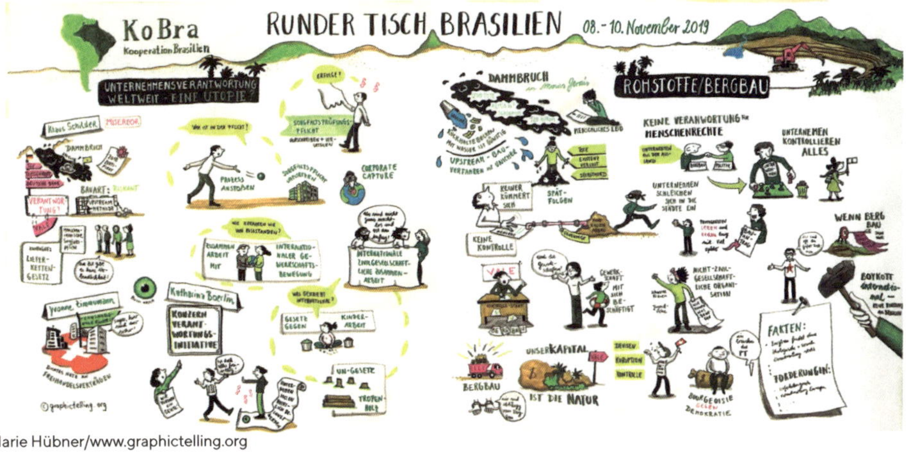

Marie Hübner/www.graphictelling.org

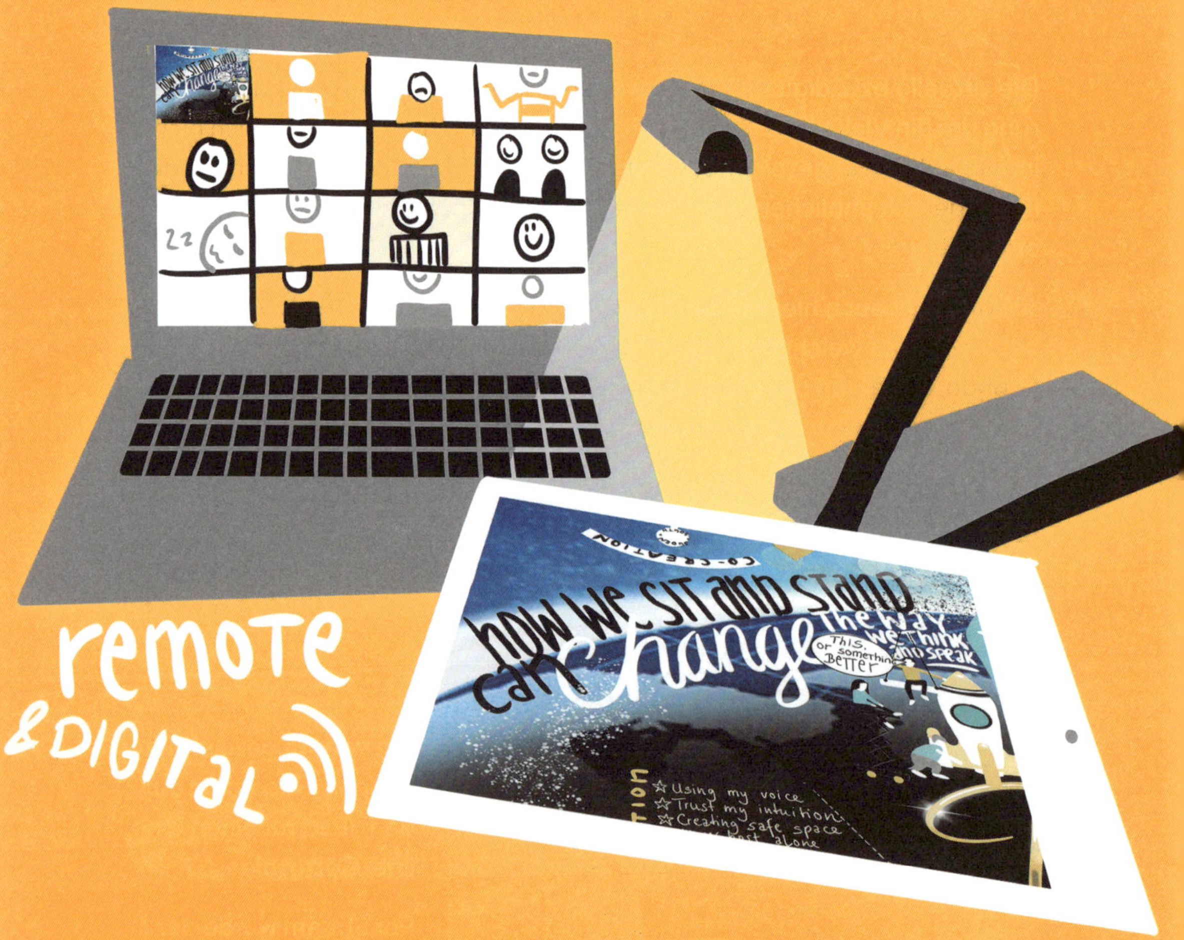

Das Gute an einer digitalen Bildbearbeitung ist, dass diese viel mehr Möglichkeiten der Gestaltung bietet. Man kann z.B. negativ arbeiten oder auch mit Fotos. Außerdem ermöglicht es einem, schnell Dinge durchzupausen, indem man Fotos in den Hintergrund legt und dann wieder löscht.

8 Live-Visualisierung in der virtuellen Welt

Die virtuelle bzw. digitale Welt erweitert das Spektrum der Live-Visualisierung um ein Vielfaches. Graphic Recordings vor Ort müssen natürlich nicht immer auf Papier gezeichnet werden. Sie können genauso gut auch auf dem iPad oder mit ähnlichen technischen Hilfsmitteln, wie z.B. dem Surface Hub, entstehen.

»Wozu?« ist auch hier wieder die wichtigste Frage. Nicht ich als Visualisierer bestimme, auf welchem Medium ich zeichne, sondern der Prozess. Es gibt Gründe, die lassen das Medium des Papiers als sinnvoll erscheinen und wiederum andere Gründe sprechen für das iPad mit und ohne Live-Übertragung.

Verstärkt in der Corona-Zeit wurde das Feld des Remote-Recordings mehr und mehr ausgebaut und Konferenzen, Meetings und Workshops können auch aus der Ferne mitgezeichnet werden. Egal, ob auf einem technischen Gerät, wie dem iPad, auf Papier an der Wand oder Papier auf dem Tisch mit einer Dokumentenkamera.

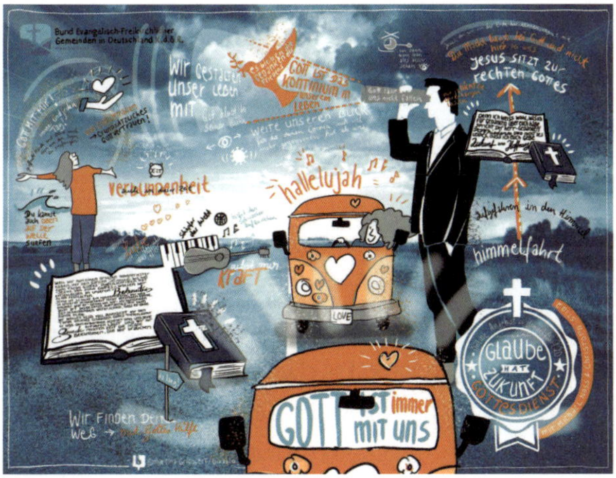

Remote Graphic Recording für den Bund Evangelisch-Freikirchlicher Gemeinden in Deutschland K.d.ö.R. im Auftrag für bikablo.

Ein remote gezeichnetes Graphic Recording auf dem iPad für einen Online-Gottesdienst.

Per Stream wurde der Entstehungsprozess live übertragen und die fertigen Bilder am Ende den Teilnehmern per Download zur Verfügung gestellt.

8.1 Digitales Graphic Recording auf dem iPad oder Surface Hub

Natürlich kann man alle Bilder analog auf Papier zeichnen oder auch digital. Welche Form man wählt, hängt mal wieder von der Frage »Wozu?« ab.

Bei sehr großen Konferenzen mit vielen Teilnehmern kann beispielsweise ein digitales Recording sinnvoll sein. Und zwar dann, wenn die hohe Anzahl der Teilnehmer parallel zum Geschehen das Bild mithilfe eines Beamers mitverfolgen sollen. Das ist bei einer Graphic Wall oder bei Papier auf der Wand nur begrenzt möglich.

Sinnvoll wäre es außerdem, wenn auf jeden Fall Korrekturstufen eingeplant sein sollen oder wenn es gar nicht gewünscht ist, dass die Teilnehmer während des Prozesses auf das Bild sehen können.

Ich zeichne in diesen Fällen mit der App Procreate und habe für alle Fälle immer einen zweiten Stift zur Sicherheit dabei.

Ein weiteres Argument könnte sein, dass die Technik selbst im Vordergrund stehen soll als Zeichen für Innovationsbereitschaft oder ähnliches. Oder wenn man von Apple oder Microsoft direkt gebucht ist. Der Surface Hub von Microsoft beispielsweise bietet tolle Möglichkeiten eines Graphic Recordings. Hier ist es auf jeden Fall sinnvoll, sich entweder vollkommen in diese Technik hineinzuarbeiten oder die Verantwortung für die Technik an den Kunden zurückzugeben.

Ich habe mir bei der Partnerkonferenz von Microsoft Hilfe bei jemandem geholt, der sich mit der Hardware auskennt und vor allem das Thema des Speicherns beherrscht. Denn dieses Gerät ist normalerweise nicht zum Speichern geeignet, sondern nur zum Präsentieren. Die Software habe ich mir vorher angeeignet.

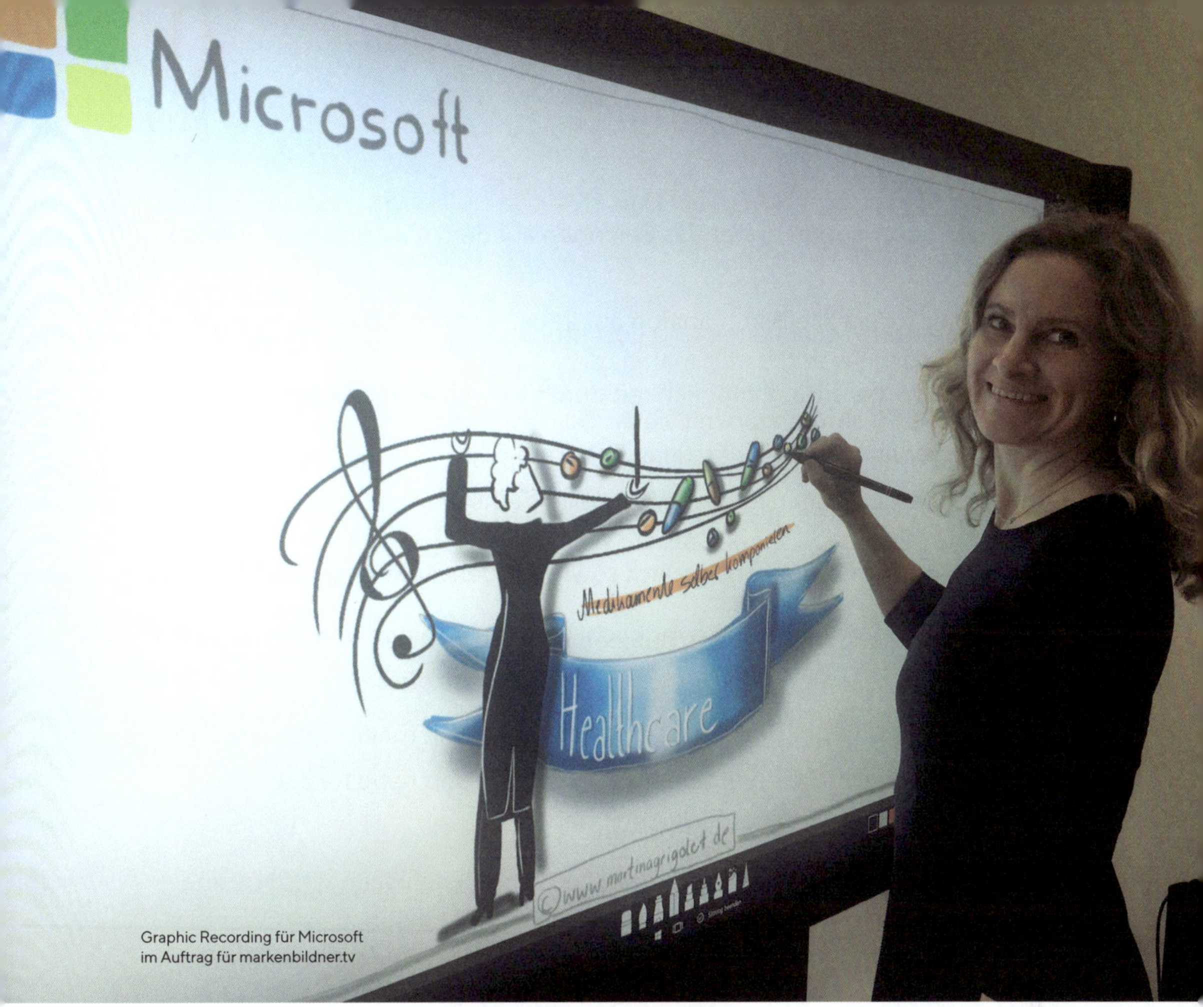

Graphic Recording für Microsoft
im Auftrag für markenbildner.tv

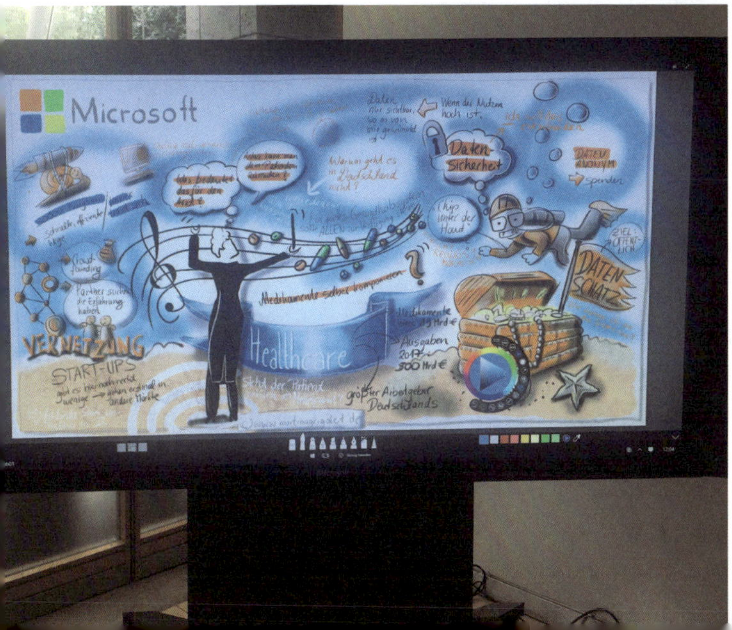

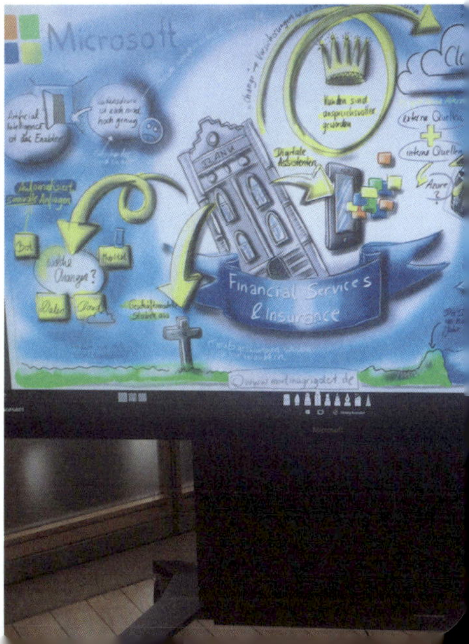

Arbeiten mit dem iPad

Wie bereits beschrieben bietet das Zeichnen auf dem iPad diverse Vorteile:

- Korrekturmöglichkeiten und Löschfunktion
- Gute Vorbereitungsmöglichkeit durch teilweises Vorzeichnen
- Kombinationsmöglichkeit von Foto und Bild
- Google ist immer gleich zur Hand
- Variierbare Formate insgesamt sowie Größenvariationen der Elemente
- Dopplungen sind einfach möglich (z.B. den Rahmen und das Logo auf Folgeseiten übertragen)
- Übertragung per Beamer ist möglich und damit für eine größere Teilnehmeranzahl sichtbar
- Denken und Zeichnen in Ebenen
- Negativ arbeiten (weißer Text/Bild auf Dunkel) ist einfacher
- Spezialeffekte, wie Sprenkel oder Lichtreflexe, sind besser umzusetzen
- Das Bild muss für die Dokumentation nicht digitalisiert werden
- Einfacher Transport
- Man kann im Sitzen arbeiten

Jedoch: In einer immer schneller und komplexer werdenden Welt ist die Sehnsucht manchmal groß nach Einfachheit und Haptik, was ein Graphic Recording auf Papier bietet. Meine Erfahrung ist: je technischer das Umfeld, desto größer der Wunsch nach Papier und Stift. Durch die vielen Möglichkeiten, die das iPad bietet, kann es passieren, dass man sich im Zeichnen »verfriemelt«. Mir kann es zumindest passieren.

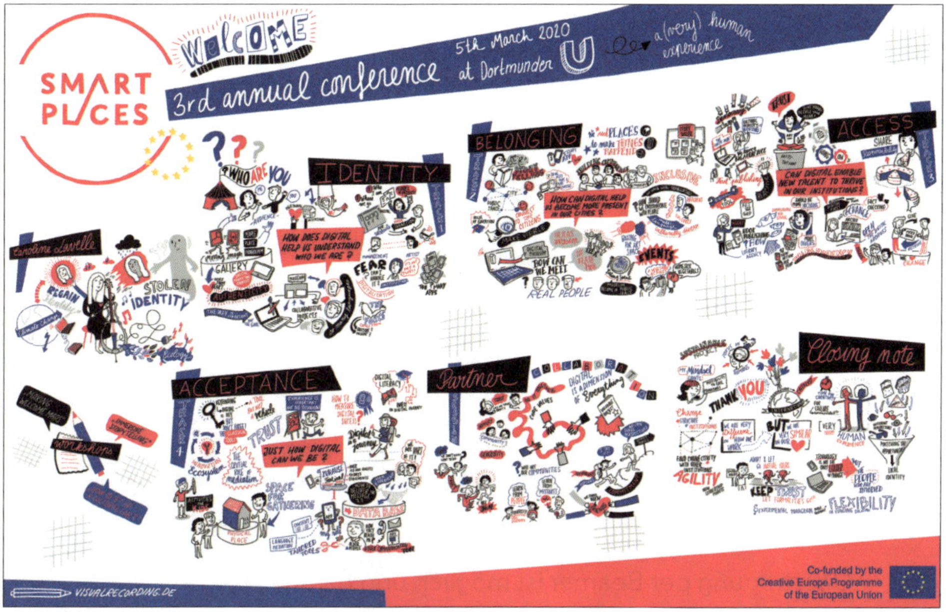

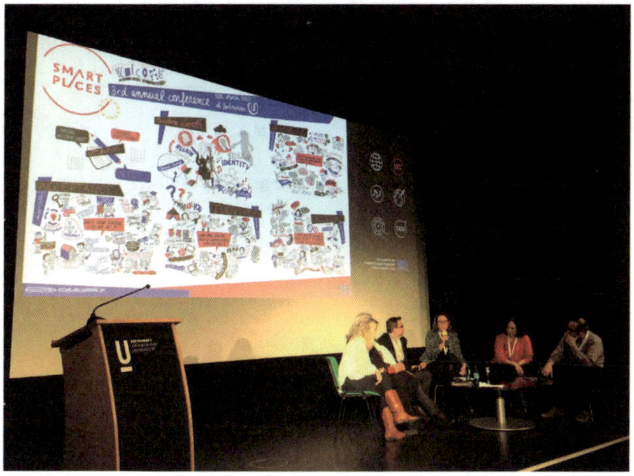

Graphic Recording auf dem iPad von Marie Jacobi / www.visualrecording.de für eine Konferenz von Smartplaces.

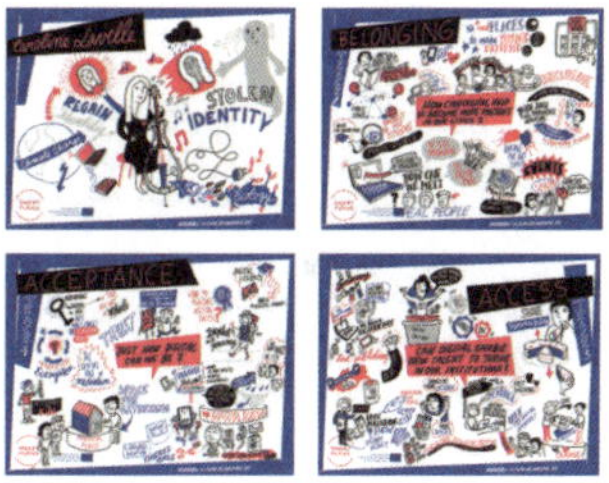

In einigen Konferenzformaten macht es Sinn, das Recording groß über einen Beamer zu präsentieren. Zum Beispiel bei einem sehr großen Publikum. Dann haben mehr Menschen die Chance, das Entstehen des Bildes zu verfolgen.

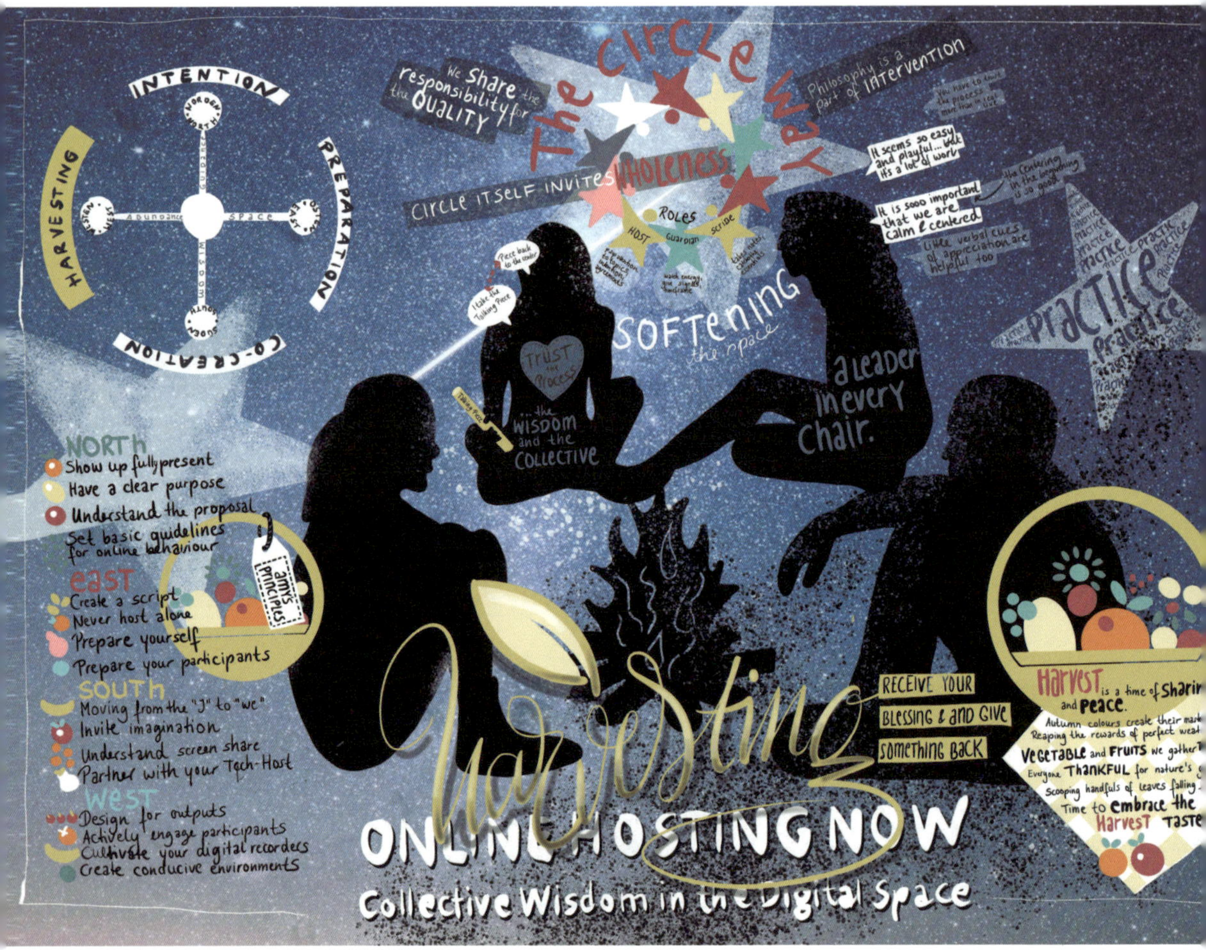

Digitales Graphic Recording für #onlinehostingnow/Kommunikationslotsen/im Auftrag für bikablo.

Ein digitales Graphic Recording auf dem iPad bietet für den Visualisierer noch mehr Gestaltungsmöglichkeiten als eine Papierwand (mehr Möglichkeiten sind nicht immer ein Vorteil!).

Viele Zeichenprogramme bieten die Möglichkeit, Fotos zu hinterlegen, durchzuzeichnen, in Ebenen zu arbeiten, die Größe zu verändern, zu kopieren, zu löschen oder mit der Deckkraft zu variieren.

Gerade diese diversen Möglichkeiten lassen die digitalen Graphic Recordings so unterschiedlich aussehen.

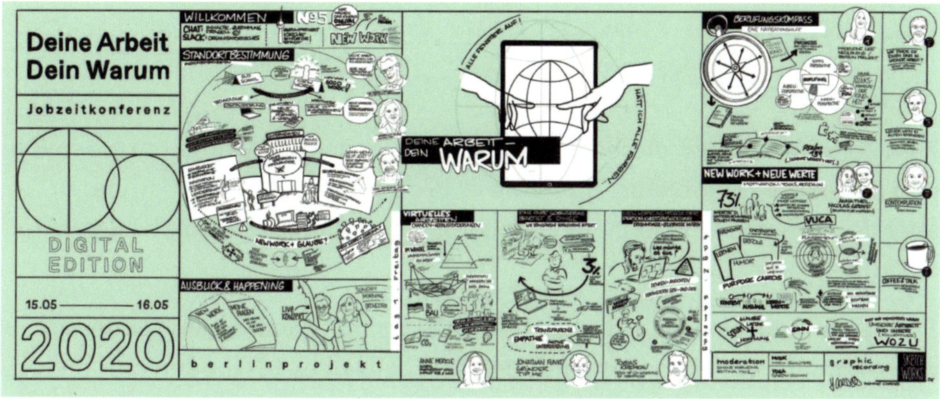

Digitales Graphic Recording von Yasmine Cordes/sketchworks.de

Ich habe in dem digitalen Graphic Recording links mit den Ebenen gespielt, ich habe viel vor- und hintereinander gesetzt und dadurch Tiefe entstehen lassen.

Die Zeichnungen selbst sind flächig und beinhalten lediglich die Form des Darzustellenden. Typographisch habe ich hier ziemlich viele Varianten integriert.
Dauer des Recordings: drei Stunden.

Yasmine hat im obigen Bild das digitale Medium genutzt, um exakte Element wie Kreise, Flächen und Linien reinzubringen. Diese wiederkehrenden Formen, der klare Bildaufbau und auch die Reduktion auf eine Farbe plus Schwarz und Weiß, lässt das Layout aufgeräumt erscheinen.
Dauer des Recordings: ein Tag.

Welche Form der digitalen Visualisierung man wählt
hängt wieder einmal mit der Frage nach dem »Wozu?« ab.

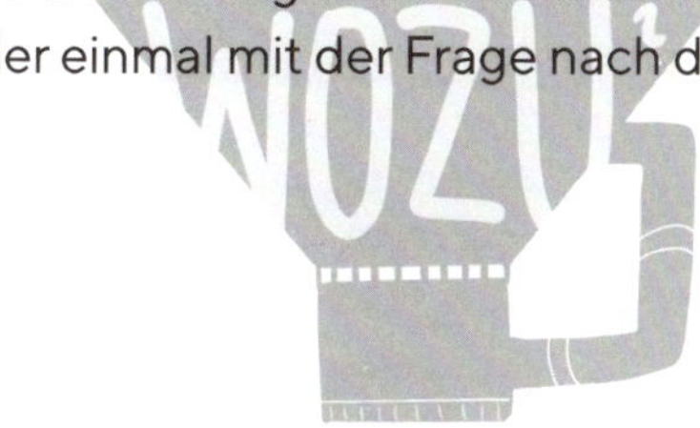

Der Inhalt sollte die Form bestimmen.

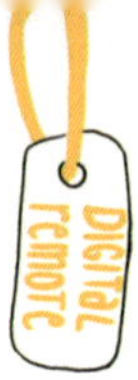

8.2 Remote Recording bei Online-Konferenzen

Zum Zeitpunkt, als ich dieses Buch schrieb, zwang uns ein Virus, umzudenken und Neues auszuprobieren. So wurde es in dieser Zeit zwar nicht erfunden, aber doch deutlich forciert: das visuelle Dokumentieren per Graphic Recording über das Internet.

Es ist sehr wahrscheinlich, dass sich diese Form der Visualisierung in den nächsten Jahren stärker verbreitet und sich ganz neue Methoden und Techniken daraus entwickeln. Zum jetzigen Zeitpunkt habe ich das Medium des iPads und der Dokumentenkamera gewählt und alles per Zoom, Google Meet oder MS Teams übertragen.

Es gibt darüber hinaus natürlich noch die Möglichkeit eines Recordings auf großformatigem Papier, das man mit einer Kamera aufnimmt, sowie weiterführende virtuelle Räume wie Mural oder Miro.

Bei Online-Konferenzen ist für mich die Vorbereitung noch wichtiger als bei einer Präsenzveranstaltung, sowohl inhaltlich als auch technisch.

Außerdem sollte im Vorfeld geklärt sein, wie die Teilnehmenden der Konferenz das Recording mitverfolgen können. In einer Präsenzveranstaltung trifft man sich in der Pause vor der Graphic Wall des Visualisierers. Dort entstehen oft die besten neuen Gedanken. Mit dem Kunden gilt es zu klären: Lässt sich dieses Erlebnis in den digitalen Raum verlagern, und wenn ja, wie?

Ein Plan B sollte man auf jeden Fall in der Hinterhand haben, um Technikausfällen begegnen zu können. Jede genutzte App, jedes System muss eine Alternative haben, zu der man schnell »umswitchen« kann.

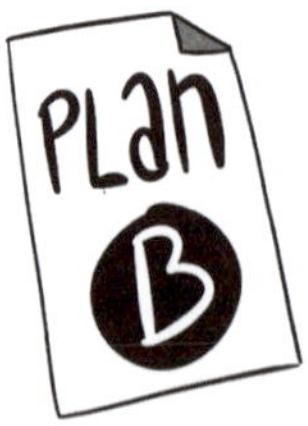

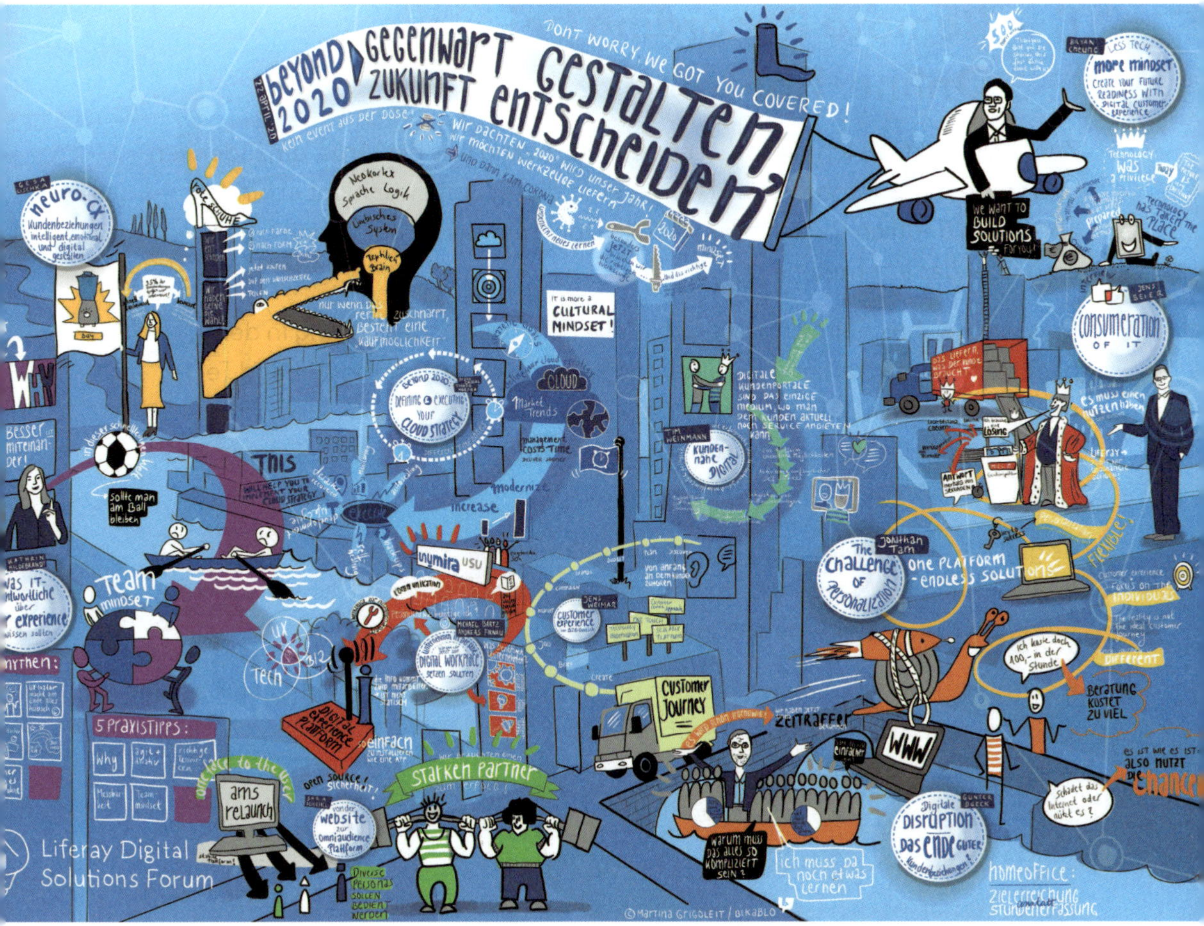

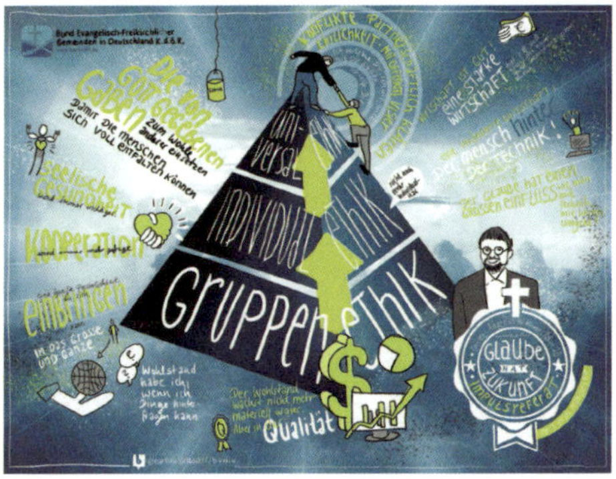

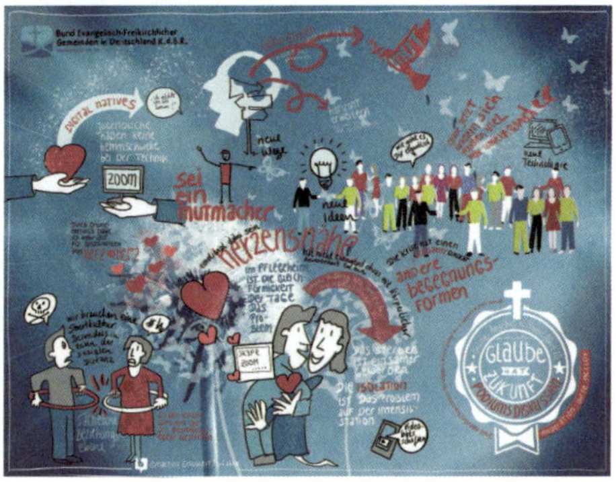

Bild oben: Remote Graphic Recording für den Kunden Liferay für eine Online-Konferenz im Auftag für bikablo.
Bilder unten: Remote Graphic Recording für einen Vortrag und Diskussionsrunde vom Bund Evangelisch-Freikirchlicher Gemeinden in Deutschland K.d.ö.R. im Auftrag für bikablo.

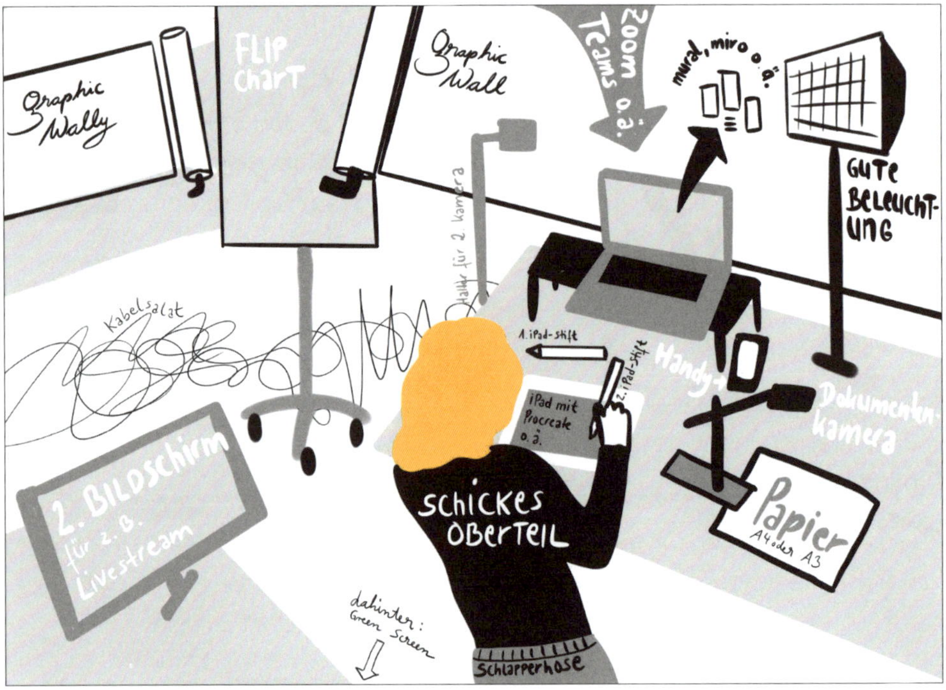

Seitdem immer mehr Workshops und Konferenzen remote durchgeführt werden, wächst die Anzahl der Möglichkeiten, wie man diese visuell begleiten kann, fast täglich. Diverse Papiermöglichkeiten auf den unterschiedlichsten Größenformaten sind in Verbindung mit guter Beleuchtung und Kameras eine Variante. Eine weitere Variante ist das digitale Arbeiten am Rechner oder auf dem iPad und das wiederum mit den unterschiedlichsten Programmen. Außerdem gibt es viele Online-Plattformen und diverse virtuelle Räume und Pinnwände. Alle haben sie ihre Vor- und Nachteile und im Moment probieren viele Graphic Recorder die unterschiedlichsten Varianten aus.

Wenn du das Handwerk des Graphic Recordings, die Soft Skills und die in diesem Buch beschriebenen Grundlagen aus dem Werkzeugkoffer beherrschst, ist die Wahl der jeweiligen Variante oder Technik nur zweitrangig und lediglich ein Mittel zum Zweck.

8.3 Remote Visual Facilitation bei Workshops und Meetings

Auch Visual Facilitation funktioniert remote. Dafür bedarf es natürlich aller Skills, die ein Visual Facilitator auch analog haben sollte, plus das Wissen, wie man Gruppenarbeit auch online zielführend und freudvoll durchführen kann.

Der Vorteil, wenn man den Stift in der Hand hält, ist es, dass es alleine durch das Entstehen von Bildern schon leichter und freudvoller wird, als wenn man beispielsweise Excel-Tabellen ausfüllt.

Ich habe für diese virtuelle Variante das iPad, Flipcharts und/oder die Dokumentenkamera genutzt und mich einem der wichtigsten Grundprinzipien des Online Hostings bedient: Never host alone.

Es ist einfach unmöglich, gleichzeitig dem Gespräch der Gruppe zu folgen, zieldienliche Fragen zu stellen, den Prozess zu führen, die Zeit im Blick sowie den Gesamtprozess im Hinterkopf zu haben und den Chat zu lesen.

Wenn man wirklich ein gutes Ergebnis abliefern möchte, sollte man diesen Prozess auf jeden Fall zu zweit, wenn nicht sogar zu dritt durchführen und sich die Verantwortlichkeiten teilen.

Ich persönlich sehe da meinen Schwerpunkt in der Visualisierung und alles andere kommt danach. Je einfacher die Technik ist, die ich zu bedienen habe, desto mehr kann ich den Prozess auch steuern. Sprich: Wenn ich aktiv in den Prozess mit eingebunden bin, bevorzuge ich Papier, zwei Stifte und die Dokumentenkamera. Das iPad mit seinen hundert Möglichkeiten (angefangen von Ebenen und diversen Stiftspitzen bis hin zu Farben und Deckkraft) hat mir in diesem Prozess noch nicht weitergeholfen und ist nur etwas, was ich im Nachgang oder in der Vorbereitung nutzen würde.

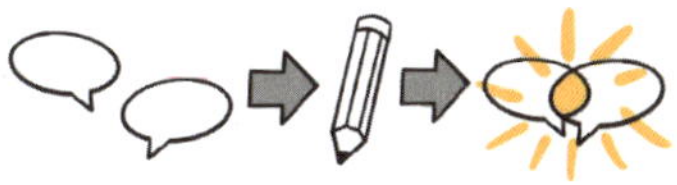

8.4 Remote Recording mit der Dokumentenkamera

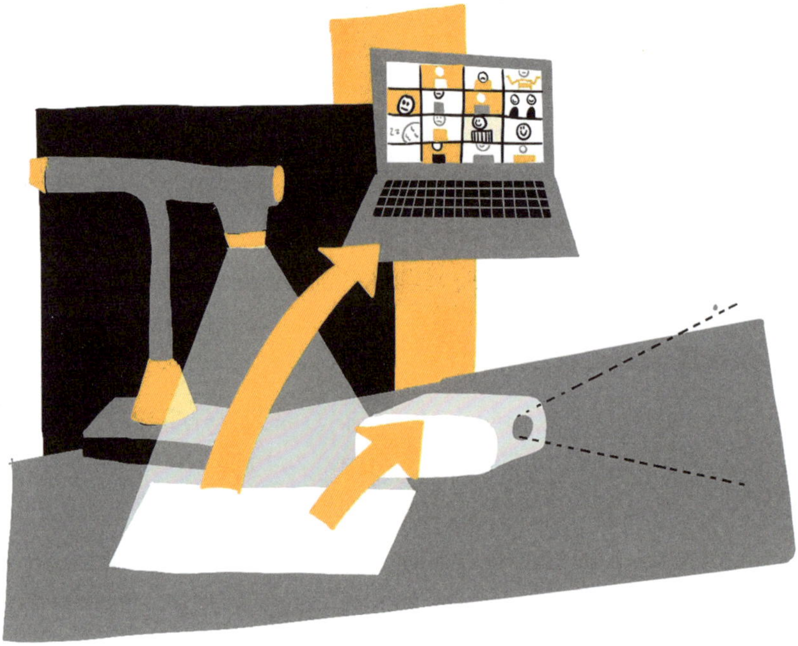

Visualisierungen auf einem Papierformat auf etwa A4 unter einer Dokumentenkamera ist, wie ich finde, eine extrem entspannte Art, einen Prozess zu visualisieren. Wie gerade schon erwähnt, bietet das iPad so viele Möglichkeiten, die nicht immer von Vorteil sind bei einer Live-Visualisierung. Manchmal ist weniger einfach mehr. Auch vor Ort kann man mit der Dokumentenkamera prima arbeiten, indem man das Bild mithilfe eines Beamers an die Wand projiziert und somit die Entstehung des gestalteten Gesamtprozesses für jedermann sichtbar ist.

Außerdem bietet die Dokumentenkamera noch die Möglichkeit, vorbereitete Bilder mit einzubeziehen. Was vor den Augen des Betrachters am anderen Ende des Bildschirms somit entsteht, kann eine Art Live-Erklärfilm sein.

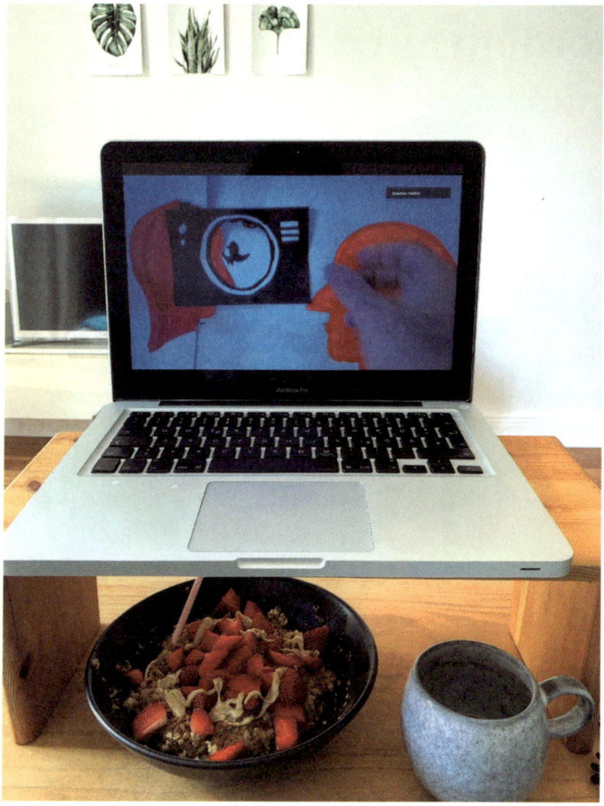

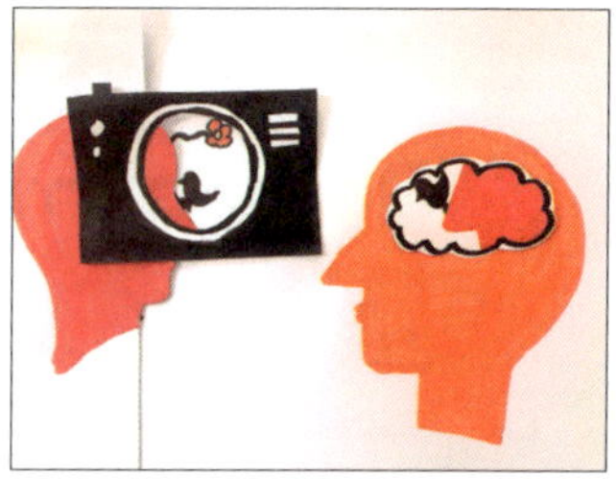

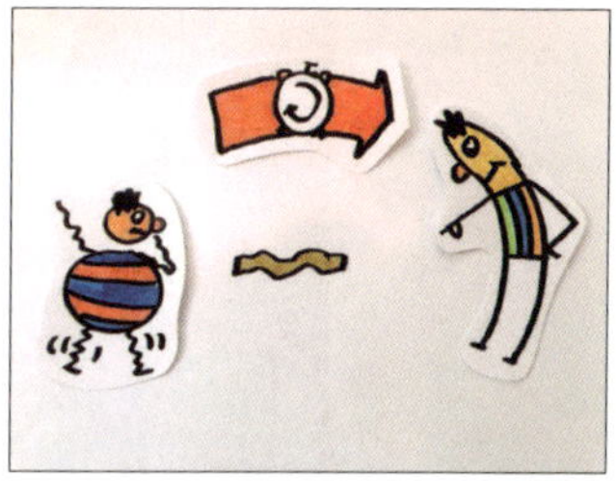

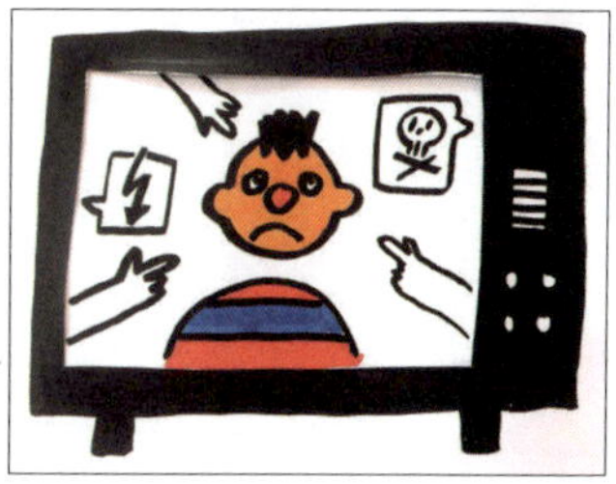

Welches Medium man in einem Remote Recording benutzt und nach welchen Hilfsmitteln und zusätzlichen Elementen man greift, hat natürlich wieder mit der Frage »Wozu?« zu tun.

Soll eine Konferenz begleitet werden, wo man keinen aktiven Part hat und das Gesamtergebnis auf einem Blatt Papier dargestellt werden soll, ist das iPad die richtige Wahl.

Auch wenn das Ergebnis am Ende sofort den Teilnehmern zugänglich gemacht werden soll, ist das iPad sinnvoll, weil man sich den Scan-Prozess spart.

Wenn ich jedoch einen aktiven Anteil am Prozess habe und Einzelbilder am Ende reichen, würde ich die Dokumentenkamera vorziehen.

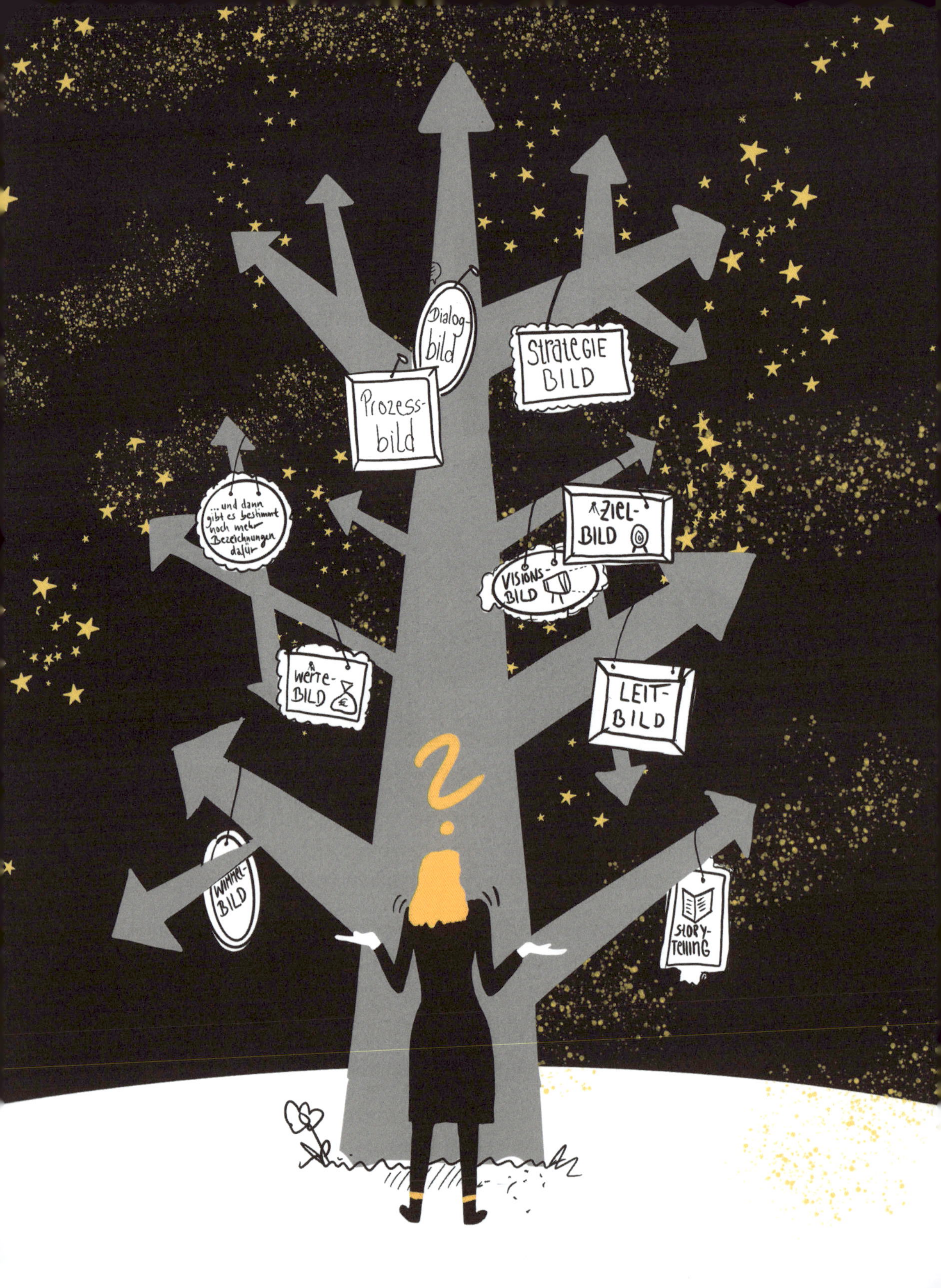
Dialog-bild
Strategie BILD
Prozess-bild
... und dann gibt es bestimmt noch mehr Bezeichnungen dafür
ZIEL-BILD
VISIONS-BILD
Werte-BILD
LEIT-BILD
WIMMEL-BILD
Story-telling

9 Strategische Visualisierungen

Arbeiten, die in irgendeiner Form eine Strategie visualisieren, werden oft nicht live gezeichnet, da sie in der Regel mehrerer Absprachen und Korrekturen bedürfen. Meistens werden die Inhalte, die es in so einer Form der Visualisierung darzustellen gilt, vorher intern erarbeitet. Dieses kann dann als Ausgangspunkt für die Visualisierung genutzt werden.

Eine strategische Visualisierung live zu zeichnen, ist die Königsdisziplin des Graphic Recordings bzw. des Visual Facilitations, weil man auf Anhieb die Strategie verstehen muss, was ohne Vorkenntnisse kaum möglich ist.

Die Visualisierungen, die nicht live gezeichnet sind, bezeichne ich mit dem Überbegriff »Strategische Visualisierung«, andere Visualisierer haben andere Begriffe (wie beispielsweise Visual Storytelling) hierfür gefunden. Der Einfachheit halber habe ich mich hier auf einen Überbegriff reduziert und ordne hier nach meinem persönlichen Verständnis eine Vielzahl an Begriffen unter, wie Dialog-, Prozess-, Ziel-, Visions-, Leit-, Werte-, Strategie- sowie Wimmelbild, Visual Storytelling und so weiter.

Oft meinen diese unterschiedlichen Bezeichnungen das Gleiche oder es wird ein Begriff für etwas ganz anderes genutzt. All das führt sowohl bei den Visualisierern als auch bei den Kunden manchmal zu Verwirrung oder gar Missverständnissen.

Dieses hier ist ein Versuch, eine schlüssige Erklärung, basierend auf meiner Arbeit in diesem Bereich, für diese Begriffe zu definieren. Mischformen sind auch hier eher die Regel als die Ausnahme.

Mein grundsätzlicher Tipp bei dieser Begrifflichkeits-Verwirrung: Nicht so sehr an den Worten festhängen, sondern sich lieber auf die Inhalte konzentrieren und die »Wozu?«-Frage.

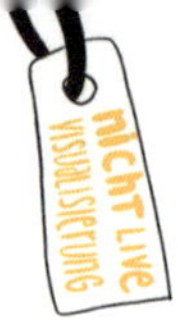

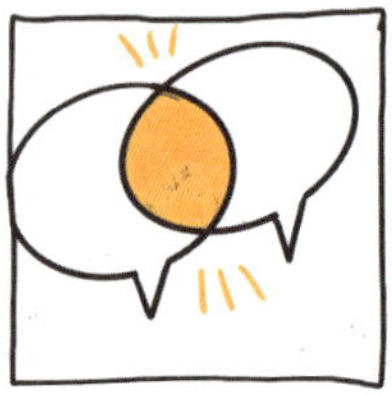

Dialogbild

Diese Form des Bildes soll zu einem Dialog auffordern.

Der Sinn eines Dialogs ist die Beschäftigung mit dem Inhalt. Wenn Mitarbeiter sich mit einem vorliegenden Bild beschäftigen und darüber in den Dialog gehen, kann das zur Folge haben, dass eine Weiterentwicklung des Bildes entsteht. Das Dialogbild kann demzufolge nie fertig sein, sondern ist immer nur eine Einladung zu einem weiteren Gespräch und der Beschäftigung mit den Inhalten. Ein Dialogbild kann deshalb auch live auf Papier entstehen, weil auch diese Form zum Dialog einlädt.

Ein Dialogbild kann alles sein: eine Mission, Vision, Werte, Leitlinien, Ideen, eine Strategie usw.

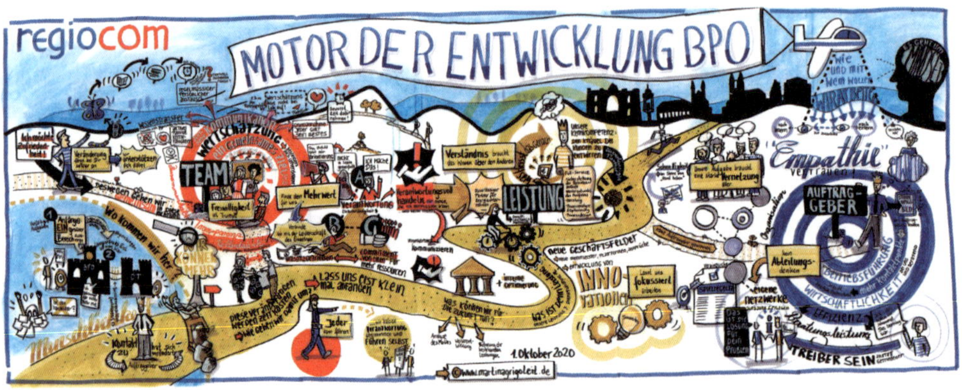

Live Graphic Recording als Dialogbild für den Kunden regiocom

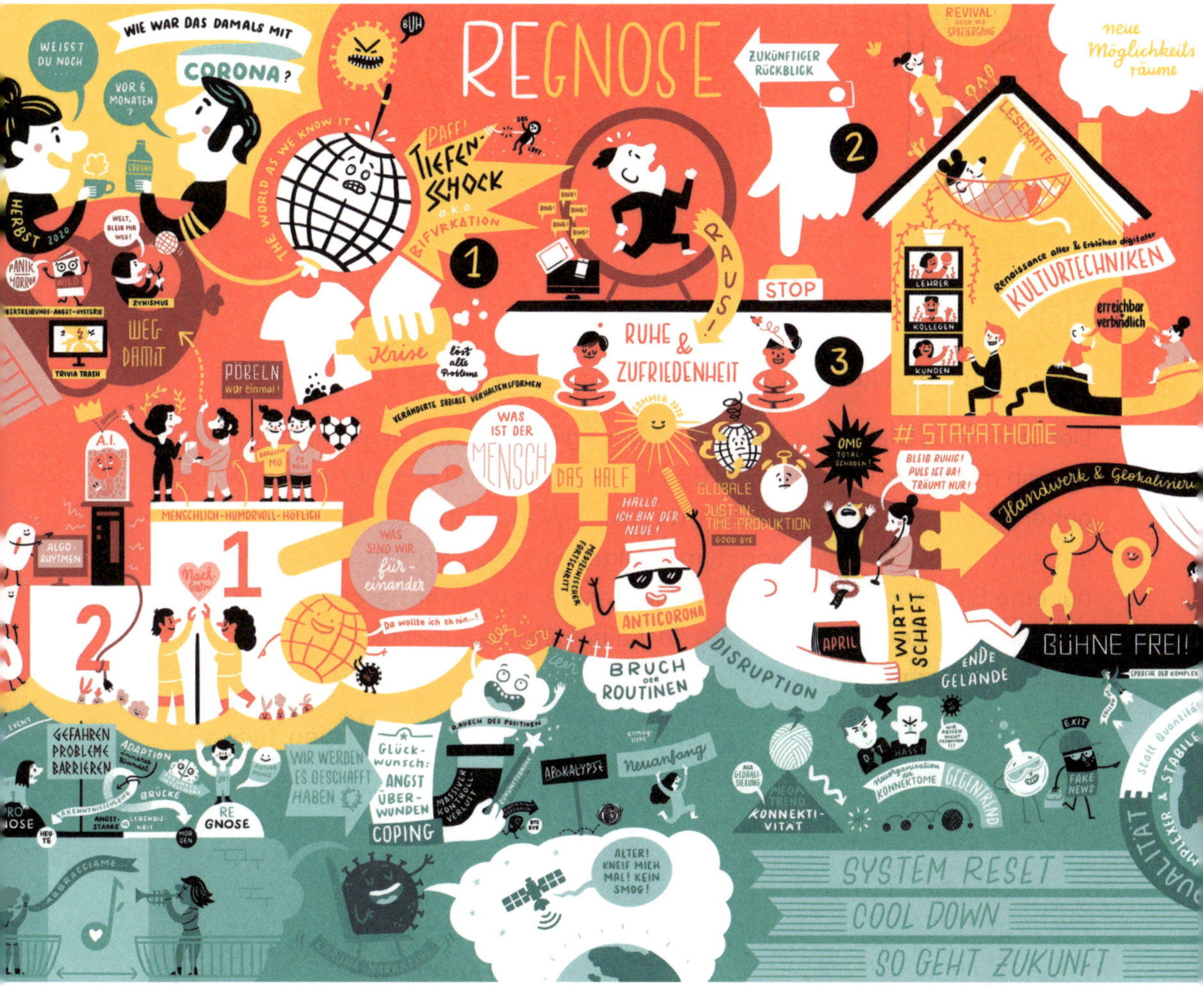

Birgit Jansen im Auftrag für bikablo

Dieses digitale Bild fordert zum Dialog auf. »Wie wir uns wundern werden, wenn die Krise vorbei ist.« Die Corona-Rückwärts-Prognose von Matthias Horx (www.horx.com/www.zukunftsinstitut.de).

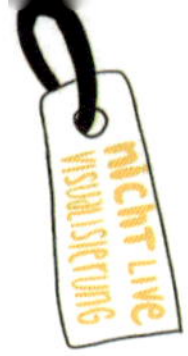

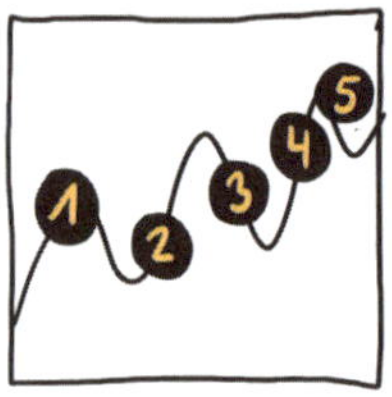

Prozessbild

Ein Prozess (von lateinisch procedere, »vorwärts gehen«) kann als ein Verlauf, eine Entwicklung oder ganz allgemein als ein System von Bewegungen bezeichnet werden.

In betrieblich-organisatorischem Zusammenhang werden Prozesse auch als Geschäftsprozesse oder Wertschöpfungsprozesse bezeichnet.

Für die Visualisierung eines Bildes bedeutet das, dass hier eigentlich alles gezeichnet werden kann, was in irgendeiner Form in Bewegung ist und sich fortlaufend weiter entwickelt. Auch ein Prozessbild kann demzufolge nie wirklich fertig sein, sondern immer nur eine Aufforderung zum Weiterdenken oder neuen Gesprächen darstellen.

In diesem Bild einer fiktiven Prozesskette fahren die Produkte oder Leistungen von einer Insel auf die Insel der Zukunft über eine Brücke. Auf der Brücke sind die unterschiedlichsten Schritte beschrieben und dargestellt. Der Blick von oben ermöglicht es, das Große und Ganze zu erkennen.

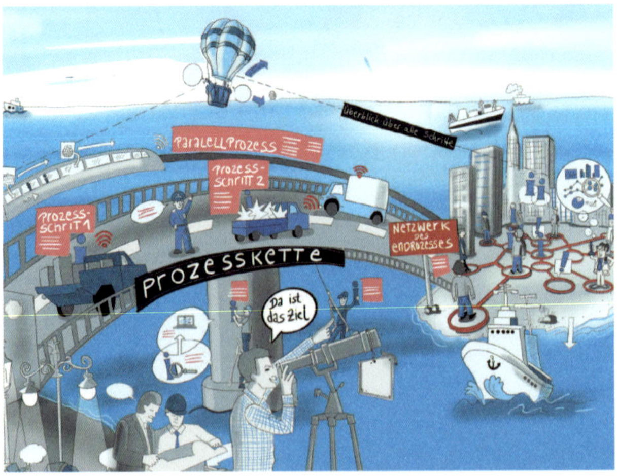

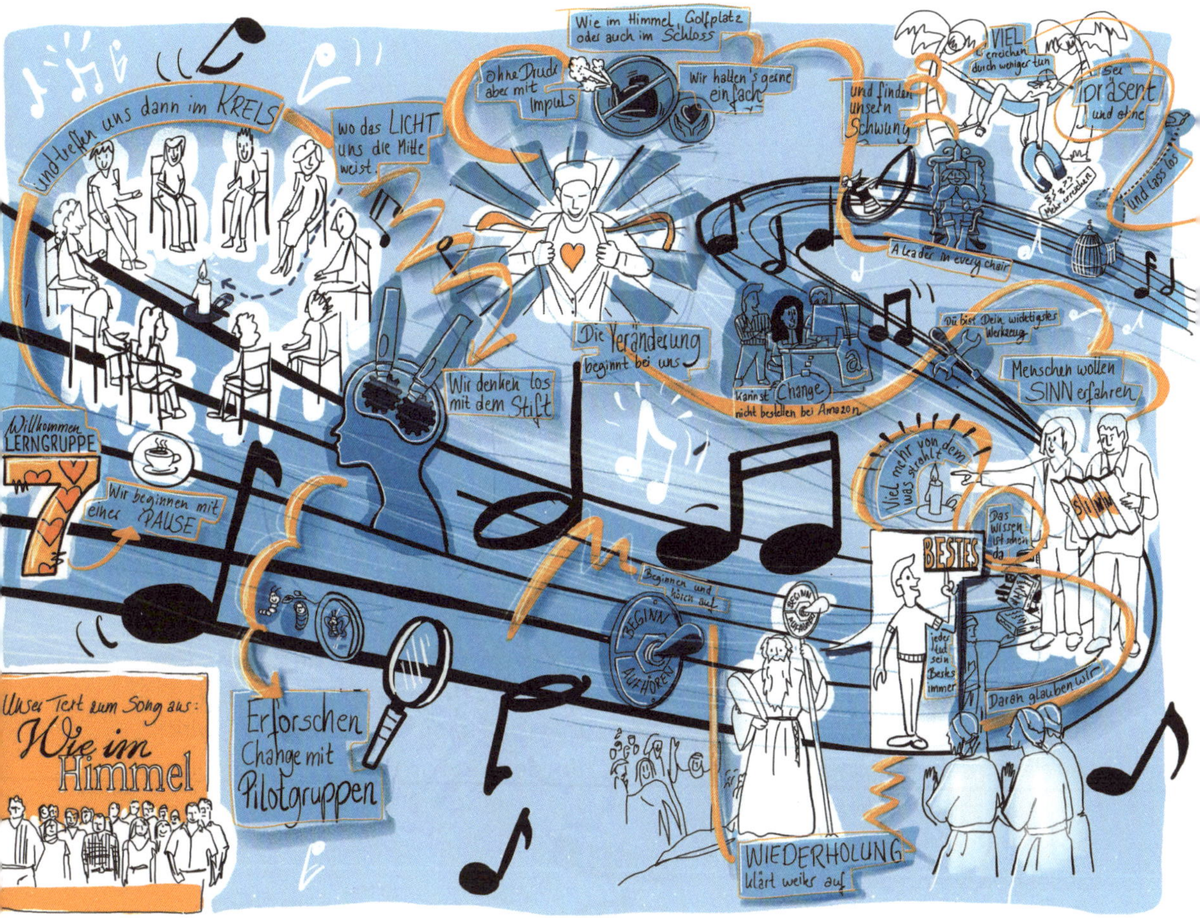

Dieses Bild ist im Rahmen der Facilitator-Ausbildung der Kommunikationslotsen entstanden. Kerninhalte wurden hier in Form eines Liedes festgehalten und von mir als Prozess visualisiert.

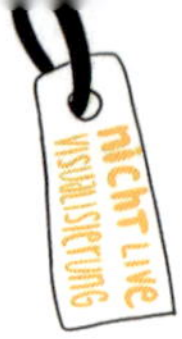

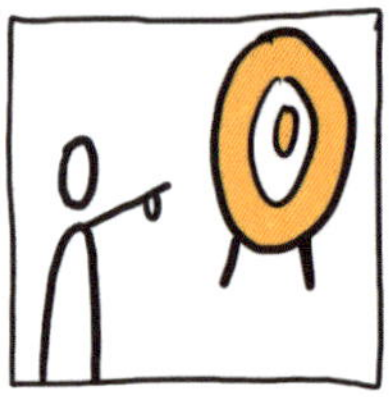

Zielbild

Firma X hat ein klares Ziel für sich definiert: Den Gewinn in fünf Jahren um 5 Prozent zu steigern, oder Person Y hat das persönliche Ziel, ein Bruttoeinkommen von EUR 100'000 in zwei Jahren zu erreichen. Das sind klare Ziele, welche die Fragestellungen von hinten aufrollen lassen. Was braucht es, vom heutigen Standpunkt aus gesehen, um dahin zu kommen?

Manchmal werden in einem Zielbild auch ganz konkrete Zahlen und Fakten genannt, die es zu erreichen gilt. Das nennt man dann strategische Ziele, wenn konkrete Maßnahmen mit einem Budget oder Indikatoren hinterlegt sind, die eine Erfolgskontrolle ermöglichen.

So könnte ein Zielbild aussehen, wenn dieses Ziel am Ende klar benannt wird. Beispielsweise mit feststehenden Umsatzzahlen oder dem Ziel, ein klimaneutrales Unternehmen zu werden.

Jeder Fußabdruck stellt ein Schritt in diese Richtung dar. Beispielsweise mit Schulungen oder Verantwortungsübergaben.

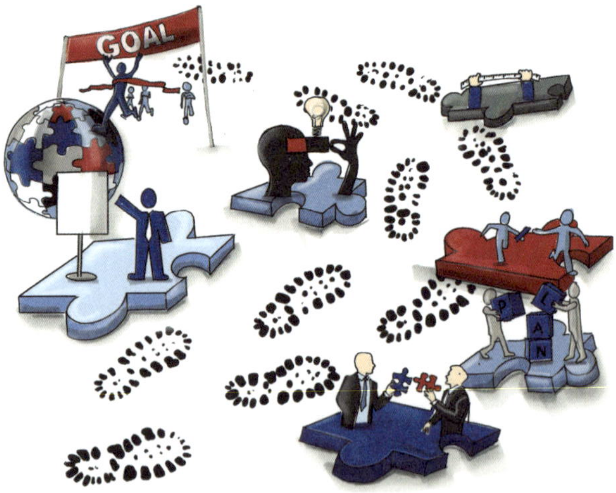

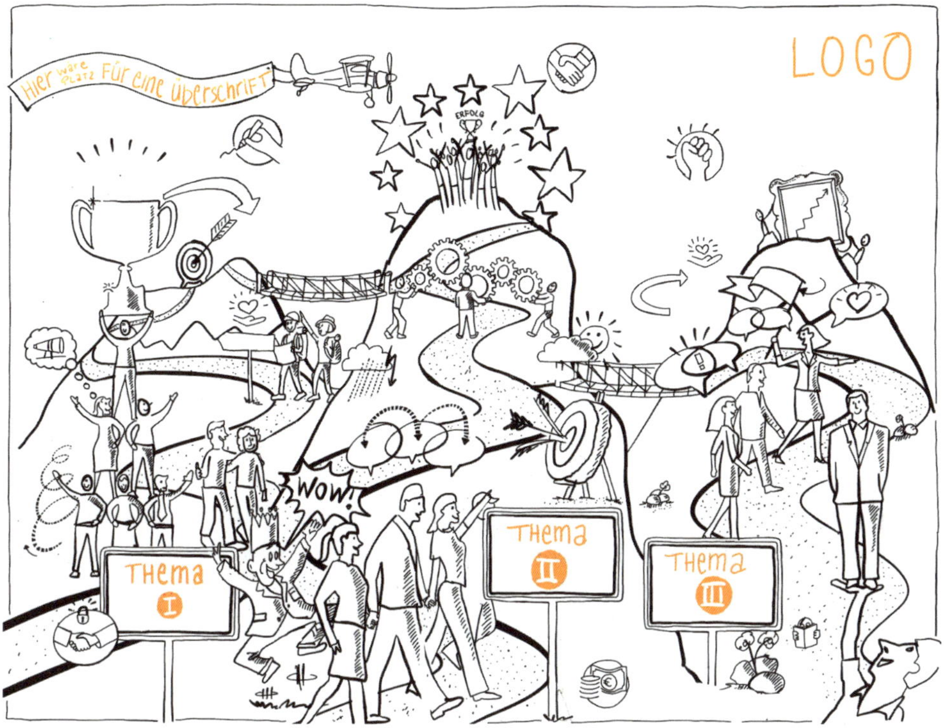

Dieses Beispiel eines Templates ohne Text zeigt eine Strategie in Form eines Zielbildes.

Das Ziel ist prominent oben auf dem mittleren Berg zu sehen und sollte klar benannt sein. Drei unterschiedliche Wege, die durch das Thema 1, 2 und 3 vorgegeben sind, führen zu diesem Ziel. Auf den Wegen passieren unterschiedliche Dinge mit diversen Unterthemen, die man zum Teil auch in schriftlicher Form und/oder mit Symbolen hinzufügen kann. Die drei Wege sind über die Hängebrücken miteinander verbunden und können nicht isoliert voneinander betrachtet werden.

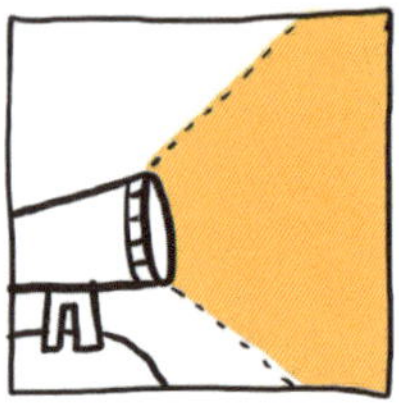

Visionsbild

Ich denke, es geht hier eher in eine philosophische Frage hinein, inwieweit eine Vision auch ein Ziel ist oder umgekehrt. Ein Ziel ist wahrscheinlich klarer definiert und eine Vision oft in einem großen Kontext eingebettet und auch viel weit gefasst. Um ein Bild davon zeichnen zu können, ist die Bezeichnung wahrscheinlich eher zweitrangig. Wichtig ist hier eher die Klarheit des Kunden, was er mit diesem Bild aussagen und wen er damit erreichen möchte. Oft haben Visionen in Unternehmen einen qualitativen Charakter.

Mit einer guten Unternehmensvision kann man ungeahnte Kräfte freisetzen. Mit einer Vision zeichnet man (nicht nur im übertragenen Sinne) ein großes Bild der Zukunft. Sie beschreiben, wo es hingehen soll. Eine richtige Vision begeistert Menschen und stellt ein gemeinsames Verständnis her.

Wikipedia hat beispielsweise eine Vision, die, wie ich finde, sehr gut funktioniert: »Imagine a world in which every single person is given free access to the sum of all human knowledge.« Diese Vision ist emotional aufgeladen und begeistert die Menschen, die es als eine gute Sache ansehen, Wissen zu teilen. Sie gibt eine Richtung vor, aber keine Details. Sie ist zeitlich nicht fixiert. Es ist keine Deadline dabei. Sie drückt eindeutig den Nutzen aus, ist ein Mehrwert für die Gesellschaft und gibt den Mitarbeitern Orientierung und bietet zusätzlich noch Sinn.

Eine Vision kann also in einem Unternehmen sehr hilfreich sein. Man kann sich vorstellen, dass eine visualisierte Form davon mit all ihren Unterthemen, wie man diese erreichen könnte, einen großen Einfluss auf die Mitarbeiter oder den Kunden haben kann.

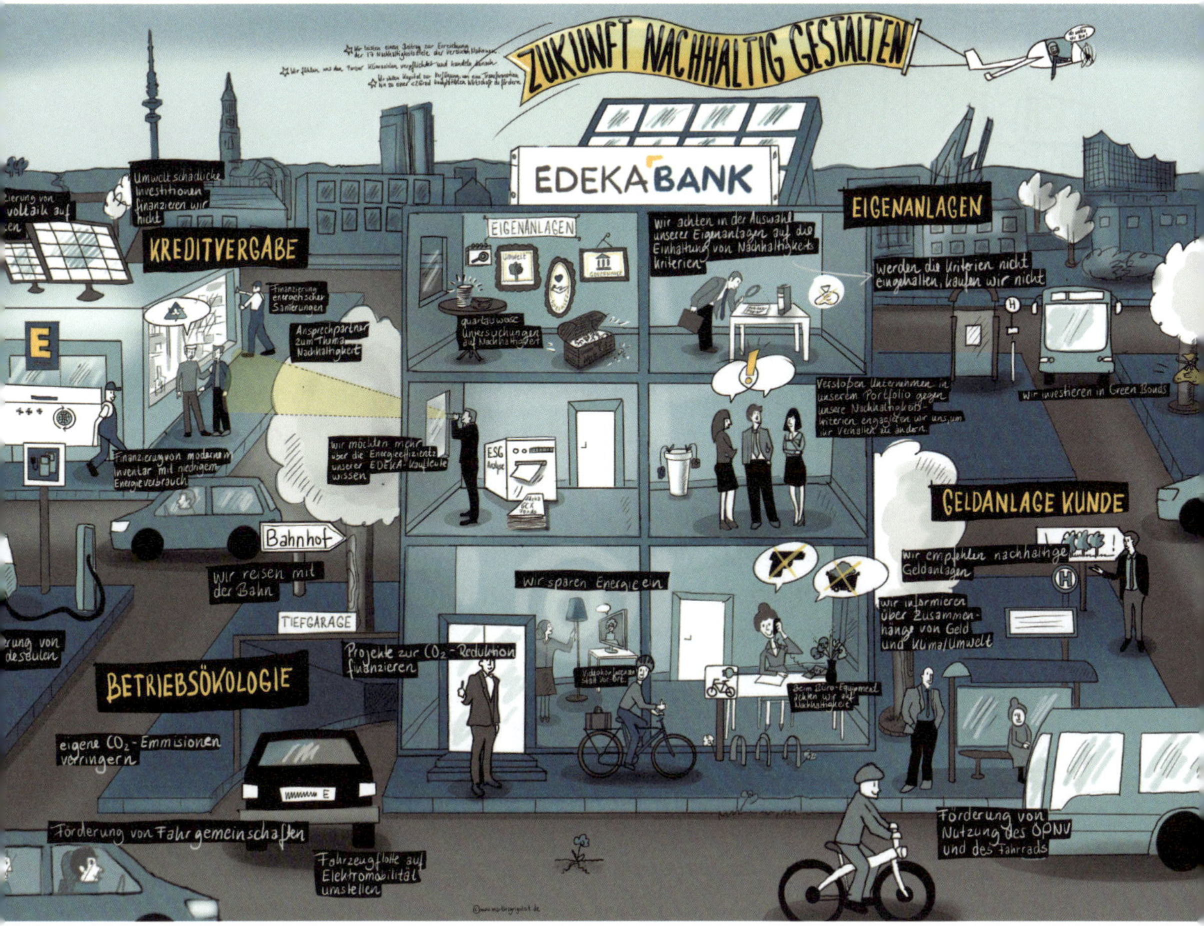

Visionsbild für die Edekabank

In diesem digitalen Visionsbild geht es um das Thema Nachhaltigkeit. Die Edekabank hat sich Gedanken gemacht, wie man auch in diesem Bereich verantwortlich wirksam sein kann. Die Vision ist es, die Zukunft nachhaltig zu gestalten.

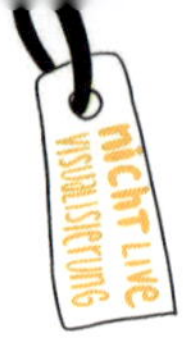

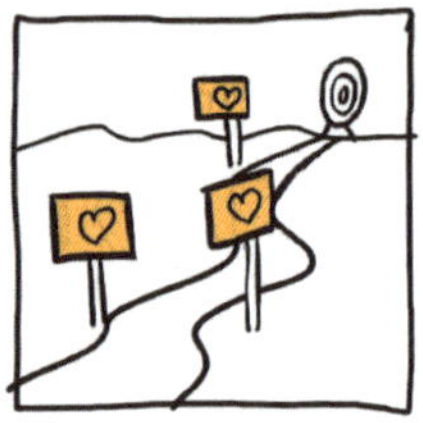

Leitbild

Ein Leitbild ist eigentlich eine rein schriftliche, nicht gezeichnete Erklärung einer Organisation über ihr Selbstverständnis, ihre Werte und Grundprinzipien. Ein Leitbild ist etwas, was ein Unternehmen fortlaufend bei allen Handlungen begleitet. Dabei geht es hauptsächlich darum, wie die Dinge erreicht werden können und dies soll ganz konkret die tägliche Arbeit erleichtern. Nach innen soll ein Leitbild Orientierung geben und somit handlungsleitend und motivierend sein. Für die Öffentlichkeit und/oder den Kunden soll es deutlich machen, wofür eine Organisation steht.

Ein Leitbild soll Anleitung zum täglichen Verhalten geben und auf ein fernes Ziel hinarbeiten.

»Gemeinsam können wir das Ziel erreichen.«

Die grüne Fahne symbolisiert das zu erreichende Ziel.

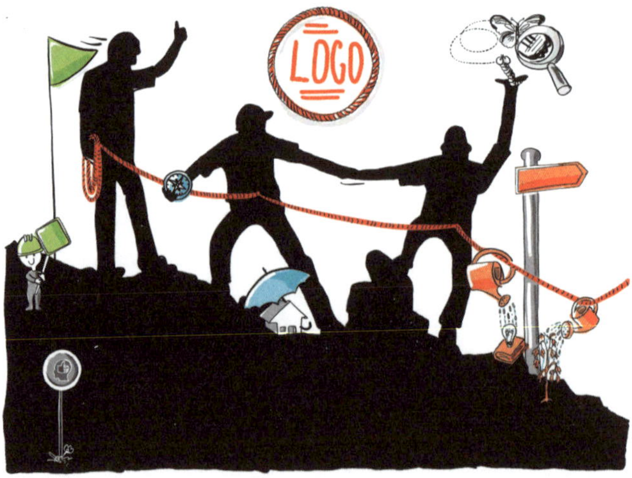

Storytelling

Dieses Thema wurde hier schon näher erläutert und betraf das live gezeichnete Storytelling. Die gleiche Erklärung gilt hier natürlich auch. Die Visualisierung wird beim Storytelling genutzt, um eine Geschichte zu erzählen. Beispielsweise die einer Customer Journey. So eine Geschichte hat natürlich einen Anfangs- und Endpunkt und damit auch ein Ziel. Die Grenzen zum Zielbild sind hier also verschwommen. Vielleicht kann man als Abgrenzung sagen, dass ein Storytelling den Fokus auf der Geschichte selbst hat und ein Zielbild auf dem Ziel.

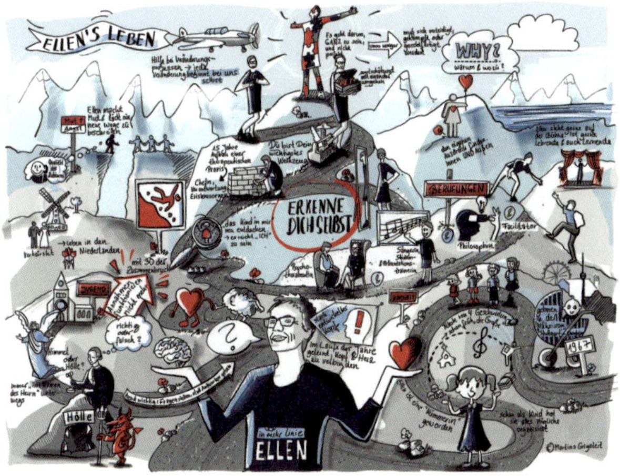

Ein Storytellingbild der besonderen Art:

Der Lebenslauf von Ellen Gürtler.

Es müssen nicht immer nur Unternehmen oder Organisationen von unserem Können profitieren.

Auch persönliche Prozesse können prima abgebildet werden.

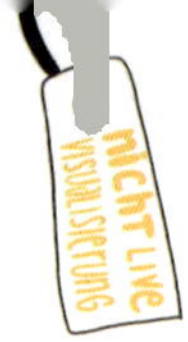

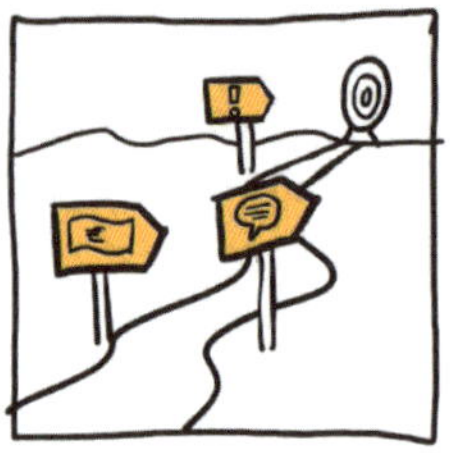

Strategiebild

Eine Strategie ist das Fahrzeug, mit dem man das Ziel erreicht. In Abgrenzung zum Leitbild, das die Werte im Fokus hat, fokussiert die Strategie Entscheidungen, die für die Erreichung dieses Ziels relevant sind.

Zum Beispiel kann eine Strategie sein, das Wachstumsziel zu erreichen, indem man Marktführer bei den großen Supermarktketten wird. Oder indem man alle seine Arbeitskraft auf die drei größten Marken setzt und sich von kleinen Marken trennt.

So könnte ein Strategiebild aussehen. Die Fahrzeuge könnten die Entscheidungen beinhalten, die auf unterschiedlichen Wegen alle in ein Ziel münden (dem Kreisverkehr). Dieses Ziel wäre in diesem Fall nicht statisch, sondern auch nach dem Ziel geht das Leben weiter.

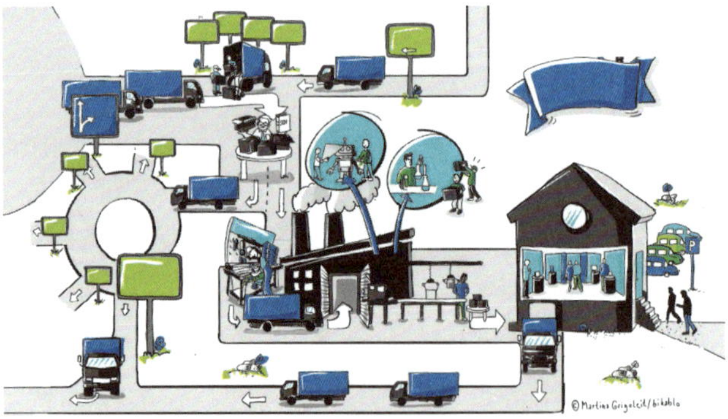

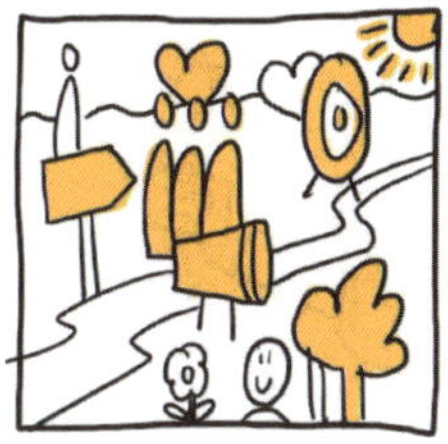

Wimmelbild

Wimmelbilder sind Bilder, in denen es wimmelt. Also viele Dinge, die gleichzeitig passieren. Ich weiß nicht, ob ein Gewimmel eine Strategie haben kann. Ich kenne Wimmelbilder noch aus meiner Kindheit, mit deren Hilfe ich die Tierwelt erklärt bekommen habe oder auch den Straßenverkehr.

Für mich wäre ein Wimmelbild in erster Linie »einfach hübsch« und kann auch einen Inhalt transportieren, aber ohne strategischen Inhalt.

Da Kunden immer mal wieder ein Wimmelbild anfragen, hat diese Bildbezeichnung trotzdem ihren Raum in diesem Buch bekommen, um aus meiner Sicht zu erklären, was das ist.

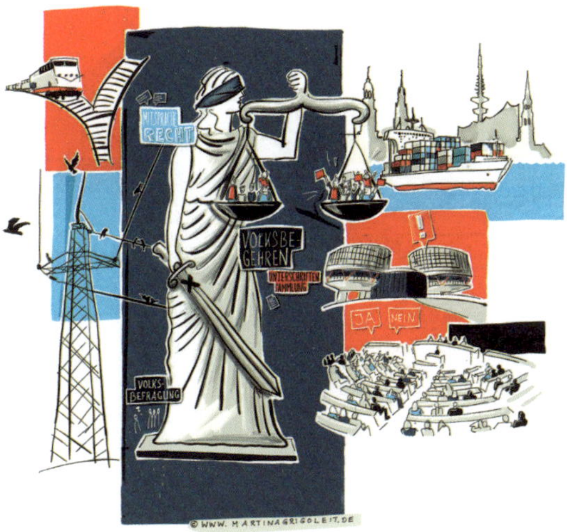

Titelgestaltung für das Magazin des Wirtschaftsrates Hamburg. Hier gab es ein Thema zu bebildern, aber keine Strategie. Vielleicht könnte man dieses Bild noch im weitesten Sinne als Wimmelbild bezeichnen.

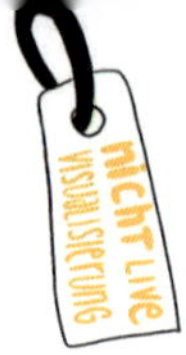

Wertebild

Um ein Ziel zu erreichen, um einer Vision folgen zu können, braucht eine Organisation, oder auch ein einzelner Mensch Werte, die ihn oder sie leiten. Das sind in der Regel idealistische Werte, die zum Teil auch ganz konkret formuliert sein können. Ein Wertebild unterscheidet sich von all den vorher gegangenen Bildern dadurch, dass diese i.d.R. schon sehr deutlich formuliert sind und man hierfür »nur« noch Bilder entwickeln muss. Ein Wertebild sollte im Idealfall einen Ist-Zustand beschreiben und nicht einen Zustand, der irgendwann in der fernen Zukunft erreicht werden kann. Der Fokus liegt also auf der Gegenwart und nicht (im Gegensatz zum Leitbild) darauf, was mit dem Verhalten in der Gegenwart irgendwann einmal erreicht werden soll.

Wertebilder können auch Einzelbilder sein und müssen nicht zwangsläufig im Gesamtkontext erscheinen.

Sie sind schön für die tägliche Erinnerung an der Bürowand.

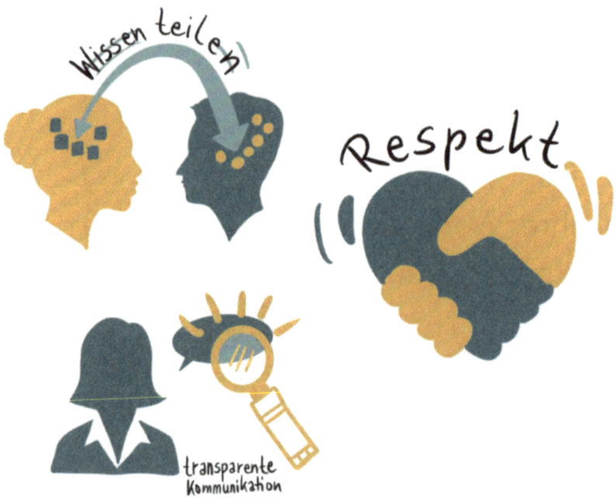

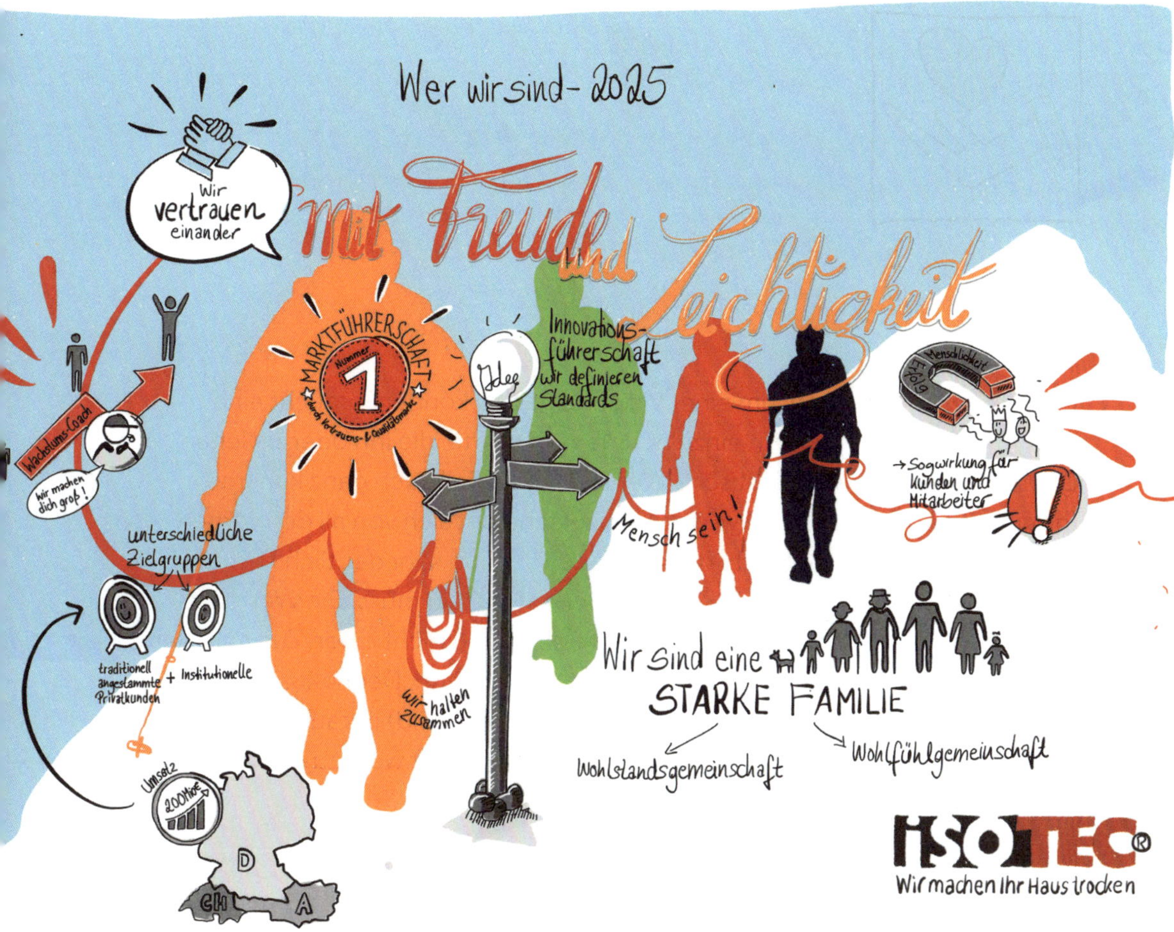

Wertebild der Firma Isotec im Auftrag für bikablo

Aufgrund ihrer Werte wurde hier eine Vision entwickelt, wie die Firma im Jahre 2025 arbeiten möchte. Es ist also eine Mischung aus einem Werte-, Leit- und Visionsbild.

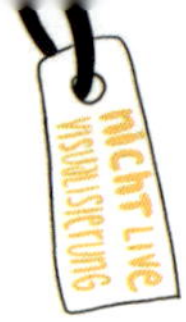

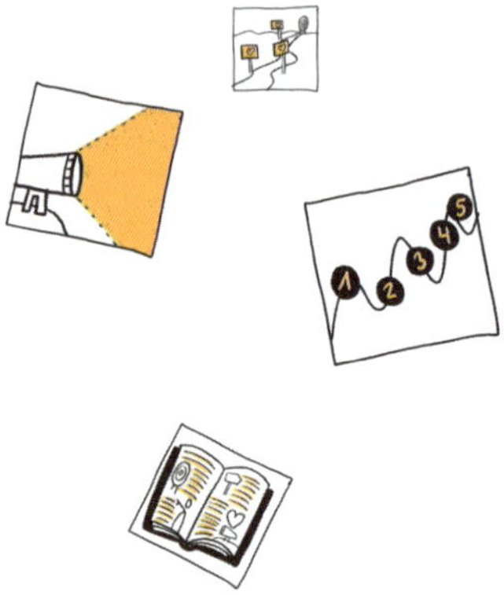

Fazit

Im Prinzip ist das Wort, das für diese Form der Visualisierung genutzt wird, nicht so wichtig. Grundlegend ist vielmehr die Intention, die dahinter steckt. Warum und »Wozu?« soll das Bild gezeichnet werden? Welches Ziel soll damit erreicht werden? Wem soll mit diesem Bild was erklärt werden? Diese Fragen können helfen, dem Kind einen Namen zu geben. Ich persönlich nenne (wie bereits erwähnt) alle diese Bilder gerne einfach nur »strategische Visualisierungen«, um mir das Leben etwas einfacher zu machen.

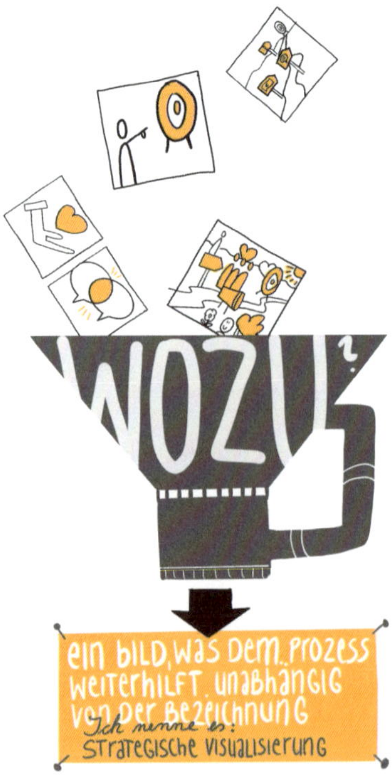

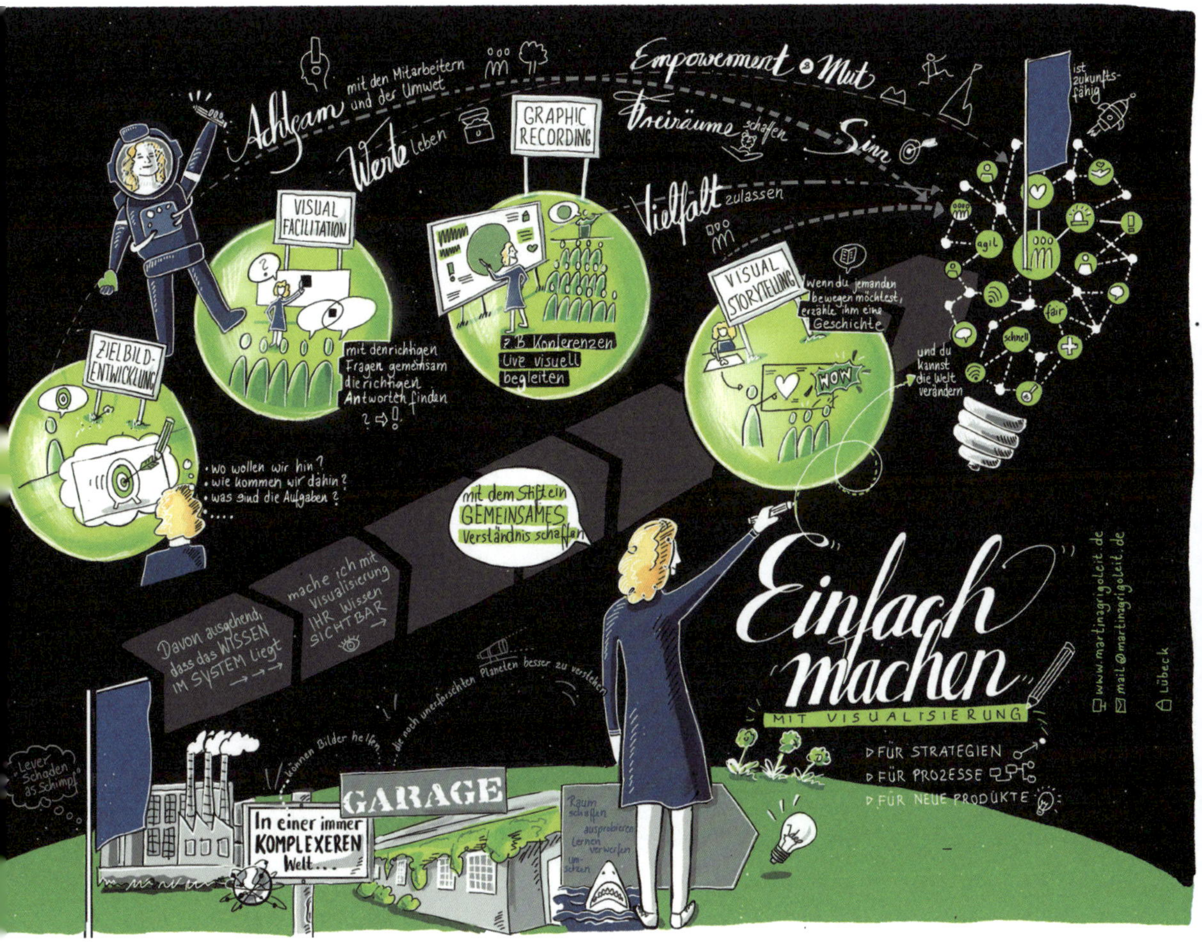

Viele Organisationen befinden sich gerade im Um- und Aufbruch. Strategische Visualisierungen können helfen, komplexe Sachverhalte mithilfe von Bildern sichtbar und damit auch verständlicher zu machen.

Literatur- und Trainingstipps

Hier möchte ich meine ganz persönlichen Empfehlungen aufzeigen. Bücher, die mich inspiriert haben und auf meinem Graphic-Recorder-Weg immer ein Stück weitergebracht haben. Außerdem nenne ich auch Trainings, die ich entweder selbst besucht habe oder wo ich die Trainierenden kenne und weiß, welche Arbeit sie leisten.

Bücher

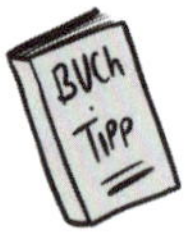

Grundlagen

UZMO*
Das Praxisbuch zur bikablo®-Visualisierungstechnik
Martin Haussmann

ad hoc visualisieren
Gedanken sichtbar machen
Malte von Tiesenhausen

Icons und Symbole

bikablo 1*
und **bikablo 2.0***
Piktogramme und Schlüsselbilder
Martin Haussmann

Figuren

bikablo® emotions*
Figuren und Gefühle
Martin Haussmann

Figuren zeichnen aus der Hüfte
Strichmännchen und Menschen schnell und einfach zeichnen
Heike Haas

Sketchnoting

Sketchnote Starthilfe
Über 200 Strich-für-Strich-Anleitungen
Tanja Wehr

Sketchnote Starthilfe
Neue Bilderwelten
Tanja Wehr

Sketchnotes im Alltag
Checklisten, Pläne für Urlaub, Rezepte uvm.
Heidrun Künzel

Vertiefendes und Specials

Der Wegweiser für den Graphic Facilitator
Wie Sie mit Zuhören, Denken und Zeichnen Bedeutung schaffen
Brandy Agerbeck

Generative Scribing:
A Social Art of the 21st Century
Kelvy Bird

Lernlandkarten
Kommunikationslotsen/
Kompaktes Wissen zu Methoden- und Facilitation

Trainings

Grundlagen

bikablo basics*
www.bikablo.com

Visual Crafts
Ein Onlinekurs mit Malte von Tiesenhausen
www.theCORE.global

Visual Superpower
www.benjaminfelis.de

Fortgeschritten

Visual Meeting Facilitation*
Mit Mapping und visuellen Methoden Dialoge gestalten.
www.bikablo.com

Visual Impact Lab und Visual Intent Lab
Malte von Tiesenhausen
www.theCORE.global

Graphic Recording Pro
onlinekurs.andreas-gaertner.de

Graphic Recording like a PRO
www.benjaminfelis.de

Figuren und Sketchnoting

Sketchnoting*
www.bikablo.com

Figuren aus der Hüfte
Ein Online-Kurs live & in Farbe mit Heike Haas
www.waschatelier.de

Sketchnotes
- für Einsteiger
- für Fortgeschrittene
www.sketchnotes-by-diana.com

Specials 1

Digital Visualisieren auf dem iPad*
www.bikablo.com

Lettering & Typo*
www.bikablo.com

Curriculum*
Alles kompakt aus einer Hand
www.bikablo.com

Specials 2

Visualisieren und Meditation
Mithilfe der Meditation nach innen gehen und mit dem Stift nach außen.
www.keep-calm-and-draw.de

Visualisierung für Coaches*
- VisualCoaching
- VisualOnlineCoaching
www.bikablo.com

Facilitation

Wenn man auch beratend tätig sein möchte und/oder mehr über Großguppenmethoden wissen will, empfehle ich dieses Curriculum:
www.kommunikations-lotsen.de

* Die bikablo GmbH & Co KG in Köln ist ein Consulting- und Fortbildungsunternehmen für visuelles Denken, Lernen und Zusammenarbeiten. Die Marke bikablo gehört seit über 15 Jahren zu den Wegbereitern von Visualisierung in der Organisationsberatung. Bikablo entwickelt visuelle Lernmittel und Methoden und veranstaltet diverse Trainings. Außerdem unterstützt ein Team aus Berater/innen und Visualisierer/innen Organisationen in ihren Veränderungsprojekten mit allen Spielarten der Visualisierung.

Index

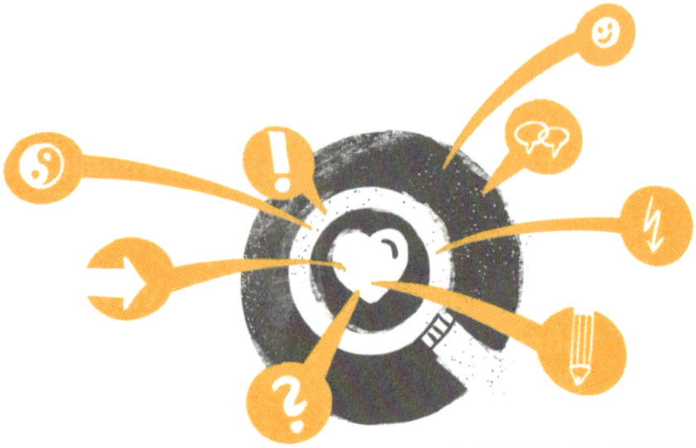

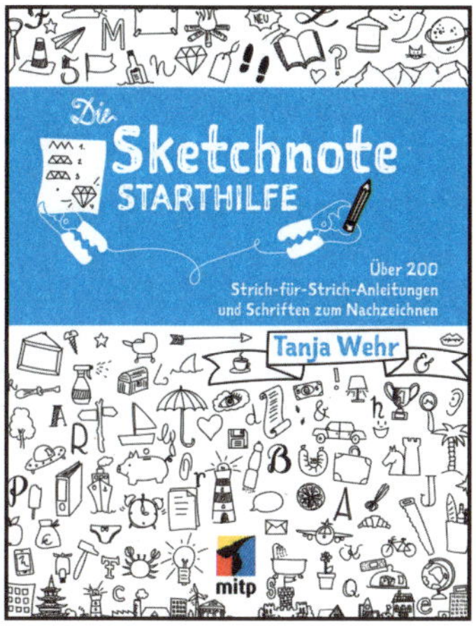

Tanja Wehr

Die Sketchnote Starthilfe

Über 200 Strich-für-Strich-Anleitungen und Schriften zum Nachzeichnen

Zahlreiche Schritt-für-Schritt-Anleitungen für Symbole und Icons

Praktischer Leitfaden für alle, die glauben, nicht zeichnen zu können

Mit einem umfangreichen Kapitel zu Schriften und Handlettering

Dieses Buch erleichtert allen den Einstieg ins Sketchnoten, insbesondere auch denen, die von sich denken, nicht zeichnen zu können. Tanja Wehr zeigt im Buch über 200 Symbole, Icons und Piktogramme Schritt für Schritt, so dass du sie ganz einfach nachzeichnen kannst.

Mit zahlreichen Übungen und Tipps aus der Praxis gelingen dir die ersten Schritte mit spielerischer Leichtigkeit, so dass du die im Buch dargestellten Zeichnungen sofort umsetzen kannst.

ISBN: 978-3-95845-366-1

Probekapitel und Infos unter:
www.mitp.de/366

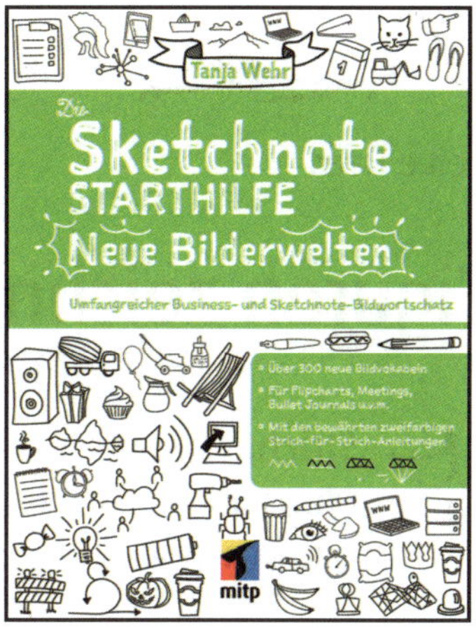

Tanja Wehr

Die Sketchnote Starthilfe – Neue Bilderwelten –

Umfangreicher Business- und Sketchnote-Bilderwortschatz

Über 300 neue Bildvokabeln

Für Flipcharts, Meetings, Bullet Journals u.v.m.

Mit den bewährten zweifarbigen Strich-für-Strich-Anleitungen

Du hat schon erste Sketchnotes erstellt und bist auf der Suche nach weiteren Bildsymbolen? Du findest es schwierig, selber ganz neue Icons zu kreieren? Oder du brauchst Ideen, wofür du einzelne Symbole gut einsetzen kannst? Dann ist dieses Buch eine Goldgrube für dich.

In 25 Bilderwelten findest du über 300 neue Bilder zum Nachzeichnen anhand von Tanjas bewährten zweifarbigen Strich-für-Strich-Anleitungen.

Zusätzlich findest du zu jedem Symbol eine Auflistung von Begriffen und Metaphern, für die du das Bild einsetzen kannst.

ISBN: 978-3-95845-507-8

Probekapitel und Infos unter:
www.mitp.de/507

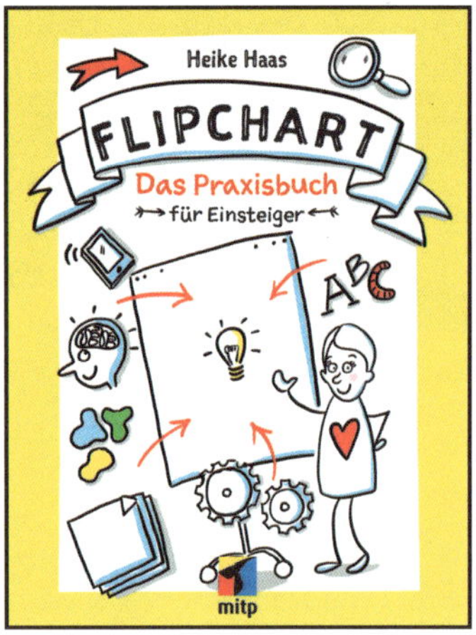

Heike Haas

Flipchart

Das Praxisbuch für Einsteiger

Jeder kann zeichnen und mit einfachen Mitteln einprägsame Flipchart-Poster erstellen

Zahlreiche Tipps für schöne Gestaltung und übersichtliche Strukturierung sowie Vorlagen für den praktischen Einsatz

Gezielte Materialtipps sowie Zeichenübungen für Visualisierungen, die im Handumdrehen gelingen

In diesem Buch zeigt dir Heike Haas, wie du mit ganz einfachen Mitteln gut strukturierte und einprägsame Flipchart-Poster erstellst – und dabei kommt es nicht darauf an, zeichnen zu können. Du wirst sehen, wie schnell auch du ansprechende und professionelle Poster zauberst. Du findest viele Vorlagen, die du für deine eigenen Poster übernehmen kannst: Brainstorming, Agenda, Feedback, Maßnahmenpakete in Meetings, Visionen u.v.m.

Mit zahlreichen Zeichenübungen, Tipps und Hinweisen lernst du ganz praktisch, wie du Inhalte für Flipcharts visualisierst. So verlierst du schnell die Angst vor dem weißen Blatt Papier.

ISBN: 978-3-95845-677-8

Probekapitel und Infos unter:
www.mitp.de/677

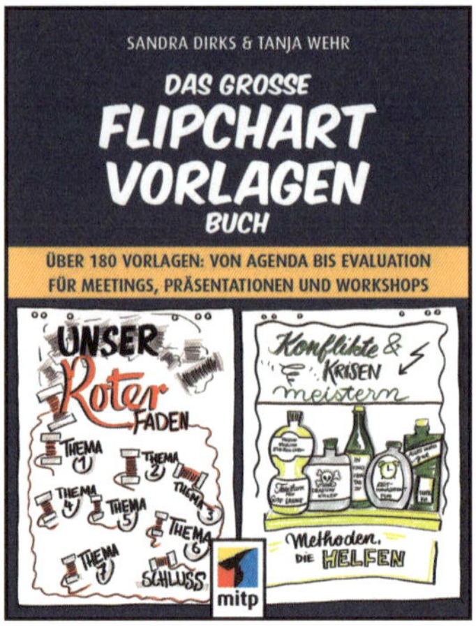

Sandra Dirks & Tanja Wehr

Das große Flipchart Vorlagen Buch

Über 180 Vorlagen: von Agenda bis Evaluation für Meetings, Präsentationen und Workshops

Über 180 kreative Motive für die Flipchart-Gestaltung Vorlagen für Agenda, Evaluation, Ideensammlung, Wissensvermittlung u.v.m.

Tipps aus der Praxis zu Material und Aufbau sowie praktische visuelle Hilfsmittel wie Pfeile, Sprechblasen, Rahmen und Co.

Du hast immer wenig Zeit und deine Inhalte sollten nicht nur einprägsam, lesbar, übersichtlich und verständlich sein, sondern bestenfalls sollten sie auch noch wirklich cool aussehen. Damit dir das einfach gelingt, brauchst du diese Flipchart-Sammlung.

Eins ist sicher: mit diesem Buch wirst du in Zukunft nicht mehr unsicher vor dem großen weißen leeren Blatt stehen – lass dich inspirieren!

ISBN: 978-3-7475-0062-0

Probekapitel und Infos unter:
www.mitp.de/0062